La Inteligencia Artificial

Principios para explorar su maravilloso Mundo

LUIS TEJADA

Indice

Introducción

El Estudio de la Teoría de la Inteligencia Artificial: Cimientos de un Futuro Transformado

En el siglo XXI, la Inteligencia Artificial (IA) se ha convertido en una de las tecnologías más influyentes y disruptivas de nuestra era. Desde asistentes virtuales en nuestros teléfonos inteligentes hasta sistemas de recomendación en plataformas de transmisión de contenido, la IA ha permeado todos los aspectos de nuestra vida cotidiana. Sin embargo, para comprender verdaderamente el potencial y las implicaciones de esta tecnología, es esencial estudiar su teoría en profundidad.

¿Qué es la Teoría de la Inteligencia Artificial?

La teoría de la Inteligencia Artificial es un campo multidisciplinario que abarca la informática, las matemáticas, la filosofía, la neurociencia y más. Se centra en comprender cómo las máquinas pueden simular la inteligencia humana y resolver problemas de manera autónoma. Esta teoría no solo abarca los algoritmos y modelos utilizados en la IA, sino también las cuestiones éticas, sociales y filosóficas que surgen cuando las máquinas pueden realizar tareas cognitivas.

La Importancia de Estudiar la Teoría de la IA:

1. **Desarrollo de Tecnología Avanzada:** Comprender la teoría de la IA es esencial para el desarrollo de tecnología avanzada. Los científicos e ingenieros necesitan una comprensión sólida de los algoritmos y modelos detrás de la IA para diseñar sistemas más eficientes y efectivos.
2. **Ética y Responsabilidad:** La IA plantea importantes cuestiones éticas y de responsabilidad. El estudio de la teoría de la IA permite a los investigadores y profesionales abordar preguntas sobre la toma de decisiones éticas y la responsabilidad cuando las máquinas toman decisiones que afectan a las personas.

3. **Aplicaciones en Diversos Campos:** La IA no se limita a la informática. Se aplica en campos como la medicina, la logística, la educación y la ciencia. Comprender la teoría de la IA permite a los expertos en estos campos aprovechar el poder de la tecnología de manera efectiva.

4. **Innovación y Competitividad:** Los países y las empresas que invierten en el estudio de la teoría de la IA están mejor posicionados para la innovación y la competitividad en la economía global. La IA está transformando industrias enteras, y aquellos que no comprenden su teoría corren el riesgo de quedarse atrás.

5. **Resolución de Problemas Complejos:** La IA se utiliza para resolver problemas complejos, desde la optimización de la cadena de suministro hasta la predicción del cambio climático. El estudio de la teoría de la IA ayuda a los investigadores a abordar estos problemas de manera más efectiva.

6. **Comprender el Futuro:** La IA está moldeando el futuro de la humanidad. Desde la automatización de trabajos hasta el desarrollo de vehículos autónomos, la IA está transformando la sociedad. Para comprender cómo viviremos en este nuevo mundo, es crucial estudiar su teoría.

El estudio de la teoría de la Inteligencia Artificial es fundamental en un mundo cada vez más impulsado por la tecnología. Esta disciplina nos brinda las herramientas para comprender, desarrollar y utilizar la IA de manera efectiva y ética. A medida que la IA continúa influyendo en todos los aspectos de nuestras vidas, el conocimiento profundo de su teoría se convierte en un activo invaluable tanto a nivel individual como societal. Solo a través del estudio y la comprensión de la teoría de la IA podemos aprovechar todo su potencial y mitigar sus posibles desafíos.

El estudio de la teoría de la Inteligencia Artificial (IA) es esencial en la actualidad, especialmente en un mundo que se encuentra en constante evolución tecnológica. La IA, que se refiere a la capacidad de las máquinas para realizar tareas que requieren inteligencia humana, está transformando diversos aspectos de nuestra sociedad, desde la forma en que trabajamos y nos comunicamos hasta cómo interactuamos con la información y tomamos decisiones.

En un contexto donde la tecnología desempeña un papel central en casi todas las industrias, comprender los principios detrás de la IA se vuelve fundamental. Esto no solo implica entender cómo funcionan los algoritmos y modelos de aprendizaje automático, sino también explorar las implicaciones éticas, sociales y económicas de su aplicación.

La teoría de la IA abarca una amplia gama de disciplinas, que van desde las matemáticas y la informática hasta la psicología y la filosofía. Explora cómo podemos replicar procesos cognitivos humanos, como el razonamiento, la percepción y el aprendizaje, en sistemas computacionales. Al comprender mejor estos fundamentos teóricos, podemos desarrollar sistemas de IA más eficientes, confiables y éticos.

El estudio de la teoría de la IA también implica analizar sus implicaciones en la sociedad y la economía. ¿Cómo afectará la automatización impulsada por la IA al mercado laboral? ¿Qué desafíos éticos surgen cuando confiamos decisiones importantes a algoritmos? ¿Cómo podemos garantizar que la IA se utilice para el bien común y no para perpetuar sesgos o discriminación?

El estudio de la teoría de la Inteligencia Artificial es crucial en un mundo donde la tecnología está en constante expansión. Proporciona los fundamentos necesarios para comprender, desarrollar y utilizar la IA de manera responsable y efectiva, asegurando que esta tecnología tenga un impacto positivo en la sociedad y en nuestro futuro.

La teoría de la Inteligencia Artificial no solo es crucial para comprender los aspectos técnicos y prácticos de cómo funcionan los sistemas de IA, sino que también desempeña un papel fundamental en la investigación y el avance de esta disciplina. Al profundizar en los fundamentos teóricos de la IA, los investigadores pueden descubrir nuevos enfoques, algoritmos y técnicas que amplíen los límites de lo que es posible con esta tecnología.

Por ejemplo, el estudio de la teoría de la IA ha llevado al desarrollo de modelos de aprendizaje profundo, que han demostrado un rendimiento excepcional en tareas como reconocimiento de voz, visión por computadora y procesamiento de lenguaje natural. Estos avances han sido posibles gracias a la comprensión profunda de los principios matemáticos y computacionales subyacentes a estos modelos.

La teoría de la IA también es fundamental para abordar desafíos importantes en la investigación, como el aprendizaje con datos limitados, el razonamiento abstracto y la interpretabilidad de los modelos de IA. Al comprender mejor los principios fundamentales de la inteligencia y el aprendizaje, los investigadores pueden trabajar hacia sistemas de IA más adaptables, flexibles y capaces de abordar una variedad de situaciones del mundo real.

Otro aspecto importante es el papel de la teoría de la IA en la educación y la capacitación. A medida que la demanda de habilidades en IA continúa creciendo, es fundamental que los estudiantes y profesionales desarrollen una comprensión sólida de los fundamentos teóricos de esta disciplina. Esto no solo les permite utilizar herramientas y técnicas de IA de manera efectiva, sino que también los capacita para innovar y contribuir al avance de la IA en el futuro.

La teoría de la Inteligencia Artificial es esencial para la investigación, el desarrollo y la aplicación efectiva de esta tecnología. Al comprender los principios teóricos subyacentes, podemos avanzar hacia sistemas de IA más inteligentes, éticos y beneficiosos para la sociedad en su conjunto.

1-La Inteligencia Artificial y sus Objetivos

La Inteligencia Artificial (IA) es una disciplina de la informática que busca desarrollar sistemas capaces de realizar tareas que, cuando son realizadas por seres humanos, requieren de inteligencia. Estas tareas incluyen el aprendizaje, la adaptación, la resolución de problemas, el razonamiento y la toma de decisiones. A lo largo de las décadas, la IA ha pasado de ser un concepto de ciencia ficción a una realidad que transforma la forma en que vivimos, trabajamos y nos relacionamos con la tecnología. En este artículo, exploraremos en profundidad qué es la IA y cuáles son sus objetivos fundamentales.

¿Qué es la Inteligencia Artificial?

La Inteligencia Artificial se basa en la idea de que las máquinas pueden ser programadas para imitar la inteligencia humana y realizar tareas de manera autónoma. Estas tareas pueden incluir el procesamiento del lenguaje natural, la visión por computadora, el reconocimiento de patrones, la toma de decisiones, la resolución de problemas y más. La IA no se limita a una sola técnica o enfoque, sino que abarca una amplia gama de enfoques y subcampos, como el aprendizaje automático, la visión por computadora, el procesamiento de lenguaje natural y la robótica.

Objetivos Fundamentales de la Inteligencia Artificial:

1. **Aprendizaje y Adaptación:** Uno de los objetivos más fundamentales de la IA es desarrollar sistemas que puedan aprender y adaptarse a nuevas situaciones. Esto se logra a través del aprendizaje automático y la capacidad de los sistemas para mejorar su rendimiento a medida que obtienen más datos y experiencia. El objetivo de "Aprendizaje y Adaptación" en la Inteligencia Artificial (IA) es fundamental porque implica dotar a los sistemas de la capacidad de mejorar su desempeño y comportamiento a medida que interactúan con su entorno y obtienen más información. Esto es esencial para que la IA pueda abordar una amplia gama de tareas de manera efectiva y eficiente. Aquí, profundizaremos en este objetivo y en cómo se logra a través del aprendizaje automático.

Aprendizaje Automático (Machine Learning): El aprendizaje automático es una subdisciplina crucial de la IA que se enfoca en desarrollar algoritmos y modelos que permiten a las máquinas aprender patrones y tomar decisiones basadas en datos sin ser programadas explícitamente. En lugar de seguir instrucciones específicas, los sistemas de aprendizaje automático pueden mejorar su rendimiento a medida que se les proporciona más información y experiencia.

Procesos Clave en el Aprendizaje y la Adaptación:

1. **Recopilación de Datos:** En primer lugar, los sistemas de IA deben recopilar datos relevantes del entorno en el que operan. Esto puede incluir datos de sensores, registros históricos o cualquier tipo de información que sea pertinente para la tarea que están realizando.
2. **Entrenamiento:** Una vez que se recopilan los datos, se utilizan para entrenar un modelo de aprendizaje automático. Durante el entrenamiento, el modelo busca patrones y relaciones en los datos que le permitan realizar la tarea específica. Por ejemplo, un modelo de aprendizaje automático para la detección de spam en el correo electrónico podría aprender a identificar patrones comunes en los correos electrónicos no deseados.
3. **Evaluación y Mejora:** Después del entrenamiento inicial, se evalúa el rendimiento del modelo utilizando datos adicionales que no se utilizaron durante el entrenamiento. Esto ayuda a determinar qué tan bien se generaliza el modelo a nuevos datos. Si el rendimiento no es satisfactorio, se ajusta y mejora el modelo.
4. **Iteración Continua:** El proceso de entrenamiento, evaluación y mejora se repite continuamente a medida que el sistema interactúa con más datos y situaciones. Esto permite que el sistema se adapte y mejore su rendimiento a lo largo del tiempo.

Importancia de la Adaptación en la IA:

La adaptación es fundamental en la IA porque permite que los sistemas sean flexibles y capaces de lidiar con situaciones cambiantes y desconocidas. Algunas razones por las que la adaptación es importante incluyen:

- **Ambientes Cambiantes:** En entornos del mundo real, las condiciones pueden cambiar constantemente. Un sistema de IA que no puede adaptarse a nuevas circunstancias podría volverse ineficaz.
- **Más Datos:** A medida que se recopilan más datos, los sistemas de IA pueden mejorar su precisión y capacidad de toma de decisiones. La adaptación continua les permite aprovechar este flujo constante de información.
- **Reducción de Errores:** La adaptación puede ayudar a reducir errores y aumentar la eficiencia a medida que el sistema aprende de sus propios fallos y experiencias pasadas.
- **Mayor Eficiencia:** Los sistemas de IA que pueden adaptarse también pueden volverse más eficientes, ya que pueden ajustar su comportamiento en función de la situación.

El objetivo de "Aprendizaje y Adaptación" en la IA es esencial para permitir que las máquinas mejoren su rendimiento y toma de decisiones a medida que interactúan con el mundo real. El aprendizaje automático es la clave para lograr esta adaptación, ya que permite que los sistemas aprendan de los datos y se ajusten continuamente para abordar tareas complejas y cambiantes. Esta capacidad de adaptación es lo que hace que la IA sea tan poderosa y versátil en una variedad de aplicaciones.

2. **Resolución de Problemas Complejos:** La IA busca desarrollar sistemas capaces de resolver problemas complejos que podrían ser difíciles o imposibles de abordar mediante métodos tradicionales. Esto incluye problemas en campos como la medicina, la ciencia, la logística y la ingeniería.

   La capacidad de resolver problemas complejos es uno de los objetivos clave de la Inteligencia Artificial (IA) y representa uno de sus mayores beneficios. La IA busca desarrollar sistemas capaces de abordar desafíos que podrían ser extremadamente difíciles o incluso imposibles de resolver mediante métodos tradicionales. Esta habilidad tiene un impacto profundo en diversos campos, desde la medicina y la ciencia hasta la logística y la ingeniería. Vamos a profundizar en este punto para entender por qué es tan importante y cómo la IA se aplica en la resolución de problemas complejos.

La Magnitud de los Problemas Complejos:

Los problemas complejos son aquellos que involucran múltiples variables, relaciones no lineales y una gran cantidad de datos. Estos problemas pueden ser difíciles de abordar debido a su complejidad y la cantidad de cálculos o análisis requeridos. Algunos ejemplos de problemas complejos incluyen:

1. **Diagnóstico Médico:** Identificar enfermedades basadas en síntomas y datos clínicos, especialmente cuando se trata de condiciones raras o poco comunes.
2. **Predicción del Cambio Climático:** Comprender y predecir los patrones climáticos y sus efectos a largo plazo en el medio ambiente.
3. **Optimización de la Cadena de Suministro:** Coordinar eficientemente la producción, el transporte y la distribución de productos en una red global.
4. **Descubrimiento de Nuevos Fármacos:** Encontrar compuestos químicos que puedan ser efectivos en el tratamiento de enfermedades.

Cómo la IA Aborda Problemas Complejos:

1. **Procesamiento de Grandes Cantidades de Datos:** La IA tiene la capacidad de procesar y analizar grandes conjuntos de datos mucho más rápido y con más precisión de lo que un ser humano podría hacer. Esto es esencial para comprender patrones y relaciones en problemas complejos.
2. **Aprendizaje Automático:** Los algoritmos de aprendizaje automático permiten que los sistemas de IA aprendan de datos históricos y ajusten sus modelos para hacer predicciones o tomar decisiones más precisas en situaciones futuras.
3. **Modelos Predictivos:** La IA puede desarrollar modelos predictivos basados en datos para predecir resultados futuros. Por ejemplo, en

medicina, se pueden usar modelos de IA para prever el riesgo de enfermedades en función de factores individuales del paciente.

4. **Optimización:** Los algoritmos de optimización de IA pueden encontrar soluciones óptimas o cercanas a problemas logísticos, de planificación y diseño.

Aplicaciones en Diversos Campos:

La IA se ha aplicado con éxito en una variedad de campos para abordar problemas complejos:

- **Medicina:** Ayuda en el diagnóstico temprano de enfermedades, identificación de tratamientos efectivos y análisis de imágenes médicas.
- **Ciencia:** La IA se utiliza en la investigación científica para analizar datos astronómicos, genómicos y de física de partículas, lo que permite hacer descubrimientos importantes.
- **Logística y Transporte:** Optimiza la distribución de productos, la gestión de flotas de vehículos y la planificación de rutas.
- **Ingeniería:** En el diseño y prueba de productos, la IA puede acelerar el proceso de desarrollo y mejorar la calidad.

La capacidad de la IA para resolver problemas complejos es un avance significativo en la tecnología que tiene un impacto profundo en la sociedad. Permite abordar desafíos que antes eran considerados difíciles o incluso insuperables, y su aplicación se extiende a campos que van desde la atención médica hasta la conservación del medio ambiente. La IA ha demostrado ser una herramienta invaluable para el avance del conocimiento y la solución de problemas en el mundo moderno.

3. **Interacción Natural:** La IA se esfuerza por permitir la interacción natural entre humanos y máquinas. Esto implica la capacidad de las máquinas para comprender y generar lenguaje humano, así como la capacidad de comprender gestos, voz y emociones humanas.

La búsqueda de la "Interacción Natural" es uno de los objetivos más apasionantes y desafiantes de la Inteligencia Artificial (IA). Se refiere a la capacidad de las máquinas para comunicarse y colaborar con los humanos de una manera que sea intuitiva y similar a la interacción entre personas. Este objetivo no solo tiene implicaciones en la eficiencia de la interacción hombre-máquina, sino que también tiene el potencial de transformar la forma en que interactuamos con la tecnología y mejoramos nuestra calidad de vida. A continuación, profundizaremos en este concepto y en cómo la IA se esfuerza por lograr una interacción natural.

Elementos Clave de la Interacción Natural:

1. **Comprensión del Lenguaje Humano:** La IA busca comprender el lenguaje humano de una manera que vaya más allá de simples comandos predefinidos. Esto incluye la capacidad de entender el contexto, las ambigüedades y las sutilezas del lenguaje natural, lo que permite a las máquinas mantener conversaciones significativas con los humanos.

2. **Generación de Lenguaje Humano:** Además de comprender el lenguaje humano, la IA se esfuerza por generar respuestas y comunicaciones que suenen naturales y coherentes para los humanos. Esto implica la capacidad de generar texto y voz que sea atractivo y comprensible.

3. **Reconocimiento de Voz y Gestos:** La IA busca interpretar el habla humana y los gestos físicos de una manera precisa. Esto es esencial para la interacción con asistentes virtuales, dispositivos de control por voz y sistemas de realidad virtual, entre otros.

4. **Comprender Emociones Humanas:** La IA también se esfuerza por reconocer las emociones humanas, ya sea a través del análisis de voz, el reconocimiento facial o la interpretación de texto. Esto puede utilizarse para personalizar respuestas y servicios para adaptarse al estado emocional del usuario.

Aplicaciones de la Interacción Natural:

La interacción natural tiene aplicaciones en una amplia variedad de campos:

- **Asistentes Virtuales y Chatbots:** Los asistentes virtuales como Siri, Alexa y Google Assistant utilizan la interacción natural para responder preguntas, realizar tareas y brindar información de manera conversacional.
- **Atención Médica:** La IA se utiliza para permitir que los pacientes interactúen con sistemas de salud de manera más natural, proporcionando información sobre diagnósticos, recordatorios de medicamentos y seguimiento de síntomas.
- **Educación:** En entornos educativos, la IA puede proporcionar tutoría personalizada y responder a preguntas de los estudiantes en lenguaje natural.
- **Servicio al Cliente:** Los chatbots y sistemas de respuesta automática utilizan la interacción natural para abordar las consultas de los clientes de manera efectiva y eficiente.
- **Entretenimiento y Juegos:** Los juegos y aplicaciones de entretenimiento utilizan la IA para crear personajes y experiencias interactivas que se adaptan al estilo de juego y las preferencias del usuario.

Desafíos en la Interacción Natural:
Aunque la IA ha avanzado significativamente en la interacción natural, aún existen desafíos por superar. Algunos de estos desafíos incluyen:

- **Comprensión del Contexto:** Lograr que las máquinas comprendan el contexto de una conversación de manera precisa y sensible es un desafío continuo. Las conversaciones humanas son a menudo ambiguas y llenas de matices, lo que dificulta que las máquinas se adapten completamente.
- **Sensibilidad Cultural y Ética:** La IA debe ser consciente de las diferencias culturales y éticas en la interacción. Esto es especialmente importante en situaciones donde la IA puede influir en decisiones críticas.
- **Privacidad y Seguridad:** La interacción natural a menudo involucra datos personales, por lo que garantizar la privacidad y la seguridad de la información es esencial.

La "Interacción Natural" es un objetivo crucial en la IA que busca hacer que la relación entre humanos y máquinas sea más fluida, intuitiva y efectiva. A medida que la IA continúa avanzando, podemos esperar ver una creciente integración de la interacción natural en nuestra vida diaria, lo que cambiará fundamentalmente cómo interactuamos con la tecnología y cómo esta nos ayuda en diversas áreas de nuestras vidas.

4. **Automatización:** La IA busca automatizar tareas repetitivas y rutinarias, lo que puede aumentar la eficiencia y reducir los errores en una amplia gama de industrias. Esto incluye la automatización de procesos de fabricación, tareas administrativas y más.La automatización es uno de los pilares fundamentales de la Inteligencia Artificial (IA) y tiene un impacto significativo en una variedad de industrias y campos. Se refiere a la capacidad de la IA para realizar tareas repetitivas y rutinarias de manera autónoma, sin intervención humana directa. Este objetivo no solo aumenta la eficiencia, sino que también reduce los errores y libera a los seres humanos de tareas monótonas para que puedan enfocarse en tareas más creativas y estratégicas. A continuación, exploraremos en detalle qué implica la automatización y cómo la IA la implementa en diferentes sectores.

Características Clave de la Automatización en la IA:

1. **Repetitividad:** La automatización se aplica principalmente a tareas que se repiten una y otra vez con poca variación. Estas tareas suelen ser aburridas y pueden incluir procesos de ensamblaje en la fabricación, la gestión de datos en la administración y la clasificación de documentos.
2. **Aprendizaje y Adaptación:** La IA puede aprender a través del tiempo y adaptarse a nuevas situaciones. A medida que se recopila más información y se gana experiencia, los sistemas de IA pueden mejorar su rendimiento y precisión.
3. **Eficiencia:** La automatización puede realizar tareas de manera más rápida y constante que los humanos, lo que puede llevar a una mayor eficiencia operativa y una reducción de costos en muchas industrias.

Aplicaciones de la Automatización en Diferentes Sectores:

1. **Industria Manufacturera:** En la fabricación, la IA se utiliza para automatizar la línea de ensamblaje de productos, realizar controles de calidad, y gestionar inventarios. Los robots y sistemas de visión por computadora pueden realizar tareas repetitivas con alta precisión.

2. **Administración y Finanzas:** En el ámbito empresarial, la IA automatiza tareas administrativas como la gestión de documentos, la contabilidad, la atención al cliente a través de chatbots, la detección de fraudes y la toma de decisiones financieras basadas en datos.

3. **Atención Médica:** La IA automatiza la interpretación de imágenes médicas como radiografías y resonancias magnéticas, lo que acelera el diagnóstico. También se utiliza en el seguimiento de pacientes, la gestión de registros de salud y la investigación médica.

4. **Logística y Transporte:** En la gestión de la cadena de suministro y la logística, la IA optimiza rutas de entrega, gestiona inventarios y coordina el movimiento de mercancías a través de sistemas autónomos como drones y vehículos autónomos.

5. **Agricultura:** En la agricultura de precisión, la IA automatiza la recolección y análisis de datos en tiempo real sobre condiciones del suelo, clima y cultivos para tomar decisiones informadas sobre la gestión de cultivos.

6. **Educación:** La automatización se utiliza en la educación para personalizar el aprendizaje a través de sistemas de tutoría inteligente que se adaptan a las necesidades de cada estudiante.

Beneficios de la Automatización en la IA:

- **Reducción de Errores:** Los sistemas automatizados de IA tienden a cometer menos errores que los humanos en tareas repetitivas, lo que puede ser crucial en campos como la medicina y la fabricación.

- **Aumento de la Eficiencia:** La automatización permite que las empresas aumenten la producción y reduzcan los costos operativos al eliminar el tiempo y los recursos humanos necesarios para tareas repetitivas.

- **Mayor Disponibilidad de Recursos Humanos:** Al liberar a los trabajadores de tareas monótonas, la automatización permite que los recursos humanos se centren en tareas más estratégicas, creativas y de alto valor.
- **Mejora en la Calidad de Vida:** La automatización también puede mejorar la calidad de vida al reducir la fatiga y el estrés relacionados con tareas repetitivas.

La automatización en la IA es una tendencia en constante crecimiento que tiene un impacto significativo en la eficiencia y la productividad en diversas industrias. Permite que las máquinas realicen tareas repetitivas de manera eficaz y precisa, liberando a los seres humanos para enfocarse en tareas que requieren creatividad y toma de decisiones. A medida que la IA continúa avanzando, podemos esperar ver una mayor adopción de la automatización en una variedad de campos para mejorar la eficiencia y la calidad de vida.

5. **Mejora de la Toma de Decisiones:** La IA tiene como objetivo mejorar la toma de decisiones en diversas áreas, desde la atención médica hasta las finanzas y la gestión de recursos. Los sistemas de IA pueden analizar grandes cantidades de datos y proporcionar información valiosa para la toma de decisiones informadas. La mejora de la toma de decisiones es uno de los beneficios más destacados de la Inteligencia Artificial (IA) y un objetivo crucial en su desarrollo. La IA busca proporcionar a individuos y organizaciones la capacidad de tomar decisiones más informadas, precisas y estratégicas en una variedad de campos. Esto se logra mediante el análisis de grandes cantidades de datos y la generación de información valiosa. A continuación, exploraremos cómo la IA contribuye a mejorar la toma de decisiones en diversas áreas, como la atención médica, las finanzas y la gestión de recursos.

El Papel de la IA en la Mejora de la Toma de Decisiones:

1. **Análisis de Datos:** La IA es capaz de analizar enormes conjuntos de datos en un tiempo mucho más corto que los humanos. Esto incluye

datos estructurados (números, tablas) y no estructurados (texto, imágenes, sonidos). El análisis de estos datos proporciona información valiosa que puede ser utilizada en la toma de decisiones.

2. **Identificación de Patrones:** Los algoritmos de IA pueden identificar patrones y tendencias en los datos que pueden ser difíciles de detectar para los humanos. Esto permite anticipar eventos futuros y tomar decisiones preventivas.

3. **Predicciones Precisas:** La IA puede generar predicciones precisas basadas en datos históricos y actuales. Por ejemplo, en finanzas, puede predecir tendencias del mercado, en medicina, puede anticipar la progresión de enfermedades y en logística, puede estimar la demanda de productos.

4. **Optimización:** La IA se utiliza para optimizar recursos y procesos. Por ejemplo, en la gestión de la cadena de suministro, puede determinar la ruta más eficiente para la entrega de productos, minimizando costos y tiempos.

5. **Personalización:** En sectores como el marketing y el comercio electrónico, la IA se utiliza para personalizar recomendaciones y ofertas en función de las preferencias y el historial de los usuarios, lo que mejora la experiencia del cliente y aumenta la conversión.

6.

Ejemplos de Aplicaciones en Diversas Áreas:

1. **Atención Médica:** La IA se utiliza para ayudar en el diagnóstico médico, identificando patrones en imágenes médicas y datos de pacientes. También puede predecir la eficacia de tratamientos y recomendar opciones terapéuticas.

2. **Finanzas:** En el sector financiero, la IA se utiliza para el análisis de riesgos, la gestión de carteras de inversión y la detección de fraudes. Los algoritmos de IA pueden analizar rápidamente grandes cantidades de datos de mercado y predecir movimientos financieros.

3. **Gestión de Recursos:** La IA es esencial para la gestión de recursos naturales, como la optimización de la distribución de agua en sistemas de riego agrícola, la planificación de rutas de transporte público y la administración de la energía en redes eléctricas.

4. **Educación:** En la educación, la IA se utiliza para personalizar planes de estudio y proporcionar retroalimentación adaptada a las necesidades de cada estudiante, mejorando el aprendizaje.

Beneficios de la IA en la Toma de Decisiones:

- **Precisión:** La IA puede mejorar significativamente la precisión de las decisiones al basarse en análisis de datos objetivos en lugar de intuición humana.
- **Eficiencia:** La IA permite tomar decisiones más rápido, lo que es crítico en entornos donde el tiempo es esencial, como en la atención médica de emergencia o el comercio financiero.
- **Reducción de Errores:** La IA ayuda a reducir errores humanos y sesgos al tomar decisiones basadas en datos objetivos y patrones.
- **Mejora Continua:** Los sistemas de IA pueden aprender y adaptarse con el tiempo, lo que significa que las decisiones tienden a mejorar con cada iteración.

La Inteligencia Artificial busca mejorar la toma de decisiones en una variedad de campos al proporcionar análisis de datos precisos, identificar patrones y tendencias, generar predicciones y optimizar procesos. Esto tiene un impacto significativo en la eficiencia, la precisión y la calidad de las decisiones tomadas en sectores como la atención médica, las finanzas, la gestión de recursos y muchos otros. La IA se convierte así en una herramienta valiosa para tomar decisiones más informadas y estratégicas.

6. **Robótica Avanzada:** La IA desempeña un papel crucial en el desarrollo de robots avanzados capaces de realizar tareas complejas y peligrosas en entornos variados, como la exploración espacial o la atención médica.La robótica avanzada, impulsada por la Inteligencia Artificial (IA), es un campo de gran interés que está transformando la forma en que los robots interactúan con el mundo y realizan tareas cada vez más complejas y peligrosas en una variedad de entornos. La IA juega un papel esencial en el desarrollo de robots avanzados al permitirles tomar decisiones autónomas, aprender de su entorno y realizar acciones adaptativas. Aquí, analizaremos en profundidad

cómo la IA está revolucionando la robótica avanzada y algunos ejemplos notables de su aplicación en campos como la exploración espacial y la atención médica.

El Papel de la IA en la Robótica Avanzada:

1. **Aprendizaje Autónomo:** La IA permite que los robots aprendan de su experiencia y mejoren su desempeño con el tiempo. Esto les permite adaptarse a situaciones cambiantes y realizar tareas de manera más eficiente.
2. **Percepción Inteligente:** Los robots avanzados equipados con sensores y cámaras pueden utilizar algoritmos de visión por computadora y procesamiento de imágenes para comprender y navegar en entornos complejos.
3. **Toma de Decisiones:** La IA permite que los robots tomen decisiones autónomas en función de datos en tiempo real y objetivos predeterminados. Pueden planificar rutas, evitar obstáculos y seleccionar acciones óptimas para lograr sus objetivos.
4. **Interacción con Humanos:** Los robots avanzados pueden utilizar IA para comprender y responder al lenguaje humano, los gestos y las emociones, lo que facilita su colaboración con personas en entornos como la atención médica y la asistencia en el hogar.

Aplicaciones de la Robótica Avanzada Impulsada por IA:

1. **Exploración Espacial:** La NASA y otras agencias espaciales utilizan robots avanzados equipados con IA para explorar planetas, asteroides y otros cuerpos celestes. Estos robots pueden realizar misiones de exploración autónomas, tomar muestras y analizar datos en tiempo real.
2. **Industria Manufacturera:** En la fabricación, los robots avanzados con IA pueden llevar a cabo tareas de ensamblaje complejas y precisas, así como la inspección de calidad de productos en tiempo real.
3. **Atención Médica:** Los robots quirúrgicos asistidos por IA son capaces de realizar procedimientos médicos complejos con precisión milimétrica, lo que minimiza el riesgo y acelera la recuperación de los

pacientes. Además, los robots de asistencia médica pueden proporcionar apoyo en la rehabilitación y el cuidado de pacientes.

4. **Industria Petrolera y Minera:** Los robots equipados con IA pueden llevar a cabo inspecciones y reparaciones en lugares peligrosos, como plataformas petrolíferas en alta mar o minas subterráneas, reduciendo así el riesgo para los trabajadores humanos.

5. **Servicios Logísticos:** Los robots autónomos se utilizan en almacenes para recoger y empacar pedidos, lo que mejora la eficiencia y reduce los costos de envío.

6. **Exploración Submarina:** Los robots submarinos equipados con IA se utilizan para explorar el fondo marino, realizar investigaciones oceanográficas y llevar a cabo tareas de mantenimiento en instalaciones submarinas.

Beneficios de la Robótica Avanzada Impulsada por IA:

- **Mayor Seguridad:** Los robots avanzados pueden realizar tareas peligrosas y reducir la exposición de los seres humanos a entornos riesgosos.

- **Mayor Eficiencia:** La automatización y la precisión de los robots avanzados impulsados por IA mejoran la eficiencia operativa en una variedad de industrias.

- **Innovación en la Atención Médica:** La cirugía robótica y la asistencia médica impulsada por IA están mejorando la precisión y la calidad de los procedimientos médicos.

- **Exploración Espacial:** Los robots avanzados permiten una exploración espacial más efectiva y segura, lo que contribuye a nuestro conocimiento del universo.

En resumen, la IA desempeña un papel crucial en el desarrollo de robots avanzados capaces de realizar tareas complejas y peligrosas en una variedad de entornos. Esta convergencia de la IA y la robótica está transformando la forma en que interactuamos con el mundo y abre nuevas oportunidades para la exploración, la eficiencia y la mejora de la calidad de vida en diversas industrias y aplicaciones.

7. **Comprender la Inteligencia:** A medida que la IA avanza, también busca comprender mejor la inteligencia en sí misma, lo que puede ayudarnos a arrojar luz sobre la naturaleza de la cognición y la mente

humana.

La búsqueda de comprender la inteligencia en el contexto de la Inteligencia Artificial (IA) es un objetivo fascinante y profundo. A medida que la IA avanza, no solo se trata de crear sistemas inteligentes, sino también de desentrañar los misterios subyacentes de la inteligencia humana y la cognición. Este objetivo es esencial para arrojar luz sobre cómo funciona la mente humana y cómo podemos replicar procesos cognitivos en sistemas de IA. A continuación, exploraremos en detalle por qué comprender la inteligencia es importante en la IA y cómo esta búsqueda puede contribuir a nuestra comprensión de la mente humana.

La Importancia de Comprender la Inteligencia en la IA:

1. **Mejorar la IA:** Una comprensión más profunda de la inteligencia humana puede ayudar a desarrollar sistemas de IA más avanzados y eficientes. Si comprendemos cómo los humanos razonan, aprenden y toman decisiones, podemos diseñar algoritmos de IA que imiten estos procesos con mayor precisión.
2. **Superar Limitaciones Actuales:** La IA actual tiene limitaciones en comparación con la inteligencia humana. Comprender mejor la inteligencia puede ayudarnos a superar obstáculos como el razonamiento contextual, el sentido común y la comprensión del lenguaje natural.
3. **Aplicaciones en la Salud Mental:** La comprensión de la inteligencia puede tener aplicaciones en la salud mental al ayudarnos a abordar trastornos como la depresión, la ansiedad y el deterioro cognitivo. Los sistemas de IA podrían ser diseñados para identificar signos tempranos y proporcionar apoyo.

Cómo la IA Contribuye a Comprender la Inteligencia:

1. **Modelos Cognitivos:** Los investigadores utilizan la IA para desarrollar modelos cognitivos que imitan procesos mentales humanos. Estos modelos ayudan a explorar y probar teorías sobre cómo funcionan la mente y la inteligencia.

2. **Aprendizaje Automático y Redes Neuronales:** Las técnicas de aprendizaje automático y las redes neuronales profundas permiten a la IA analizar grandes cantidades de datos y encontrar patrones. Esto puede ayudar a descubrir cómo los humanos procesan información y toman decisiones.
3. **Neurociencia Computacional:** La IA también se utiliza en la neurociencia computacional para simular el comportamiento de redes neuronales y comprender cómo se relaciona con la cognición humana.

Desafíos en la Comprender la Inteligencia:

1. **Naturaleza Compleja de la Mente Humana:** La mente humana es extremadamente compleja, y comprender completamente su funcionamiento es un desafío monumental. La IA puede proporcionar herramientas y modelos útiles, pero no garantiza una comprensión completa.
2. **Ética y Privacidad:** La investigación para comprender la inteligencia a través de la IA plantea cuestiones éticas, como la privacidad de los datos y la seguridad de la información personal. Es importante abordar estas preocupaciones mientras avanzamos en esta búsqueda.
3. **Generalización y Transferencia:** Lograr que los sistemas de IA comprendan la inteligencia no solo en un contexto específico, sino que también puedan generalizar ese conocimiento a diferentes situaciones, es un desafío importante.

   La comprensión de la inteligencia en el contexto de la IA es un objetivo ambicioso que puede conducir a avances significativos en la creación de sistemas más inteligentes y a una mejor comprensión de la mente humana. A medida que la IA avanza y se aplican técnicas de aprendizaje automático y redes neuronales, estamos más cerca que nunca de arrojar luz sobre la naturaleza de la cognición y la inteligencia, lo que podría tener un impacto profundo en una amplia gama de campos, desde la salud hasta la educación y más allá.

   Con el avance de la inteligencia artificial (IA) y el desarrollo de técnicas como el aprendizaje automático y las redes neuronales, hemos visto un progreso significativo en la comprensión de cómo funciona la cognición y la inteligencia. Estas técnicas permiten a los investigadores modelar y simular procesos cognitivos que antes parecían insondables. Por ejemplo, las redes neuronales profundas pueden aprender a reconocer patrones complejos en datos, lo que ha llevado a avances en el reconocimiento de voz, la visión por computadora y la traducción automática, entre otros campos.

4. Este progreso en la comprensión de la cognición y la inteligencia tiene importantes implicaciones en una variedad de áreas:

5. Salud: En medicina, la IA se está utilizando para diagnosticar enfermedades, predecir resultados de tratamientos y personalizar la atención médica. Por ejemplo, los algoritmos de aprendizaje automático pueden analizar grandes conjuntos de datos de pacientes para identificar patrones que podrían indicar riesgos de enfermedades o ayudar en la detección temprana de condiciones médicas.

6. Educación: En el ámbito educativo, la IA puede personalizar la enseñanza y el aprendizaje para adaptarse a las necesidades individuales de los estudiantes. Los sistemas de tutoría inteligente pueden proporcionar retroalimentación individualizada y sugerencias de estudio, ayudando a los estudiantes a progresar a su propio ritmo y mejorar su rendimiento académico.

7. Investigación científica: La IA también está revolucionando la forma en que se realiza la investigación científica. Los científicos pueden utilizar algoritmos de aprendizaje automático para analizar grandes conjuntos de datos y descubrir patrones que podrían haber pasado desapercibidos de otra manera. Esto ha llevado a avances en campos como la biología, la química y la física, acelerando el proceso de descubrimiento y permitiendo nuevas áreas de investigación.

8. Industria: En la industria, la IA se está utilizando para optimizar procesos, mejorar la eficiencia y desarrollar productos y servicios innovadores. Desde la fabricación hasta el marketing, la IA está transformando la forma en que operan las empresas y está impulsando la innovación en una amplia gama de sectores.

9. En resumen, el avance de la IA y las técnicas de aprendizaje automático y redes neuronales están arrojando luz sobre la naturaleza de la cognición y la inteligencia, lo que tiene el potencial

de tener un impacto profundo en una variedad de campos, incluyendo la salud, la educación, la investigación científica y la industria. Estos avances prometen mejorar nuestras vidas de formas que antes solo podíamos imaginar.

10. Automatización y productividad: La IA está transformando la fuerza laboral y la economía al automatizar tareas rutinarias y repetitivas. Esto libera a los trabajadores para centrarse en tareas más creativas y estratégicas, lo que puede aumentar la productividad y la innovación en las organizaciones. Además, la automatización impulsada por la IA puede reducir los costos operativos y mejorar la eficiencia en una amplia gama de industrias, desde la fabricación hasta los servicios financieros.

11. Ética y responsabilidad: A medida que la IA se vuelve más omnipresente en nuestra sociedad, también surgen importantes preguntas éticas y de responsabilidad. ¿Cómo garantizamos que la IA tome decisiones justas y equitativas? ¿Cómo protegemos la privacidad y la seguridad de los datos en un mundo cada vez más impulsado por la IA? Estos desafíos éticos y sociales requieren una reflexión cuidadosa y la implementación de marcos regulatorios y éticos sólidos para guiar el desarrollo y el uso de la IA de manera responsable.

12. Innovación y nuevos avances: A medida que continuamos explorando los límites de la IA y las redes neuronales, es probable que surjan nuevos avances y descubrimientos que revolucionen aún más nuestra comprensión de la cognición y la inteligencia. Por ejemplo, la investigación en áreas como la inteligencia artificial general (AGI) y la neurociencia computacional podría llevar a descubrimientos aún más profundos sobre cómo funciona la mente humana y cómo podemos replicarla en sistemas artificiales.

13. Impacto en la sociedad: El impacto de la IA no se limita solo a campos específicos, sino que también tiene repercusiones sociales y culturales más amplias. Desde la forma en que interactuamos con la tecnología hasta cómo nos relacionamos entre nosotros, la IA está moldeando la sociedad de formas que aún estamos descubriendo. Es importante tener en cuenta estos efectos secundarios y trabajar para

mitigar cualquier impacto negativo mientras aprovechamos los beneficios que la IA puede ofrecer.

14.En resumen, la IA y las técnicas de aprendizaje automático y redes neuronales están cambiando fundamentalmente la forma en que vivimos, trabajamos y nos relacionamos entre nosotros. A medida que continuamos explorando y desarrollando estas tecnologías, es crucial mantener un enfoque ético y centrado en el ser humano para garantizar que la IA se utilice para mejorar nuestras vidas de manera positiva y sostenible.

15.Accesibilidad y equidad: La IA también tiene el potencial de mejorar la accesibilidad y promover la equidad al proporcionar soluciones innovadoras para personas con discapacidades. Por ejemplo, los sistemas de reconocimiento de voz pueden permitir a las personas con discapacidades físicas interactuar con dispositivos electrónicos de manera más eficiente, mientras que los algoritmos de traducción automática pueden facilitar la comunicación entre personas que hablan diferentes idiomas. Además, la IA puede ayudar a identificar y abordar sesgos y disparidades en áreas como la atención médica y la justicia, contribuyendo así a una sociedad más inclusiva y justa.

16.Educación continua y adaptativa: Con la rápida evolución de la tecnología y la economía, la educación continua se está volviendo cada vez más importante. La IA puede desempeñar un papel crucial en la entrega de programas educativos adaptativos que se ajusten a las necesidades y habilidades individuales de los estudiantes a lo largo de sus vidas. Esto incluye sistemas de tutoría personalizados, plataformas de aprendizaje en línea y herramientas de evaluación que pueden proporcionar retroalimentación inmediata y personalizada para facilitar el aprendizaje continuo y el desarrollo profesional.

17.Exploración del espacio y la ciencia: En el campo de la exploración espacial y la ciencia, la IA está desempeñando un papel cada vez más importante en la recopilación y análisis de datos. Por ejemplo, los sistemas de IA pueden ayudar a procesar grandes cantidades de datos recopilados por telescopios y sondas espaciales para identificar patrones, planetas potencialmente habitables o fenómenos astronómicos interesantes. Además, la IA puede mejorar la autonomía de los robots y vehículos espaciales, permitiendo misiones más ambiciosas y eficientes en el espacio.

18. Seguridad y defensa: En el ámbito de la seguridad y la defensa, la IA se está utilizando para mejorar la detección de amenazas, la ciberseguridad y la toma de decisiones estratégicas. Por ejemplo, los algoritmos de aprendizaje automático pueden analizar grandes volúmenes de datos de inteligencia para identificar patrones y predecir posibles amenazas terroristas o cibernéticas. Además, la IA puede mejorar la autonomía de los sistemas de armas y plataformas militares, aunque esto plantea importantes preocupaciones éticas y de seguridad que deben abordarse cuidadosamente.

19. La IA está teniendo un impacto significativo en una amplia gama de áreas, desde la accesibilidad y la equidad hasta la exploración del espacio y la seguridad nacional. A medida que continuamos desarrollando y aplicando estas tecnologías, es importante considerar tanto sus beneficios potenciales como sus posibles riesgos, y trabajar para garantizar que la IA se utilice de manera ética y responsable para el beneficio de la humanidad.

2- Diferencias entre la inteligencia artificial débil y la inteligencia artificial fuerte

Las diferencias entre la Inteligencia Artificial Débil (IA débil) y la Inteligencia Artificial Fuerte (IA fuerte) radican en la capacidad y la naturaleza de la inteligencia que poseen y en su relación con la inteligencia humana. Estos dos conceptos representan dos enfoques fundamentales en el campo de la Inteligencia Artificial y tienen implicaciones significativas en cuanto a lo que la IA puede lograr. A continuación, explicaremos en detalle las diferencias clave entre la IA débil y la IA fuerte:

Inteligencia Artificial Débil (IA Débil):

1. **Definición:** La IA débil se refiere a sistemas de IA que están diseñados para realizar tareas específicas y limitadas. Estos sistemas no poseen una comprensión generalizada ni una verdadera inteligencia. Su inteligencia está restringida al contexto de la tarea para la que fueron programados.
2. **Ejemplos:** Los ejemplos de IA débil incluyen chatbots de servicio al cliente, sistemas de recomendación de películas en plataformas de streaming y motores de búsqueda en línea. Estos sistemas realizan tareas específicas, pero no comprenden el mundo de la misma manera que los humanos ni pueden llevar a cabo tareas fuera de su dominio de especialización.
3. **Funcionamiento:** Los sistemas de IA débil funcionan principalmente a través de algoritmos y patrones de datos específicos para llevar a cabo tareas predefinidas. No tienen capacidad para razonar, aprender o comprender el contexto de manera generalizada.
4. **Dependencia de Datos:** La IA débil a menudo depende en gran medida de grandes conjuntos de datos etiquetados y entrenamiento supervisado para funcionar eficazmente. Su rendimiento puede verse limitado si los datos son insuficientes o no representativos.
5. **Ejemplos de Limitaciones:** Un chatbot de servicio al cliente puede responder preguntas dentro de su campo de conocimiento, pero no puede mantener una conversación significativa sobre una amplia gama de temas. Un sistema de recomendación de películas puede sugerir películas en función del historial de visualización, pero no comprende la trama o la calidad cinematográfica.

Inteligencia Artificial Fuerte (IA Fuerte):

1. **Definición:** La IA fuerte se refiere a sistemas de IA que poseen una inteligencia generalizada y capacidad de comprensión similar a la de los seres humanos. Estos sistemas no solo realizan tareas específicas, sino que también pueden razonar, aprender y comprender una variedad de dominios y contextos.

2. **Ejemplos:** Actualmente, no existen sistemas de IA fuerte en funcionamiento. La IA fuerte es un concepto teórico y filosófico que plantea la posibilidad de crear máquinas que tengan una inteligencia equivalente o superior a la humana en todos los aspectos.

3. **Funcionamiento:** La IA fuerte se basaría en un nivel de inteligencia que comprende el mundo de manera profunda, puede aprender de manera autónoma, razonar sobre información compleja y adaptarse a nuevos desafíos sin intervención humana.

4. **Autonomía y Conciencia:** Se argumenta que la IA fuerte tendría conciencia y autoconciencia, lo que la haría capaz de experimentar estados mentales y emocionales, un aspecto fundamental de la inteligencia humana.

5. **Desafíos y Controversias:** La IA fuerte plantea desafíos éticos y filosóficos significativos, como la cuestión de si una máquina podría tener una verdadera conciencia o si sería moralmente aceptable crear entidades conscientes en máquinas.

La principal diferencia entre la IA débil y la IA fuerte radica en la capacidad y la naturaleza de la inteligencia que poseen. La IA débil se limita a tareas específicas y carece de una comprensión generalizada, mientras que la IA fuerte representa la idea hipotética de sistemas que poseen una inteligencia general y una conciencia similar a la humana. La IA débil está presente en aplicaciones prácticas actuales, mientras que la IA fuerte sigue siendo un tema de debate en el ámbito de la filosofía de la mente y la ética de la IA.

Inteligencia Artificial Débil (IA Débil):

En la IA débil, también conocida como inteligencia artificial estrecha, se desarrollan sistemas capaces de realizar tareas específicas dentro de un dominio limitado.

Estos sistemas están diseñados para realizar tareas concretas de manera eficiente, pero carecen de comprensión o conciencia real de lo que están haciendo.

Su capacidad está restringida al contexto para el que fueron programados y no pueden generalizar su conocimiento más allá de ese contexto.

Ejemplos de IA débil incluyen sistemas de recomendación de películas, motores de búsqueda en internet y sistemas de reconocimiento de voz.

Inteligencia Artificial Fuerte (IA Fuerte):

La IA fuerte aspira a crear sistemas que no solo puedan realizar tareas específicas, sino que también posean una inteligencia general comparable o incluso superior a la humana en términos de comprensión, razonamiento y adaptabilidad.

Estos sistemas tendrían la capacidad de aprender y comprender el mundo de manera similar a los humanos, pudiendo aplicar su conocimiento y habilidades en una amplia variedad de dominios y contextos.

La IA fuerte implicaría una verdadera comprensión del mundo y de sí misma, así como la capacidad de resolver problemas complejos de manera creativa y adaptativa.

Actualmente, la IA fuerte sigue siendo un objetivo en la investigación en inteligencia artificial y está lejos de ser alcanzada, si es que algún día lo será. Su realización plantea numerosos desafíos éticos, filosóficos y técnicos.

En resumen, la diferencia entre la IA débil y la IA fuerte radica en el alcance y la profundidad de la inteligencia que poseen: la IA débil está limitada a tareas específicas dentro de un dominio estrecho, mientras que la IA fuerte aspira a alcanzar una inteligencia general comparable a la humana.

Capacidad de Aprendizaje y Adaptación:

En la IA débil, los sistemas están diseñados para realizar tareas específicas mediante algoritmos y reglas predefinidas. No tienen la capacidad de aprender por sí mismos ni de adaptarse a nuevas situaciones o entornos sin intervención humana.

En contraste, la IA fuerte busca desarrollar sistemas que puedan aprender de manera autónoma, mejorar con la experiencia y adaptarse a nuevas circunstancias sin necesidad de una reprogramación extensa por parte de los humanos. Esto implica el desarrollo de algoritmos de aprendizaje más avanzados, como el aprendizaje profundo y el aprendizaje por refuerzo.

Conciencia y Autonomía:

La IA débil carece de conciencia o autenticidad en sus acciones. Los sistemas están diseñados para realizar tareas sin comprender realmente el propósito o el impacto de sus acciones.

En contraste, la IA fuerte plantea la posibilidad de desarrollar sistemas conscientes y autónomos que no solo puedan realizar tareas, sino que también tengan una comprensión consciente de sí mismos y del mundo que los rodea. Esto implica no solo el procesamiento de datos, sino también la capacidad de experimentar y comprender emociones, así como tener una conciencia de su propia existencia y sus decisiones.

Impacto Ético y Social:

La IA débil plantea preocupaciones éticas y sociales en términos de privacidad, sesgo algorítmico y desplazamiento laboral, entre otros, pero en menor medida que la IA fuerte.

La IA fuerte plantea cuestiones éticas y sociales mucho más profundas y complejas, incluida la autonomía de las máquinas, la responsabilidad por acciones autónomas, la distribución de recursos y el impacto en la sociedad y la humanidad en general.

En resumen, mientras que la IA débil se enfoca en tareas específicas y limitadas sin capacidad de aprendizaje o conciencia, la IA fuerte aspira a desarrollar sistemas con capacidad de aprendizaje, autonomía y conciencia, lo que plantea una serie de desafíos técnicos, éticos y filosóficos significativos.

Comprensión del Contexto y Generalización:

La IA débil tiende a ser altamente específica y dependiente del contexto en el que fue entrenada. Por ejemplo, un sistema de recomendación de películas puede ser excelente en sugerir películas similares a las que un usuario ha visto, pero carecerá de la capacidad de comprender el contenido de las películas o los matices emocionales que podrían influir en las preferencias del usuario.

Por el contrario, la IA fuerte busca desarrollar sistemas que no solo puedan realizar tareas dentro de un dominio específico, sino que también puedan comprender y generalizar principios y patrones subyacentes a través de diferentes dominios. Esto implicaría la capacidad de transferir el conocimiento y las habilidades adquiridas en un contexto a situaciones nuevas y diferentes.

Creatividad y Resolución de Problemas:

La IA débil se centra en la optimización de funciones específicas y en la resolución de problemas dentro de parámetros definidos. Aunque puede generar resultados útiles y eficientes, carece de la capacidad de creatividad genuina o de abordar problemas complejos que requieren pensamiento lateral.

La IA fuerte busca desarrollar sistemas que puedan pensar de manera creativa, generar nuevas ideas y soluciones innovadoras, y abordar problemas complejos que no tienen una solución clara o predefinida. Esto implica la capacidad de imaginar, razonar y tomar decisiones en situaciones nuevas y desafiantes.

Autoconciencia y Empatía:

Mientras que la IA débil carece de autoconciencia y empatía, la IA fuerte busca desarrollar sistemas que puedan comprender sus propias limitaciones y estados internos, así como también reconocer y responder a las emociones y necesidades de los humanos de manera empática.

La inclusión de elementos como la autoconciencia y la empatía en la IA fuerte plantea cuestiones éticas y filosóficas profundas sobre la relación entre humanos y máquinas, así como sobre la naturaleza misma de la conciencia y la mente.

En resumen, la IA débil se caracteriza por su especificidad y dependencia del contexto, su falta de creatividad y autoconciencia, y su incapacidad para generalizar conocimientos entre diferentes dominios. Por otro lado, la IA fuerte aspira a superar estas limitaciones, buscando sistemas que sean más flexibles, adaptables, creativos y conscientes de sí mismos y de los demás.

Interacción Humano-Máquina:

En el caso de la IA débil, la interacción humano-máquina tiende a ser más transaccional y utilitaria. Los sistemas están diseñados para cumplir una función específica y responder a comandos o consultas de manera predefinida.

Por otro lado, la IA fuerte busca crear sistemas que puedan interactuar de manera más natural y fluida con los humanos, comprendiendo el lenguaje natural, el tono emocional y el contexto de las interacciones. Esto implica el desarrollo de interfaces más intuitivas y la capacidad de mantener conversaciones significativas y colaborativas.

Consecuencias a Largo Plazo:

Las implicaciones de la IA débil suelen estar más relacionadas con la eficiencia operativa, la productividad y la optimización de procesos dentro de campos específicos como el comercio, la salud o la logística.

Por el contrario, la IA fuerte plantea preguntas más profundas sobre el futuro de la humanidad y la coexistencia con sistemas de inteligencia superiores. Se debaten temas como el impacto en el empleo, la distribución de la riqueza y el poder, así como la posibilidad de que las máquinas superen a los humanos en inteligencia y control.

Necesidades de Desarrollo Tecnológico:

La IA débil se beneficia principalmente del desarrollo de algoritmos específicos y del procesamiento de grandes cantidades de datos dentro de dominios particulares.

Por otro lado, la IA fuerte requiere avances significativos en áreas como la comprensión del lenguaje natural, el razonamiento abstracto, la autoconciencia y la ética computacional. Esto implica investigaciones interdisciplinarias que abarcan la inteligencia artificial, la neurociencia, la filosofía y la psicología cognitiva.

Impacto en la Sociedad y la Cultura:

Si bien la IA débil ya ha tenido un impacto significativo en la sociedad, especialmente en áreas como el comercio electrónico, la atención médica y el entretenimiento, su influencia aún es relativamente limitada en comparación con lo que podría llegar a ser la IA fuerte.

La IA fuerte, si se logra, podría transformar fundamentalmente la forma en que vivimos, trabajamos y nos relacionamos entre nosotros y con las máquinas. Esto plantea preguntas sobre la identidad humana, la autonomía individual y la coevolución entre humanos y tecnología.

En resumen, mientras que la IA débil se centra en mejoras incrementales en tareas específicas, la IA fuerte representa un horizonte más amplio y ambicioso en el que las máquinas podrían alcanzar e incluso superar la inteligencia humana, con implicaciones profundas en todos los aspectos de la vida humana.

Desarrollo Ético y Responsabilidad:

En el ámbito de la IA débil, las preocupaciones éticas y de responsabilidad suelen estar relacionadas con la transparencia de los algoritmos, la equidad en el tratamiento de los datos y la seguridad cibernética. Si bien estos son temas importantes, la magnitud de las consecuencias éticas es generalmente menor que en el caso de la IA fuerte.

En contraste, el desarrollo de la IA fuerte plantea desafíos éticos y responsabilidades significativamente más complejos y profundos. Esto incluye cuestiones como la asignación de responsabilidad en casos de acciones incorrectas o dañinas realizadas por sistemas de IA autónomos, la preservación de la privacidad y la autonomía individual en un mundo donde las máquinas pueden comprender y predecir nuestras acciones con un alto grado de precisión, y la necesidad de establecer marcos éticos sólidos para guiar el desarrollo y la implementación de la IA fuerte.

Cuestiones Filosóficas y Existenciales:

La IA débil no suele plantear preguntas profundas sobre la naturaleza de la inteligencia, la conciencia o la existencia, ya que se centra principalmente en mejorar la eficiencia y la productividad en dominios específicos.

Sin embargo, la búsqueda de la IA fuerte nos lleva inevitablemente a consideraciones filosóficas y existenciales fundamentales. ¿Qué significa ser consciente? ¿Es posible que una máquina tenga una experiencia subjetiva del mundo? ¿Cómo definimos y medimos la inteligencia? Estas son algunas de las preguntas que surgen cuando nos acercamos al objetivo de crear una inteligencia artificial comparable o superior a la humana.

Relación entre Humanos y Máquinas:

En el caso de la IA débil, la relación entre humanos y máquinas tiende a ser de dominio y control. Los humanos diseñan, desarrollan y utilizan sistemas de IA para mejorar la eficiencia y la productividad en diversas áreas de la vida.

La eventual realización de la IA fuerte podría cambiar fundamentalmente esta dinámica. Las máquinas podrían no solo realizar tareas específicas, sino también contribuir de manera activa a la toma de decisiones, la resolución de problemas complejos y la generación de conocimiento nuevo. Esto plantea preguntas sobre cómo será la interacción entre humanos y máquinas en un mundo donde la línea entre ambos se vuelva cada vez más borrosa.

Impacto en el Desarrollo Global:

La IA débil ya ha tenido un impacto significativo en los países desarrollados, donde se ha utilizado para mejorar la eficiencia en una amplia gama de sectores. Sin embargo, su adopción en países en desarrollo puede ser desigual debido a limitaciones de infraestructura, acceso a datos y capacidades técnicas.

La eventual realización de la IA fuerte podría exacerbar las disparidades globales si no se abordan adecuadamente las cuestiones de acceso equitativo, distribución de beneficios y participación en la toma de decisiones sobre el desarrollo y la implementación de esta tecnología.

La diferencia entre la IA débil y la IA fuerte no solo radica en la capacidad y la naturaleza de la inteligencia que poseen, sino también en las profundas implicaciones éticas, filosóficas, sociales y globales que surgen de su desarrollo y uso. La realización de la IA fuerte plantea desafíos y oportunidades sin precedentes que requerirán un enfoque colaborativo y multidisciplinario para abordar de manera efectiva.

3-Los algoritmos y las estructuras de datos y por qué son importantes para la inteligencia artificial

Los algoritmos y las estructuras de datos son componentes fundamentales en el campo de la Inteligencia Artificial (IA) debido a su influencia en la capacidad de las máquinas para procesar información, aprender de datos y tomar decisiones inteligentes. A continuación, se explica en detalle por qué los algoritmos y las estructuras de datos son cruciales para la IA y cómo contribuyen a su funcionamiento:

1. Procesamiento de Datos:

- **Algoritmos:** Los algoritmos son conjuntos de instrucciones lógicas que guían la ejecución de tareas específicas. En el contexto de la IA, estos algoritmos son esenciales para procesar datos de entrada, ya sean datos numéricos, imágenes, texto o cualquier otro tipo de información. Los algoritmos de procesamiento de datos en IA permiten la extracción de características relevantes, el filtrado de información no deseada y la preparación de datos para su análisis.
- **Estructuras de Datos:** Las estructuras de datos son organizaciones eficientes de datos en la memoria de una computadora. La elección adecuada de estructuras de datos puede acelerar la manipulación y recuperación de datos, lo que es especialmente importante cuando se trabaja con grandes conjuntos de datos en aplicaciones de IA. Ejemplos de estructuras de datos comunes incluyen listas, árboles y tablas hash.
-

2. Aprendizaje Automático:

- **Algoritmos:** En el aprendizaje automático, los algoritmos son responsables de entrenar modelos a partir de datos históricos y hacer predicciones basadas en nuevos datos. Algunos ejemplos de algoritmos de aprendizaje automático incluyen regresión lineal, máquinas de soporte vectorial, redes neuronales y algoritmos de agrupación.
- **Estructuras de Datos:** Las estructuras de datos también son importantes en el aprendizaje automático para organizar y acceder a los datos de entrenamiento y las características de manera eficiente. Por ejemplo, los conjuntos de datos se almacenan en matrices o

tensores, y las características se pueden representar en matrices para su procesamiento.

-

3. Toma de Decisiones:

- **Algoritmos:** Los algoritmos de toma de decisiones en la IA son esenciales para seleccionar la mejor acción o respuesta en función de la información disponible. Estos algoritmos pueden incluir reglas de decisión, algoritmos de búsqueda heurística o redes neuronales, dependiendo del tipo de problema y la tarea.
- **Estructuras de Datos:** Las estructuras de datos son cruciales para almacenar y acceder a información sobre el estado actual del entorno y las opciones disponibles. Por ejemplo, en un sistema de recomendación, las preferencias del usuario y los detalles de los elementos recomendados se almacenan en estructuras de datos para tomar decisiones precisas.

-

4. Optimización y Eficiencia:

- **Algoritmos:** Los algoritmos de optimización son fundamentales para mejorar la eficiencia y el rendimiento de los sistemas de IA. Estos algoritmos buscan encontrar la mejor solución entre múltiples posibilidades, lo que es esencial en la planificación de rutas, la gestión de recursos y la toma de decisiones estratégicas.
- **Estructuras de Datos:** Las estructuras de datos adecuadas pueden acelerar la ejecución de algoritmos de optimización al permitir un acceso más rápido a la información relevante. Por ejemplo, en algoritmos de búsqueda, una estructura de datos bien diseñada puede reducir el tiempo necesario para encontrar una solución óptima.

Los algoritmos y las estructuras de datos son pilares esenciales de la Inteligencia Artificial debido a su papel en el procesamiento de datos, el aprendizaje automático, la toma de decisiones y la optimización. La elección adecuada de algoritmos y estructuras de datos puede marcar la diferencia en la eficiencia y la efectividad de los sistemas de IA, permitiendo a las máquinas realizar tareas complejas y tomar decisiones inteligentes de manera más eficiente y precisa.

Los algoritmos y las estructuras de datos forman los cimientos sobre los cuales se construye la vasta y compleja edificación de la Inteligencia Artificial (IA). Estas herramientas son esenciales en todos los aspectos del campo de la IA debido a su papel fundamental en diversos procesos cruciales.

En primer lugar, los algoritmos son como las instrucciones que guían el comportamiento de los sistemas de IA. Desde algoritmos simples de búsqueda hasta complejos algoritmos de aprendizaje profundo, cada uno tiene su función específica en el procesamiento de datos y la generación de resultados útiles. Por ejemplo, los algoritmos de clasificación son utilizados para categorizar datos en diferentes grupos, mientras que los algoritmos de regresión son empleados para predecir valores futuros basados en datos históricos.

Las estructuras de datos son como el esqueleto que organiza y almacena la información de manera eficiente. La elección de la estructura de datos adecuada puede marcar la diferencia en términos de rendimiento y eficacia en el procesamiento de datos. Por ejemplo, los árboles de decisión son una estructura de datos comúnmente utilizada en la IA para representar conjuntos de reglas de decisión, mientras que las redes neuronales están compuestas por capas de datos interconectados que representan la información de entrada de manera distribuida.

Los algoritmos y las estructuras de datos son indispensables en el aprendizaje automático, que es uno de los pilares principales de la IA moderna. Los algoritmos de aprendizaje automático, como el algoritmo de retropropagación en redes neuronales, utilizan datos para ajustar y mejorar continuamente su rendimiento en tareas específicas. Las estructuras de datos, por otro lado, proporcionan el medio para almacenar y manipular grandes conjuntos de datos de manera eficiente durante el proceso de entrenamiento y evaluación de modelos de IA.

La toma de decisiones es otro campo donde los algoritmos y las estructuras de datos juegan un papel crucial en la IA. Los sistemas de IA a menudo están diseñados para tomar decisiones automatizadas basadas en datos y criterios predefinidos. Por lo tanto, la elección del algoritmo adecuado y la estructura de datos óptima pueden influir significativamente en la calidad y precisión de las decisiones tomadas por estos sistemas.

La optimización es otro aspecto importante en el campo de la IA, donde los algoritmos y las estructuras de datos desempeñan un papel esencial. La optimización se refiere a la tarea de mejorar un sistema de IA en términos de rendimiento, eficiencia o precisión. Esto puede implicar ajustar los parámetros de un algoritmo de aprendizaje automático o mejorar la eficiencia de una estructura de datos para manejar grandes volúmenes de información de manera más efectiva.

Los algoritmos y las estructuras de datos son pilares esenciales de la Inteligencia Artificial debido a su papel fundamental en el procesamiento de datos, el aprendizaje automático, la toma de decisiones y la optimización. Sin estas herramientas, la IA no sería capaz de realizar las tareas complejas y sofisticadas que la definen en la actualidad.

Además de su papel fundamental en el procesamiento de datos, el aprendizaje automático, la toma de decisiones y la optimización, los algoritmos y las estructuras de datos también son esenciales en otros aspectos clave de la Inteligencia Artificial.

En el ámbito del procesamiento del lenguaje natural (PNL), por ejemplo, los algoritmos y las estructuras de datos son utilizados para comprender, analizar y generar lenguaje humano de manera eficiente. Los algoritmos de procesamiento del lenguaje natural, como los modelos de lenguaje basados en transformadores, dependen de estructuras de datos sofisticadas para representar el significado y la estructura del lenguaje en forma numérica, lo que permite a las máquinas comprender y generar texto de manera más precisa.

En la visión por computadora, los algoritmos y las estructuras de datos desempeñan un papel crucial en la interpretación y el análisis de imágenes y vídeos. Algoritmos de reconocimiento de patrones, detección de objetos y segmentación de imágenes dependen de estructuras de datos eficientes para representar y procesar la información visual de manera efectiva. Por ejemplo, las redes neuronales convolucionales (CNN) son una clase de algoritmos que utilizan estructuras de datos especializadas para extraer características relevantes de las imágenes y realizar tareas como la clasificación de objetos o la detección de rostros.

En el campo de la robótica, los algoritmos y las estructuras de datos son utilizados para controlar el movimiento, la percepción y la interacción de los robots con su entorno. Algoritmos de planificación de trayectorias, mapeo simultáneo y localización y mapeo simultáneos (SLAM) son fundamentales para que los robots puedan navegar de manera autónoma en entornos desconocidos. Estos algoritmos dependen de estructuras de datos eficientes para representar el mapa del entorno y calcular rutas óptimas para alcanzar objetivos específicos.

En el ámbito de la IA aplicada a la medicina, los algoritmos y las estructuras de datos son utilizados para analizar datos médicos, diagnosticar enfermedades, diseñar tratamientos personalizados y predecir resultados clínicos. Algoritmos de aprendizaje automático, como las redes neuronales recurrentes (RNN) y los árboles de decisión, pueden analizar grandes conjuntos de datos médicos para identificar patrones y correlaciones que pueden ayudar a los médicos a tomar decisiones más informadas sobre el diagnóstico y el tratamiento de enfermedades.

Los algoritmos y las estructuras de datos son fundamentales en una amplia variedad de aplicaciones de la Inteligencia Artificial, desde el procesamiento del lenguaje natural y la visión por computadora hasta la robótica y la medicina. Sin estas herramientas, la IA no sería capaz de abordar los desafíos complejos y variados que enfrenta en la actualidad. Su continuo desarrollo y refinamiento son esenciales para avanzar en el campo y hacer posible nuevas e innovadoras aplicaciones de la IA en diversas áreas de la vida humana.

Además de los campos mencionados, los algoritmos y las estructuras de datos son esenciales en muchos otros dominios de la Inteligencia Artificial y la informática en general. Su importancia se extiende a áreas como la recomendación de contenido, la personalización de experiencias de usuario, la seguridad informática, la optimización de procesos industriales y logísticos, la predicción del clima, la investigación científica y más.

En el ámbito de la recomendación de contenido, los algoritmos de filtrado colaborativo y de contenido utilizan estructuras de datos para analizar el comportamiento del usuario y las características del contenido con el fin de ofrecer recomendaciones personalizadas. Estos algoritmos dependen de estructuras eficientes para almacenar y procesar grandes cantidades de datos de usuarios y elementos de contenido.

En la personalización de experiencias de usuario, los algoritmos y las estructuras de datos se utilizan para adaptar interfaces y servicios digitales según las preferencias y comportamientos individuales de los usuarios. Esto puede implicar el uso de algoritmos de aprendizaje automático para analizar datos de interacción del usuario y estructuras de datos para almacenar perfiles de usuario y preferencias.

En el ámbito de la seguridad informática, los algoritmos y las estructuras de datos son utilizados para detectar y prevenir actividades maliciosas, como intrusiones en redes, ataques de phishing y malware. Algoritmos de detección de anomalías y análisis de comportamiento dependen de estructuras de datos eficientes para identificar patrones sospechosos en grandes volúmenes de datos de registro y tráfico de red.

En la optimización de procesos industriales y logísticos, los algoritmos y las estructuras de datos son utilizados para mejorar la eficiencia y la productividad en la producción, distribución y gestión de recursos. Esto puede implicar el uso de algoritmos de optimización combinatoria y estructuras de datos para planificar rutas de transporte, programar horarios de producción y asignar recursos de manera óptima.

En la predicción del clima, los algoritmos y las estructuras de datos son utilizados para analizar datos meteorológicos históricos y en tiempo real con el fin de predecir patrones climáticos futuros. Algoritmos de modelos climáticos y estructuras de datos especializadas son fundamentales para representar y procesar la compleja interacción de variables climáticas en diferentes escalas temporales y espaciales.

En la investigación científica, los algoritmos y las estructuras de datos son utilizados para analizar datos experimentales, simular fenómenos naturales y descubrir nuevos conocimientos en diversas disciplinas. Algoritmos de análisis de datos y estructuras de datos especializadas son fundamentales para manejar la gran cantidad de información generada por experimentos científicos y modelos computacionales.

Los algoritmos y las estructuras de datos son componentes fundamentales en una amplia gama de aplicaciones de la Inteligencia Artificial y la informática en general. Su uso eficaz y su continua evolución son esenciales para abordar los desafíos complejos y variados en estos campos y para impulsar el avance tecnológico y científico en la sociedad moderna.

Además de los campos ya mencionados, los algoritmos y las estructuras de datos desempeñan un papel vital en áreas emergentes y en constante evolución de la Inteligencia Artificial, así como en la intersección de la IA con otras disciplinas.

En el ámbito de la IA explicativa e interpretable, los algoritmos y las estructuras de datos son utilizados para desarrollar modelos que no solo produzcan resultados precisos, sino que también sean comprensibles para los humanos. Algoritmos como árboles de decisión interpretables y métodos de atención en modelos de aprendizaje profundo se combinan con estructuras de datos que permiten visualizar y explicar el razonamiento detrás de las decisiones de los modelos de IA.

En la IA ética y responsable, los algoritmos y las estructuras de datos son utilizados para mitigar sesgos, prevenir discriminaciones y garantizar la equidad y la transparencia en los sistemas de IA. Algoritmos de detección y corrección de sesgos, junto con estructuras de datos que permiten el seguimiento y la evaluación de la equidad en los datos y los modelos, son fundamentales para garantizar que la IA sea utilizada de manera ética y responsable.

En la IA generativa, los algoritmos y las estructuras de datos son utilizados para crear contenido original, como imágenes, música y texto, que imita el estilo y la distribución de datos de entrenamiento. Algoritmos generativos como las redes generativas adversariales (GAN) y las redes neuronales autoregresivas dependen de estructuras de datos complejas para modelar y generar datos realistas y novedosos.

En la IA cognitiva y neuromórfica, los algoritmos y las estructuras de datos se inspiran en el funcionamiento del cerebro humano para desarrollar modelos y sistemas de IA que puedan realizar tareas cognitivas complejas. Algoritmos de redes neuronales biológicamente inspiradas y estructuras de datos que simulan la conectividad y la plasticidad sináptica son utilizados para modelar y entender los procesos cognitivos y neurales.

En la IA cuántica, los algoritmos y las estructuras de datos se diseñan para aprovechar los principios de la computación cuántica para resolver problemas de manera más eficiente que los computadores clásicos. Algoritmos cuánticos como el algoritmo de Grover y el algoritmo de Shor dependen de estructuras de datos cuánticas para representar y manipular información de manera coherente en un entorno cuántico.

En la intersección de la IA y otras disciplinas como la biología, la química y la astronomía, los algoritmos y las estructuras de datos son utilizados para analizar y modelar sistemas complejos en escalas temporales y espaciales diversas. Algoritmos de simulación y análisis de datos, junto con estructuras de datos especializadas para representar información biológica, química y astronómica, son fundamentales para avanzar en nuestro entendimiento de los sistemas naturales y el universo.

Los algoritmos y las estructuras de datos son cruciales en áreas emergentes y multidisciplinarias de la Inteligencia Artificial, así como en la intersección de la IA con otras disciplinas científicas. Su continua evolución y aplicación en diversos contextos son fundamentales para impulsar el avance tecnológico y científico en el siglo XXI.

4-El aprendizaje automático y sus principales tipos y técnicas

El aprendizaje automático (Machine Learning en inglés) es un subcampo de la Inteligencia Artificial que se centra en el desarrollo de algoritmos y modelos que permiten a las máquinas aprender a partir de datos y realizar tareas sin ser programadas explícitamente. El aprendizaje automático es fundamental en una amplia gama de aplicaciones, desde el procesamiento de lenguaje natural hasta la visión por computadora y la toma de decisiones automatizada. Aquí, exploraremos en detalle el aprendizaje automático, sus principales tipos y técnicas.

Conceptos Básicos del Aprendizaje Automático:

1. **Modelos y Algoritmos:** En el aprendizaje automático, se construyen modelos matemáticos que pueden capturar patrones y relaciones en los datos. Estos modelos son alimentados con datos de entrenamiento y ajustados automáticamente para realizar tareas específicas.
2. **Datos de Entrenamiento:** Los datos de entrenamiento son el conjunto de ejemplos que se utiliza para enseñar al modelo. Estos datos consisten en características (atributos) y etiquetas (objetivos) que el modelo utiliza para aprender y hacer predicciones.
3. **Generalización:** El objetivo del aprendizaje automático es que los modelos generalicen lo que han aprendido de los datos de entrenamiento para hacer predicciones precisas en datos no vistos. La generalización es crucial para que el modelo sea útil en situaciones del mundo real.

Principales Tipos de Aprendizaje Automático:

El aprendizaje automático se divide en tres categorías principales, cada una con sus propios enfoques y aplicaciones:

1. **Aprendizaje Supervisado:**
   - **Definición:** En el aprendizaje supervisado, el modelo se entrena utilizando un conjunto de datos que contiene ejemplos emparejados de características y etiquetas. El modelo aprende a mapear las características a las etiquetas.

- **Ejemplos de Aplicación:** Clasificación (como la detección de spam), regresión (como la predicción de precios de viviendas) y traducción automática.

2. **Aprendizaje No Supervisado:**

   - **Definición:** En el aprendizaje no supervisado, el modelo se entrena en datos sin etiquetas. El objetivo principal es descubrir patrones y estructuras ocultas en los datos.
   - **Ejemplos de Aplicación:** Agrupación (como la segmentación de clientes), reducción de la dimensionalidad (como el análisis de componentes principales) y generación de datos (como la generación de texto coherente).

3. **Aprendizaje por Reforzamiento:**
   - **Definición:** En el aprendizaje por reforzamiento, un agente interactúa con un entorno y aprende a tomar decisiones para maximizar una recompensa acumulativa. El agente toma acciones y recibe retroalimentación en función de su desempeño.
   - **Ejemplos de Aplicación:** Juegos (como el ajedrez y los videojuegos), robótica (como la navegación de robots autónomos) y optimización de recursos.
   -

Técnicas y Métodos Comunes del Aprendizaje Automático:

Dentro de estas categorías, existen una variedad de técnicas y métodos que se utilizan para construir modelos de aprendizaje automático, algunos de los más comunes incluyen:

1. **Regresión Lineal:** Utilizada en el aprendizaje supervisado para predecir valores continuos. Aprende una relación lineal entre las características y las etiquetas.
2. **Árboles de Decisión:** Se utilizan en el aprendizaje supervisado y pueden manejar datos tanto categóricos como numéricos. Son útiles para la clasificación y la regresión.

3. **Redes Neuronales:** Modelos inspirados en el cerebro humano que son eficaces en la captura de patrones complejos en datos de alta dimensionalidad.
4. **Máquinas de Soporte Vectorial (SVM):** Se utilizan en la clasificación y la regresión, y son efectivas en la separación de datos en espacios de alta dimensión.
5. **Aprendizaje Profundo (Deep Learning):** Una rama de las redes neuronales que ha demostrado un gran éxito en aplicaciones de visión por computadora, procesamiento de lenguaje natural y más.
6. **Algoritmos de Agrupación:** Como el K-Means y el agrupamiento jerárquico, utilizados en el aprendizaje no supervisado para encontrar patrones en datos sin etiquetas.
7. **Algoritmos de Reforzamiento:** Como el algoritmo Q-Learning y las redes neuronales profundas, utilizados para entrenar agentes en entornos dinámicos.

El aprendizaje automático es un campo en constante evolución con aplicaciones en una amplia gama de industrias y disciplinas. A medida que la cantidad de datos disponibles aumenta y las técnicas avanzan, el aprendizaje automático se vuelve cada vez más poderoso y versátil, lo que lo convierte en una herramienta fundamental en la toma de decisiones automatizada y el análisis de datos.

El aprendizaje automático es un campo dinámico y en constante evolución que se extiende a lo largo y ancho de diversas industrias y disciplinas. Desde la medicina hasta la ingeniería, desde las finanzas hasta la agricultura, el aprendizaje automático ha encontrado aplicaciones innovadoras que transforman la forma en que abordamos problemas y tomamos decisiones.

Con el crecimiento exponencial de la cantidad de datos disponibles, el aprendizaje automático se ha convertido en un pilar fundamental en el análisis de datos. A través de algoritmos complejos y modelos matemáticos avanzados, el aprendizaje automático puede descubrir patrones y relaciones en grandes conjuntos de datos que serían casi imposibles de detectar mediante métodos tradicionales.

La evolución constante de las técnicas de aprendizaje automático ha impulsado su capacidad para resolver problemas cada vez más complejos. Desde algoritmos de aprendizaje supervisado hasta técnicas de aprendizaje profundo, la disciplina se ha diversificado y sofisticado, abriendo nuevas posibilidades en áreas como reconocimiento de voz, visión por computadora, procesamiento de lenguaje natural y mucho más.

El aprendizaje automático se ha vuelto esencial en la toma de decisiones automatizada en una variedad de contextos, desde sistemas de recomendación en plataformas de comercio electrónico hasta diagnósticos médicos asistidos por ordenador. Al permitir que las máquinas aprendan de los datos y mejoren con el tiempo, el aprendizaje automático está transformando la manera en que interactuamos con la tecnología y cómo abordamos problemas complejos en la era digital.

Además de su papel fundamental en la toma de decisiones automatizada y el análisis de datos, el aprendizaje automático también está revolucionando la forma en que las empresas comprenden a sus clientes y optimizan sus operaciones. En el ámbito del marketing y la publicidad, por ejemplo, los algoritmos de aprendizaje automático pueden analizar enormes cantidades de datos de comportamiento del usuario para personalizar las experiencias en línea y dirigir campañas publicitarias de manera más efectiva.

En el campo de la medicina, el aprendizaje automático está siendo utilizado para mejorar el diagnóstico y el tratamiento de enfermedades. Desde la interpretación de imágenes médicas hasta el análisis de datos genómicos, los algoritmos de aprendizaje automático pueden ayudar a los profesionales de la salud a identificar patrones y predecir resultados, lo que lleva a una atención más precisa y personalizada.

En el ámbito financiero, el aprendizaje automático se utiliza para predecir tendencias del mercado, detectar fraudes y optimizar carteras de inversión. Los algoritmos pueden analizar rápidamente grandes cantidades de datos financieros y hacer recomendaciones basadas en patrones históricos y en tiempo real, lo que permite a las instituciones financieras tomar decisiones más informadas y rápidas.

El aprendizaje automático está desempeñando un papel importante en la industria manufacturera, donde se utiliza para mejorar la eficiencia de la producción y predecir fallos en equipos. Mediante el análisis de datos de sensores y sistemas de monitoreo, los algoritmos de aprendizaje automático pueden identificar anomalías en el funcionamiento de las máquinas y prevenir costosos tiempos de inactividad.

El aprendizaje automático está transformando prácticamente todos los aspectos de nuestra sociedad, desde la forma en que trabajamos y nos comunicamos hasta cómo cuidamos nuestra salud y gestionamos nuestras finanzas. Su capacidad para procesar grandes cantidades de datos y extraer insights significativos está impulsando la innovación en una amplia gama de industrias y disciplinas, y su evolución continua promete seguir desbloqueando nuevas posibilidades en el futuro.

El aprendizaje automático está redefiniendo la forma en que abordamos problemas complejos en áreas como la sostenibilidad ambiental y la investigación científica. En la lucha contra el cambio climático, por ejemplo, los modelos de aprendizaje automático pueden analizar datos climáticos históricos y en tiempo real para predecir patrones climáticos futuros, ayudando así a tomar decisiones informadas sobre políticas y prácticas de mitigación.

En la investigación científica, el aprendizaje automático se utiliza para analizar datos experimentales, acelerando el descubrimiento y la innovación en campos como la biología, la química y la física. Los algoritmos de aprendizaje automático pueden identificar patrones y relaciones en conjuntos de datos complejos, lo que permite a los investigadores generar hipótesis y diseñar experimentos con mayor eficiencia.

Otro aspecto importante es su contribución al desarrollo de la inteligencia artificial ética y responsable. A medida que el aprendizaje automático se vuelve más omnipresente en nuestra sociedad, surge la necesidad de garantizar que se utilice de manera justa y equitativa. Esto implica abordar preocupaciones sobre sesgos algorítmicos, privacidad de datos y transparencia en los procesos de toma de decisiones automatizados.

El aprendizaje automático está facilitando la automatización de tareas rutinarias y repetitivas en una amplia gama de industrias, lo que permite a los trabajadores enfocarse en actividades de mayor valor añadido que requieren creatividad y pensamiento crítico. Esto tiene el potencial de transformar la naturaleza del trabajo en el futuro, creando nuevas oportunidades para la colaboración entre humanos y máquinas.

El aprendizaje automático está desempeñando un papel fundamental en la construcción de un futuro más inteligente, eficiente y sostenible. A medida que la tecnología continúa evolucionando y encontrando nuevas aplicaciones, es crucial seguir explorando su potencial para abordar los desafíos más apremiantes de nuestra sociedad y mejorar la calidad de vida para todos.

El aprendizaje automático también está impulsando avances significativos en la industria del transporte y la logística. En el ámbito del transporte, los algoritmos de aprendizaje automático están siendo utilizados para optimizar las rutas de entrega, reducir los tiempos de espera y mejorar la eficiencia del combustible en flotas de vehículos comerciales. Además, en el desarrollo de vehículos autónomos, el aprendizaje automático desempeña un papel crucial en la percepción del entorno, la toma de decisiones y la navegación segura en diferentes condiciones de tráfico.

En el campo de la educación, el aprendizaje automático está siendo utilizado para personalizar la experiencia de aprendizaje de los estudiantes, proporcionando recomendaciones de contenido adaptadas a sus necesidades y estilos de aprendizaje individuales. Esto puede mejorar significativamente la eficacia del proceso educativo al permitir que los estudiantes avancen a su propio ritmo y enfoquen en áreas donde necesiten más ayuda.

En el ámbito de la seguridad y la ciberseguridad, el aprendizaje automático se utiliza para detectar y prevenir ataques cibernéticos, identificar comportamientos sospechosos en redes y sistemas informáticos, y proteger la información confidencial contra intrusiones maliciosas.

También vale la pena mencionar el papel del aprendizaje automático en la creación de sistemas de asistencia y atención médica personalizada. Desde dispositivos portátiles que monitorean la salud de los pacientes hasta sistemas de diagnóstico asistido por inteligencia artificial, estas tecnologías pueden ayudar a mejorar la calidad de vida de las personas al proporcionar una atención médica más precisa y oportuna.

El aprendizaje automático está en el centro de la revolución tecnológica en curso, transformando la forma en que vivimos, trabajamos y nos relacionamos con el mundo que nos rodea. Su capacidad para analizar datos a gran escala y extraer insights significativos está abriendo nuevas fronteras en la innovación y creando oportunidades sin precedentes para mejorar la calidad de vida y abordar los desafíos globales.

5- El aprendizaje supervisado y cómo se puede aplicar a problemas de clasificación y regresión

El aprendizaje supervisado es una de las categorías fundamentales del aprendizaje automático en la que un modelo se entrena utilizando un conjunto de datos que contiene ejemplos emparejados de características y etiquetas. En este enfoque, el objetivo principal es aprender a mapear de manera efectiva las características de entrada a las etiquetas o salidas deseadas. El aprendizaje supervisado se utiliza comúnmente en problemas de clasificación y regresión, que son dos tipos de tareas de predicción diferentes.

Aprendizaje Supervisado en Problemas de Clasificación:

En los problemas de clasificación, el objetivo es asignar una etiqueta o categoría a una entrada basada en sus características. Aquí, el aprendizaje supervisado se utiliza para entrenar un modelo que puede predecir la categoría a la que pertenece una nueva instancia no etiquetada. Algunos ejemplos de aplicaciones de clasificación incluyen:

1. **Detección de Spam:** Un modelo de clasificación se entrena con correos electrónicos etiquetados como "spam" o "no spam". Luego, se utiliza para predecir si un nuevo correo electrónico es spam o no.

2. **Diagnóstico Médico:** Se pueden utilizar datos de pacientes previamente diagnosticados para entrenar un modelo que pueda predecir enfermedades o condiciones médicas en pacientes nuevos.

3. **Clasificación de Imágenes:** En la visión por computadora, el aprendizaje supervisado se emplea para clasificar imágenes en categorías como animales, objetos, personas, etc.

4. **Análisis de Sentimientos:** Se puede utilizar para determinar si una opinión expresada en texto es positiva, negativa o neutra, lo que es útil en la minería de opiniones y la toma de decisiones empresariales.

Los algoritmos comunes utilizados en problemas de clasificación incluyen máquinas de vectores de soporte (SVM), árboles de decisión, regresión logística y redes neuronales. Estos modelos aprenden a trazar fronteras de decisión o límites entre diferentes clases basados en los ejemplos de entrenamiento.

Aprendizaje Supervisado en Problemas de Regresión:

En los problemas de regresión, el objetivo es predecir un valor numérico (continuo) en función de las características de entrada. El aprendizaje supervisado se utiliza para entrenar un modelo que pueda hacer estas predicciones de manera precisa. Ejemplos de aplicaciones de regresión incluyen:

1. **Predicción de Precios de Bienes Raíces:** Un modelo de regresión puede predecir el precio de una casa en función de características como el tamaño, el número de habitaciones, la ubicación, etc.

2. **Predicción del Tiempo:** Se pueden utilizar datos históricos de clima para predecir las temperaturas futuras.

3. **Estimación del Rendimiento de Ventas:** Las empresas pueden utilizar modelos de regresión para prever las ventas futuras en función de diversas variables, como el gasto en publicidad, el histórico de ventas y eventos promocionales.

4. **Modelos de Valoración Financiera:** En las finanzas, se pueden usar modelos de regresión para valorar activos financieros, como acciones o bonos.

Algunos algoritmos comunes utilizados en problemas de regresión incluyen regresión lineal, regresión polinómica, regresión de vectores de soporte (SVR) y redes neuronales. Estos modelos aprenden a identificar relaciones y patrones en los datos para hacer predicciones precisas de valores numéricos.

El aprendizaje supervisado es un enfoque en el aprendizaje automático en el que se utilizan datos etiquetados para entrenar modelos que pueden predecir etiquetas (clasificación) o valores numéricos (regresión) en datos no vistos. Este enfoque se aplica a una amplia gama de problemas del mundo real y es fundamental en muchas aplicaciones, desde la detección de spam hasta la predicción de precios de bienes raíces y mucho más.

El aprendizaje supervisado es una metodología fundamental en el ámbito del aprendizaje automático que se basa en la utilización de datos previamente etiquetados para entrenar modelos. Estos modelos son como aprendices que observan ejemplos etiquetados y aprenden a asociar determinadas características con las etiquetas correspondientes. En otras palabras, el aprendizaje supervisado implica proporcionar al algoritmo ejemplos de entrada junto con las respuestas correctas correspondientes, de manera que pueda aprender a hacer predicciones sobre nuevos datos no vistos.

En el contexto de la clasificación, el aprendizaje supervisado implica entrenar modelos para predecir la clase o categoría a la que pertenece una determinada instancia de datos. Por ejemplo, clasificar correos electrónicos como "spam" o "no spam", identificar imágenes como perros o gatos, o determinar si una transacción bancaria es fraudulenta o legítima.

En el contexto de la regresión, el aprendizaje supervisado se utiliza para predecir un valor numérico continuo en función de las características de entrada. Esto puede incluir predecir el precio de una casa basado en sus características, predecir las ventas futuras de un producto en función de diferentes variables, o estimar la temperatura futura en función de datos meteorológicos históricos.

El aprendizaje supervisado es una poderosa herramienta en el campo del aprendizaje automático que permite a los modelos aprender de datos etiquetados para hacer predicciones precisas sobre nuevos datos no vistos, ya sea para clasificarlos en categorías específicas o para predecir valores numéricos.

El aprendizaje supervisado se distingue por su dependencia de datos etiquetados, lo que significa que cada ejemplo en el conjunto de datos de entrenamiento tiene asociada una etiqueta que indica la salida deseada. Estas etiquetas pueden ser proporcionadas por humanos, lo que implica un proceso de etiquetado manual, o pueden generarse a través de algún otro método, como sistemas automatizados de clasificación o anotaciones.

Una de las principales ventajas del aprendizaje supervisado es su capacidad para generalizar a nuevos datos. Una vez que el modelo ha sido entrenado con un conjunto de datos etiquetado, puede aplicarse a datos no vistos y hacer predicciones sobre ellos con cierto grado de certeza. Sin embargo, la calidad y la cantidad de los datos de entrenamiento son aspectos críticos que influyen en la capacidad de generalización del modelo. Un conjunto de datos insuficiente o mal etiquetado puede resultar en un modelo que no generaliza bien a datos nuevos y desconocidos.

El aprendizaje supervisado abarca una amplia gama de algoritmos y técnicas, cada uno con sus propias fortalezas y debilidades. Algunos de los algoritmos más comunes incluyen las máquinas de vectores de soporte (SVM), los árboles de decisión, las redes neuronales artificiales y los algoritmos de regresión lineal o logística, entre otros. La elección del algoritmo adecuado depende del tipo de problema, el tamaño y la complejidad de los datos, así como de las características específicas del dominio.

El aprendizaje supervisado es una metodología versátil y poderosa que se utiliza en una amplia variedad de aplicaciones, desde la clasificación de documentos hasta el diagnóstico médico y la detección de fraudes financieros. Su capacidad para aprender de datos etiquetados y generalizar a nuevos datos lo convierte en una herramienta indispensable en el arsenal de cualquier científico de datos o ingeniero de aprendizaje automático.

Además de su capacidad para generalizar y hacer predicciones precisas sobre nuevos datos, el aprendizaje supervisado también permite la interpretación y explicación de los resultados obtenidos. Al comprender cómo el modelo ha llegado a una determinada predicción o clasificación, los expertos pueden obtener información valiosa sobre los procesos subyacentes en los datos y tomar decisiones informadas en función de estos conocimientos.

Otro aspecto crucial del aprendizaje supervisado es su aplicabilidad en escenarios del mundo real, donde la disponibilidad de datos etiquetados es común. Esto incluye áreas como la medicina, donde los registros de pacientes suelen estar anotados con diagnósticos y resultados, la industria financiera, donde se registran transacciones con etiquetas de fraude o legítimas, y la visión por computadora, donde las imágenes suelen estar etiquetadas con objetos o clases específicas.

El aprendizaje supervisado también tiene limitaciones importantes. Una de las limitaciones más evidentes es su dependencia de datos etiquetados, que pueden ser costosos y difíciles de obtener en algunos casos. Además, el rendimiento del modelo suele depender en gran medida de la calidad y la representatividad del conjunto de datos de entrenamiento, lo que puede introducir sesgos y limitaciones en la capacidad de generalización del modelo.

El aprendizaje supervisado puede enfrentar desafíos cuando se trata de datos no estructurados o de alta dimensionalidad, donde puede ser difícil encontrar patrones claros o relevantes. En estos casos, otras técnicas de aprendizaje automático, como el aprendizaje no supervisado o el aprendizaje por refuerzo, pueden ser más adecuadas.

El aprendizaje supervisado es una poderosa herramienta para hacer predicciones precisas en una variedad de aplicaciones del mundo real, gracias a su capacidad para aprender de datos etiquetados y generalizar a nuevos datos. Sin embargo, también tiene limitaciones y desafíos que deben abordarse con cuidado para obtener resultados óptimos.

El aprendizaje supervisado ha encontrado utilidad en campos como la biología computacional, donde se utiliza para predecir la estructura de proteínas, clasificar secuencias genéticas o identificar patrones en datos de expresión génica. En la ingeniería y la industria, se emplea para el control de procesos, el mantenimiento predictivo y la optimización de la producción.

Una evolución reciente en el aprendizaje supervisado es su combinación con técnicas de aprendizaje profundo, conocido como aprendizaje profundo supervisado. Esto ha llevado a avances significativos en tareas como el procesamiento de lenguaje natural, la visión por computadora y el reconocimiento de voz, donde los modelos de redes neuronales profundas han demostrado un rendimiento excepcional.

Otro aspecto importante es la interpretación de los modelos de aprendizaje supervisado, especialmente en contextos donde las decisiones tienen implicaciones éticas o legales. Comprender cómo el modelo llega a sus predicciones puede ayudar a detectar posibles sesgos, identificar características importantes en los datos y mejorar la transparencia y la confianza en los sistemas de aprendizaje automático.

En términos de desafíos futuros, el aprendizaje supervisado enfrenta el reto de adaptarse a entornos dinámicos y cambiantes, donde los datos pueden ser no estacionarios o sujetos a conceptos que evolucionan con el tiempo. Además, la privacidad y la seguridad de los datos son preocupaciones crecientes, especialmente en aplicaciones que involucran información sensible o personal.

El aprendizaje supervisado continúa siendo un área activa de investigación y desarrollo en el campo del aprendizaje automático, con aplicaciones en una amplia gama de industrias y disciplinas. Su capacidad para hacer predicciones precisas a partir de datos etiquetados lo convierte en una herramienta invaluable para resolver problemas complejos y aprovechar el potencial de los datos en el mundo actual.

Otro aspecto crucial a considerar al ampliar sobre el aprendizaje supervisado es su relación con la teoría del aprendizaje y la capacidad de generalización de los modelos. En el aprendizaje supervisado, el objetivo es que el modelo aprenda una función que mapee correctamente las entradas a las salidas deseadas. Sin embargo, un desafío fundamental es evitar que el modelo se ajuste demasiado a los datos de entrenamiento, lo que se conoce como sobreajuste.

El sobreajuste ocurre cuando el modelo aprende patrones específicos presentes en los datos de entrenamiento que no necesariamente se aplican a nuevos datos no vistos. Para abordar este problema, es crucial emplear técnicas como la validación cruzada, la regularización y la selección cuidadosa de hiperparámetros para garantizar que el modelo generalice bien a datos no vistos.

El aprendizaje supervisado puede beneficiarse de enfoques de aprendizaje activo, donde el modelo tiene la capacidad de seleccionar activamente las instancias más informativas o difíciles de etiquetar para que un experto humano las anote, lo que puede mejorar la eficiencia del proceso de entrenamiento y reducir la necesidad de grandes cantidades de datos etiquetados.

Otro aspecto importante es el desarrollo de métricas de evaluación adecuadas para medir el rendimiento de los modelos de aprendizaje supervisado. Estas métricas pueden variar según el tipo de problema, pero generalmente incluyen medidas de precisión, recall, F1-score, área bajo la curva ROC (AUC-ROC), entre otras, que permiten evaluar la capacidad predictiva y la calidad de las clasificaciones o predicciones del modelo.

Es esencial considerar la ética y la equidad al aplicar modelos de aprendizaje supervisado, ya que los sesgos inherentes en los datos de entrenamiento pueden conducir a decisiones discriminatorias o injustas. La detección y mitigación de sesgos, así como la incorporación de principios éticos en el diseño y la implementación de modelos, son aspectos críticos para garantizar un uso responsable y ético del aprendizaje supervisado en la sociedad.

El aprendizaje supervisado es un área de investigación y aplicación continua en el campo del aprendizaje automático, con desafíos y oportunidades en términos de capacidad de generalización, eficiencia del entrenamiento, evaluación del rendimiento y consideraciones éticas. Su capacidad para hacer predicciones precisas a partir de datos etiquetados sigue siendo una herramienta poderosa para abordar una amplia gama de problemas del mundo real.

El aprendizaje supervisado también se enfrenta a la tarea de lidiar con datos desbalanceados, donde una clase puede estar sobrerepresentada en comparación con otras. Esto puede conducir a modelos sesgados que favorecen la clase mayoritaria y subestiman las clases minoritarias. Para abordar este problema, se pueden utilizar técnicas como el muestreo estratificado, la ponderación de clases o la generación sintética de datos para equilibrar la distribución de clases y mejorar el rendimiento del modelo en la clasificación de clases minoritarias.

Otro aspecto crucial es la interpretabilidad de los modelos de aprendizaje supervisado, especialmente en aplicaciones donde se requiere explicabilidad, como en el campo de la salud o el derecho. Los modelos de aprendizaje supervisado, como las redes neuronales profundas, a menudo se perciben como cajas negras debido a su complejidad y dimensionalidad. Por lo tanto, desarrollar técnicas para comprender y explicar las decisiones tomadas por estos modelos es un área de investigación activa en la comunidad de aprendizaje automático.

El aprendizaje supervisado se beneficia del desarrollo de infraestructuras y herramientas de código abierto que facilitan su implementación y aplicación en diversas plataformas y entornos. Bibliotecas como TensorFlow, PyTorch y scikit-learn proporcionan una amplia gama de algoritmos de aprendizaje supervisado junto con una documentación exhaustiva y ejemplos de uso, lo que facilita su adopción y uso por parte de investigadores y profesionales de datos en todo el mundo.

El aprendizaje supervisado también está experimentando avances en áreas emergentes como el aprendizaje federado y el aprendizaje con etiquetas débiles, que permiten entrenar modelos en datos distribuidos o etiquetados de manera más eficiente y privada, lo que es especialmente relevante en entornos donde la privacidad y la seguridad de los datos son preocupaciones primordiales.

El aprendizaje supervisado sigue siendo un campo vibrante y en evolución en el ámbito del aprendizaje automático, con desafíos y oportunidades en términos de rendimiento del modelo, interpretabilidad, escalabilidad y aplicabilidad en diversas áreas. Su capacidad para hacer predicciones precisas a partir de datos etiquetados lo convierte en una herramienta esencial para resolver problemas complejos y aprovechar el poder de los datos en la era digital.

El aprendizaje supervisado está influenciado por factores socioeconómicos y culturales. Por ejemplo, la disponibilidad de datos etiquetados puede variar según la región geográfica o el contexto socioeconómico, lo que puede afectar la calidad y la representatividad de los modelos entrenados. Abordar estas disparidades y garantizar un acceso equitativo a datos etiquetados es crucial para mitigar sesgos y mejorar la generalización del modelo en diferentes contextos.

Otro aspecto importante es la colaboración interdisciinaria en el desarrollo y aplicación del aprendizaje supervisado. La colaboración entre expertos en aprendizaje automático, científicos de datos, investigadores de dominio y profesionales de ética y política puede enriquecer la comprensión de los problemas y desafíos asociados con el uso de modelos de aprendizaje supervisado en diversas áreas, así como promover prácticas de investigación y desarrollo responsables y éticas.

El aprendizaje supervisado se ve influenciado por tendencias tecnológicas y sociales emergentes, como el Internet de las cosas (IoT), la computación en la nube y la inteligencia artificial ética. Estas tendencias están dando lugar a nuevas oportunidades y desafíos en términos de recopilación y procesamiento de datos, privacidad y seguridad, y la integración de consideraciones éticas en el diseño y la implementación de sistemas de aprendizaje automático.

En el ámbito educativo, el aprendizaje supervisado desempeña un papel crucial en la formación de futuros profesionales en ciencia de datos y aprendizaje automático. La enseñanza de algoritmos y técnicas de aprendizaje supervisado, junto con ejercicios prácticos y proyectos aplicados, prepara a los estudiantes para enfrentar problemas del mundo real y contribuir de manera significativa a la innovación y el avance en diversas disciplinas.

El aprendizaje supervisado está influenciado por una amplia gama de factores, que van desde consideraciones técnicas y metodológicas hasta consideraciones éticas, sociales y educativas.

El aprendizaje no supervisado es una categoría clave en el campo del aprendizaje automático en la que un modelo se entrena utilizando datos que no están etiquetados previamente, es decir, no se proporcionan etiquetas ni respuestas correctas. En lugar de predecir etiquetas específicas o valores numéricos, el aprendizaje no supervisado se enfoca en descubrir patrones, estructuras y relaciones en los datos por sí mismo. Este enfoque se utiliza comúnmente en problemas de agrupamiento y reducción de dimensionalidad.

Aprendizaje No Supervisado en Problemas de Agrupamiento (Clustering):

En los problemas de agrupamiento, el objetivo es encontrar grupos naturales o conjuntos de datos similares dentro de un conjunto de datos más grande. Estos grupos se denominan clústeres y no se conocen de antemano. El aprendizaje no supervisado se utiliza para agrupar automáticamente datos similares en clústeres, lo que es útil en diversas aplicaciones, como:

1. **Segmentación de Clientes:** Las empresas pueden utilizar el agrupamiento para identificar segmentos de clientes con perfiles de comportamiento similares y adaptar sus estrategias de marketing en consecuencia.
2. **Clasificación Automática de Documentos:** En procesamiento de lenguaje natural, el agrupamiento se emplea para categorizar

automáticamente documentos en temas o categorías basadas en el contenido.

3. **Agrupamiento de Imágenes:** En visión por computadora, se pueden agrupar imágenes en función de sus características visuales, lo que puede ser útil en la organización de grandes conjuntos de imágenes.

4. **Detección de Anomalías:** Al identificar clústeres normales en un conjunto de datos, se pueden detectar anomalías que no encajen bien en ninguno de los grupos, lo que es valioso en la detección de fraudes o problemas en sistemas.

Algunos de los algoritmos de agrupamiento más comunes son el algoritmo K-Means, el agrupamiento jerárquico, y el agrupamiento basado en densidad (como DBSCAN). Estos algoritmos encuentran patrones y similitudes en los datos sin requerir información previa sobre las categorías.

Aprendizaje No Supervisado en Problemas de Reducción de Dimensionalidad:

La reducción de dimensionalidad es otra aplicación importante del aprendizaje no supervisado. En este caso, el objetivo es reducir la cantidad de características o dimensiones en un conjunto de datos mientras se intenta conservar la información esencial. Esto puede ayudar a simplificar la representación de los datos y acelerar el procesamiento. Ejemplos de aplicaciones de reducción de dimensionalidad incluyen:

1. **Visualización de Datos:** Reducir la dimensionalidad permite visualizar datos en espacios de menor dimensión para comprender mejor su estructura y patrones.

2. **Eliminación de Ruido:** Al reducir la dimensionalidad, se pueden eliminar características ruidosas o irrelevantes, lo que puede mejorar la calidad de los modelos de aprendizaje automático.

3. **Compresión de Datos:** La reducción de dimensionalidad también se utiliza en la compresión de datos para reducir el espacio de almacenamiento necesario.

Uno de los métodos más conocidos de reducción de dimensionalidad es el Análisis de Componentes Principales (PCA), que encuentra combinaciones lineales de características que explican la mayor varianza en los datos. Otros métodos incluyen el T-distributed Stochastic Neighbor Embedding (t-SNE) y el Autoencoder.

El aprendizaje no supervisado es un enfoque en el aprendizaje automático que se utiliza para descubrir patrones y relaciones en los datos sin la necesidad de etiquetas o respuestas previas. Se aplica comúnmente en problemas de agrupamiento para encontrar clústeres naturales en los datos y en problemas de reducción de dimensionalidad para simplificar la representación de datos complejos. Estas técnicas son fundamentales en la exploración y el análisis de datos, la segmentación de clientes, la clasificación de documentos y muchas otras aplicaciones del mundo real.

6-El aprendizaje por refuerzo y cómo se puede aplicar a problemas de control y optimización

El aprendizaje por refuerzo (Reinforcement Learning o RL en inglés) es un paradigma del aprendizaje automático que se enfoca en cómo los agentes pueden tomar decisiones secuenciales para maximizar una recompensa acumulativa en un entorno. A diferencia del aprendizaje supervisado y no supervisado, donde se utilizan datos etiquetados o no etiquetados, en el aprendizaje por refuerzo, el agente aprende a través de la interacción directa con su entorno y la retroalimentación que recibe en función de sus acciones.

Conceptos Clave del Aprendizaje por Refuerzo:

1. **Agente:** El agente es la entidad que toma decisiones y realiza acciones en un entorno específico.
2. **Entorno:** El entorno es el mundo en el que el agente opera y toma decisiones. Puede ser físico o virtual y está compuesto por estados, acciones y recompensas.
3. **Estado:** El estado representa la situación actual del entorno, que contiene toda la información relevante para tomar decisiones.
4. **Acción:** Las acciones son las decisiones que el agente puede tomar en un estado dado. Estas acciones pueden afectar el estado del entorno.
5. **Recompensa:** La recompensa es una señal numérica que el entorno proporciona al agente después de que este realice una acción en un estado específico. La recompensa informa al agente sobre la calidad de su acción.

Proceso de Aprendizaje por Refuerzo:

El proceso de aprendizaje por refuerzo se puede dividir en ciclos de interacción entre el agente y el entorno:

1. El agente observa el estado actual del entorno.
2. El agente elige una acción en función de su política (estrategia).
3. El agente ejecuta la acción en el entorno.
4. El entorno se mueve a un nuevo estado.
5. El entorno proporciona una recompensa al agente en función del nuevo estado y la acción realizada.
6. El agente utiliza esta información para actualizar su política y aprender a tomar decisiones mejores y más rentables en el futuro.

Aplicaciones del Aprendizaje por Refuerzo en Control y Optimización:

El aprendizaje por refuerzo tiene numerosas aplicaciones en problemas de control y optimización, especialmente en situaciones en las que se deben tomar decisiones secuenciales para maximizar una recompensa a largo plazo. Algunas aplicaciones destacadas incluyen:

1. **Robótica:** Los robots pueden utilizar RL para aprender a realizar tareas complejas, como la navegación autónoma, la manipulación de objetos y la toma de decisiones en entornos cambiantes.

2. **Juegos:** RL se utiliza para entrenar agentes que pueden jugar videojuegos y juegos de mesa, como el ajedrez y el Go, a nivel de competencia humana e incluso superar a los campeones mundiales.

3. **Control de Procesos Industriales:** Se aplica en el control óptimo de procesos industriales, como la gestión de la cadena de suministro, la producción de energía y la optimización de rutas logísticas.

4. **Aprendizaje Automático en Publicidad:** En la optimización de la publicidad en línea, RL se utiliza para aprender a seleccionar anuncios y ofertas que maximicen las tasas de clics y conversiones.

5. **Sistemas de Recomendación:** En plataformas de recomendación de contenido, RL puede utilizarse para aprender a personalizar recomendaciones basadas en las interacciones pasadas del usuario.

6. **Control de Tráfico y Transporte:** Para mejorar la eficiencia del tráfico urbano y la gestión de flotas de vehículos autónomos.

7. **Atención Médica:** En la toma de decisiones clínicas, como el diseño de tratamientos y la asignación de recursos en hospitales.

El aprendizaje por refuerzo es especialmente adecuado para problemas en los que las acciones afectan al entorno y donde las recompensas pueden acumularse a lo largo del tiempo. Los algoritmos de RL, como Q-Learning, Actor-Critic y algoritmos de gradiente de política, son esenciales para abordar estos desafíos de control y optimización en una variedad de dominios de aplicación.

El aprendizaje por refuerzo es un paradigma de aprendizaje automático en el que un agente aprende a través de la interacción con un entorno, tomando acciones y recibiendo retroalimentación en forma de recompensas o penalizaciones. Este enfoque es especialmente efectivo para resolver problemas donde las acciones del agente tienen un impacto directo en el entorno y donde las recompensas pueden ser acumulativas a lo largo del tiempo.

Los algoritmos de aprendizaje por refuerzo, como Q-Learning, Actor-Critic y los algoritmos de gradiente de política, son fundamentales para abordar estos desafíos de control y optimización en una variedad de dominios de aplicación.

Q-Learning es un algoritmo de aprendizaje por refuerzo que busca aprender la función de valor óptima de un estado-acción, permitiendo al agente tomar decisiones óptimas basadas en estas estimaciones.

Los métodos Actor-Critic combinan elementos de aprendizaje por refuerzo basado en valor (Critic) y basado en política (Actor), donde el actor aprende la política para seleccionar acciones y el crítico evalúa estas acciones y proporciona retroalimentación.

Los algoritmos de gradiente de política optimizan directamente la política del agente utilizando métodos de gradiente, buscando mejorar la política para maximizar las recompensas esperadas.

Estos algoritmos son versátiles y se aplican en una amplia gama de campos, desde la robótica y los juegos hasta la gestión de recursos y la toma de decisiones en tiempo real, permitiendo que los agentes aprendan a tomar decisiones inteligentes en entornos dinámicos y complejos.

Los algoritmos de aprendizaje por refuerzo ofrecen varias ventajas significativas. Por ejemplo, estos algoritmos pueden adaptarse a entornos desconocidos o cambiantes, ya que el agente puede aprender a partir de la retroalimentación que recibe del entorno en tiempo real. Esto los hace ideales para aplicaciones donde el entorno es incierto o donde las condiciones cambian con el tiempo, como en el control de sistemas dinámicos, la optimización de recursos o la toma de decisiones en entornos competitivos.

El aprendizaje por refuerzo puede manejar problemas donde las acciones del agente tienen consecuencias a largo plazo, ya que las recompensas pueden acumularse a lo largo del tiempo. Esto permite que los algoritmos de aprendizaje por refuerzo tomen decisiones considerando el impacto a largo plazo de sus acciones, en lugar de simplemente optimizar para una recompensa inmediata. Por ejemplo, en aplicaciones como la gestión de carteras de inversión o la planificación logística, donde las decisiones tienen implicaciones a largo plazo, el aprendizaje por refuerzo puede ayudar a encontrar estrategias óptimas que maximicen la recompensa acumulada a lo largo del tiempo.

Otra ventaja importante es la capacidad de los algoritmos de aprendizaje por refuerzo para aprender comportamientos complejos y sutiles a partir de datos de entrada crudos. Esto significa que los agentes pueden aprender a partir de información sensorial directa, como imágenes o datos sensoriales, sin necesidad de características predefinidas o conocimiento experto. Esta capacidad hace que el aprendizaje por refuerzo sea especialmente útil en aplicaciones donde la entrada es compleja o difícil de modelar de manera explícita, como en el control de robots autónomos o en el aprendizaje a partir de datos de sensores.

El aprendizaje por refuerzo y sus algoritmos asociados ofrecen una poderosa herramienta para abordar una amplia gama de problemas en los que las acciones del agente afectan al entorno y las recompensas pueden acumularse a lo largo del tiempo. Su capacidad para adaptarse a entornos desconocidos o cambiantes, manejar consecuencias a largo plazo y aprender a partir de datos de entrada crudos los hace indispensables en aplicaciones que van desde la robótica y los videojuegos hasta la planificación logística y la toma de decisiones automatizada.

Es importante destacar la capacidad de los algoritmos de aprendizaje por refuerzo para lidiar con el balance entre exploración y explotación. En muchos problemas, el agente debe encontrar un equilibrio entre explorar nuevas acciones que podrían llevar a recompensas aún desconocidas y explotar acciones conocidas que han resultado en recompensas positivas en el pasado. Los algoritmos de aprendizaje por refuerzo utilizan diversas estrategias, como la exploración epsilon-greedy o el uso de funciones de valor, para abordar este desafío y garantizar que el agente pueda descubrir y explotar eficazmente las mejores acciones en el entorno.

El aprendizaje por refuerzo puede integrarse con técnicas de aprendizaje profundo para manejar problemas de alta dimensionalidad y complejidad. Los métodos de aprendizaje profundo permiten que los agentes aprendan representaciones complejas de los datos de entrada, lo que les permite generalizar mejor a situaciones nuevas y desconocidas. Esta combinación de aprendizaje profundo y aprendizaje por refuerzo, conocida como aprendizaje por refuerzo profundo, ha demostrado ser especialmente efectiva en una amplia gama de aplicaciones, desde el procesamiento del lenguaje natural hasta la conducción autónoma.

Los algoritmos de aprendizaje por refuerzo también enfrentan desafíos importantes, como el problema de la función de recompensa, donde el diseño de una función de recompensa adecuada puede ser difícil y subjetivo. Una función de recompensa mal especificada puede llevar a un aprendizaje ineficiente o a comportamientos no deseados del agente. Además, el aprendizaje por refuerzo puede ser computacionalmente costoso y requerir grandes cantidades de datos de entrenamiento, lo que puede limitar su aplicabilidad en algunos casos.

A pesar de estos desafíos, el aprendizaje por refuerzo sigue siendo una herramienta poderosa y versátil para abordar problemas de control y optimización en una amplia variedad de dominios. Su capacidad para aprender de la interacción directa con el entorno, adaptarse a situaciones nuevas y complejas, y aprender representaciones de alto nivel de los datos de entrada lo convierten en una opción atractiva para una variedad de aplicaciones del mundo real. Con avances continuos en algoritmos y técnicas, el aprendizaje por refuerzo promete seguir siendo un área emocionante y en evolución en el campo del aprendizaje automático y la inteligencia artificial.

Otro aspecto clave a considerar es la aplicación del aprendizaje por refuerzo en entornos de aprendizaje distribuido y colaborativo. En muchos escenarios del mundo real, múltiples agentes deben aprender a colaborar o competir entre sí para lograr objetivos comunes o individuales. Los algoritmos de aprendizaje por refuerzo pueden adaptarse para abordar estos desafíos, lo que lleva al desarrollo de técnicas de aprendizaje por refuerzo multiagente.

En entornos multiagente, cada agente debe aprender a tomar decisiones óptimas teniendo en cuenta las acciones de los demás agentes y el impacto colectivo en el entorno. Esto puede involucrar la coordinación de acciones, la negociación de recursos limitados o incluso la competencia directa entre agentes. Los algoritmos de aprendizaje por refuerzo multiagente pueden abordar estas dinámicas complejas y permitir que los agentes aprendan a colaborar de manera efectiva para lograr objetivos compartidos o individuales.

El aprendizaje por refuerzo se está aplicando cada vez más en el desarrollo de sistemas de inteligencia artificial que interactúan con humanos en entornos del mundo real. Por ejemplo, en asistentes virtuales, robots de servicio o sistemas de recomendación, donde la interacción con los usuarios es fundamental, los algoritmos de aprendizaje por refuerzo pueden ayudar a mejorar la capacidad de estos sistemas para adaptarse y aprender de la retroalimentación humana.

Otro aspecto importante es el desarrollo de técnicas de aprendizaje por refuerzo que sean más eficientes en términos de tiempo y recursos computacionales. Esto incluye la investigación en algoritmos de aprendizaje por refuerzo que puedan aprender de datos de entrenamiento más pequeños o que puedan generalizar mejor a situaciones nuevas sin necesidad de una cantidad masiva de datos. Estos avances son fundamentales para hacer que el aprendizaje por refuerzo sea más accesible y práctico en una variedad de aplicaciones del mundo real.

El aprendizaje por refuerzo es una herramienta poderosa y flexible que se está aplicando en una variedad de áreas, desde la robótica y los videojuegos hasta la atención médica y la gestión de recursos. A medida que continúa la investigación en este campo, se espera que surjan nuevas técnicas y aplicaciones innovadoras que aprovechen al máximo el potencial del aprendizaje por refuerzo para abordar desafíos importantes en el mundo real.

Una dirección prometedora en la ampliación del aprendizaje por refuerzo es su aplicación en la resolución de problemas complejos que involucran múltiples niveles de abstracción y planificación a largo plazo. Tradicionalmente, los algoritmos de aprendizaje por refuerzo se han centrado en resolver tareas específicas mediante la toma de decisiones secuenciales a corto plazo. Sin embargo, muchas aplicaciones del mundo real requieren la capacidad de planificar y tomar decisiones a largo plazo en entornos complejos y dinámicos.

En respuesta a esta necesidad, se están desarrollando enfoques de aprendizaje por refuerzo que pueden modelar y aprender representaciones jerárquicas de los problemas. Estos enfoques permiten que el agente tome decisiones a diferentes niveles de abstracción, lo que facilita la planificación a largo plazo y la adaptación a cambios en el entorno. Por ejemplo, un agente podría aprender una política de alto nivel para tomar decisiones estratégicas sobre qué objetivos perseguir, mientras que también aprende políticas de nivel inferior para controlar acciones detalladas a corto plazo para lograr esos objetivos.

Se están investigando técnicas de aprendizaje por refuerzo que puedan capturar y aprender de la incertidumbre inherente en los entornos del mundo real. Esto incluye el desarrollo de métodos que pueden modelar y cuantificar la incertidumbre en las estimaciones del agente sobre el entorno y usar esta información para tomar decisiones más informadas y robustas. Estas técnicas son fundamentales para aplicaciones donde la incertidumbre es omnipresente, como en la navegación autónoma o la toma de decisiones médicas.

Otro frente de investigación importante es la integración del aprendizaje por refuerzo con técnicas de aprendizaje activo y exploración deliberada. Estas técnicas permiten que el agente adquiera conocimiento de manera más eficiente mediante la selección activa de acciones que maximizan la información adquirida. Esto es especialmente útil en situaciones donde los datos son costosos o difíciles de obtener, ya que permite al agente aprender de manera más eficiente a partir de interacciones limitadas con el entorno.

El objetivo final es desarrollar sistemas de aprendizaje por refuerzo que sean capaces de adquirir conocimiento y habilidades de manera autónoma y progresiva a lo largo del tiempo, adaptándose a una amplia variedad de situaciones y desafíos del mundo real. Esta visión requiere avances en una variedad de áreas, desde la modelización de la incertidumbre hasta la planificación a largo plazo y la integración con el aprendizaje activo y la exploración deliberada. Sin embargo, con el continuo progreso en investigación y desarrollo en el campo del aprendizaje por refuerzo, esta visión está cada vez más cerca de hacerse realidad.

Otro aspecto clave en la expansión del aprendizaje por refuerzo es su aplicación en la creación de sistemas de inteligencia artificial más éticos y seguros. A medida que la tecnología se integra más profundamente en nuestra sociedad, es crucial garantizar que los sistemas de IA actúen de manera responsable y ética, minimizando el riesgo de comportamientos no deseados o dañinos.

En este contexto, el aprendizaje por refuerzo puede desempeñar un papel importante en el desarrollo de sistemas de IA que sean capaces de tomar decisiones éticas y considerar el impacto a largo plazo de sus acciones. Por ejemplo, los algoritmos de aprendizaje por refuerzo pueden ser entrenados para optimizar no solo para una recompensa inmediata, sino también para consideraciones éticas más amplias, como la equidad, la seguridad y la transparencia. Esto podría incluir la incorporación de restricciones éticas en la función de recompensa del agente o el diseño de políticas que minimicen el riesgo de comportamientos perjudiciales o discriminatorios.

El aprendizaje por refuerzo también puede ser utilizado para mejorar la seguridad y la robustez de los sistemas de IA, mediante la identificación y mitigación de posibles vulnerabilidades y riesgos. Por ejemplo, los algoritmos de aprendizaje por refuerzo pueden ser entrenados en entornos simulados para anticipar y responder a situaciones de emergencia o comportamientos inesperados, lo que ayuda a garantizar que los sistemas de IA sean capaces de tomar decisiones seguras y confiables en una variedad de situaciones.

Otro aspecto importante es la aplicación del aprendizaje por refuerzo en la comprensión y la interpretación de los modelos de inteligencia artificial. A medida que los sistemas de IA se vuelven más complejos y difíciles de entender, es crucial desarrollar métodos que permitan a los usuarios humanos comprender y confiar en las decisiones tomadas por estos sistemas. Los algoritmos de aprendizaje por refuerzo pueden ayudar en este sentido al proporcionar herramientas para visualizar y explicar el razonamiento detrás de las decisiones tomadas por el agente, lo que ayuda a mejorar la transparencia y la comprensión de los sistemas de IA.

El aprendizaje por refuerzo ofrece un marco poderoso y versátil para abordar una variedad de desafíos relacionados con la ética, la seguridad y la interpretación de los sistemas de inteligencia artificial. Al aprovechar el aprendizaje por refuerzo en estas áreas, podemos avanzar hacia el desarrollo de sistemas de IA más éticos, seguros y comprensibles, que sean capaces de tomar decisiones responsables y beneficiosas para la sociedad en su conjunto.

Otro aspecto en el que el aprendizaje por refuerzo puede contribuir significativamente es en la creación de sistemas de IA que sean más adaptables y capaces de enfrentar entornos dinámicos y cambiantes. En muchos casos del mundo real, los sistemas de inteligencia artificial deben operar en entornos complejos y no estacionarios, donde las condiciones y las reglas del juego pueden evolucionar con el tiempo.

Para abordar este desafío, se están desarrollando enfoques de aprendizaje por refuerzo que sean capaces de adaptarse de manera continua a cambios en el entorno y aprender de manera incremental a medida que se recopilan nuevos datos y se adquiere nueva información. Estos enfoques permiten que los sistemas de IA se mantengan actualizados y eficaces a medida que cambian las condiciones del entorno, sin necesidad de una reentrenamiento completo.

El aprendizaje por refuerzo puede ser utilizado para mejorar la capacidad de los sistemas de IA para interactuar y colaborar con los humanos de manera efectiva. Esto incluye el desarrollo de técnicas que permitan a los sistemas de IA adaptarse a las preferencias y necesidades individuales de los usuarios humanos, así como a los cambios en el comportamiento y las expectativas a lo largo del tiempo.

Por ejemplo, los algoritmos de aprendizaje por refuerzo pueden ser utilizados en sistemas de recomendación personalizados para aprender y adaptarse a las preferencias y el comportamiento de los usuarios, mejorando así la precisión y la relevancia de las recomendaciones proporcionadas. Del mismo modo, estos algoritmos pueden ser utilizados en sistemas de asistencia virtual para aprender y adaptarse a las preferencias y necesidades individuales de los usuarios, proporcionando una experiencia más personalizada y satisfactoria.

El objetivo es desarrollar sistemas de IA que sean capaces de aprender y adaptarse de manera continua a medida que cambian las condiciones del entorno y las necesidades de los usuarios, lo que permite una interacción más natural y efectiva entre humanos y máquinas. Este enfoque no solo mejora la eficacia y la utilidad de los sistemas de IA, sino que también aumenta la confianza y la aceptación de estos sistemas por parte de los usuarios humanos, lo que es fundamental para su adopción exitosa en una variedad de aplicaciones del mundo real.

7-Las redes neuronales artificiales y cómo funcionan

Las redes neuronales artificiales (RNA), también conocidas como redes neuronales o simplemente redes neuronales, son un tipo de modelo de aprendizaje automático inspirado en el funcionamiento del cerebro humano. Estas redes se utilizan para resolver una amplia variedad de tareas de aprendizaje automático, incluyendo clasificación, regresión, procesamiento de lenguaje natural, visión por computadora, entre otros. A continuación, explicaremos qué son las redes neuronales artificiales y cómo funcionan.

Las Redes Neuronales Artificiales

Una red neuronal artificial está compuesta por capas de unidades interconectadas llamadas neuronas artificiales o nodos. Estas neuronas están organizadas en capas: la capa de entrada, una o varias capas ocultas y la capa de salida. Cada neurona recibe entradas, realiza cálculos y produce una salida que se transmite a otras neuronas.

Funcionamiento de una Red Neuronal Artificial:
1. **Entrada:** El proceso comienza cuando se proporciona un conjunto de datos de entrada a la capa de entrada de la red neuronal. Cada dato de entrada es una característica o atributo del problema que se está resolviendo.
2. **Peso:** Cada conexión entre neuronas tiene un peso asociado que determina la importancia de la entrada en la neurona de destino. Los pesos se inicializan aleatoriamente al principio y se ajustan durante el proceso de entrenamiento.
3. **Suma Ponderada:** Cada neurona realiza una suma ponderada de sus entradas multiplicando cada entrada por su peso correspondiente y sumando todos estos productos. Esta suma se pasa a través de una función llamada función de activación.
4. **Función de Activación:** La función de activación introduce no linealidad en la red y determina si una neurona debe "dispararse" o no. Una función de activación común es la función sigmoide, la función ReLU (Rectified Linear Unit) o la función tangente hiperbólica. La elección de la función de activación depende del problema y la arquitectura de la red.

5. **Salida:** La salida de una neurona se convierte en entrada para las neuronas de la capa siguiente, y el proceso se repite en cada capa hasta que se llega a la capa de salida, que produce el resultado final de la red neuronal.

Entrenamiento de una Red Neuronal:

El entrenamiento de una red neuronal implica ajustar los pesos de las conexiones entre las neuronas para que la red pueda hacer predicciones precisas. Esto se hace utilizando un algoritmo de aprendizaje, que generalmente se basa en el cálculo de gradientes y el descenso del gradiente. El proceso de entrenamiento generalmente sigue estos pasos:

1. Se proporcionan ejemplos de entrenamiento junto con las etiquetas correctas a la red.
2. La red hace predicciones iniciales utilizando los pesos actuales.
3. Se calcula una medida de error entre las predicciones y las etiquetas correctas, como la función de pérdida.
4. Se utiliza el algoritmo de aprendizaje para ajustar los pesos de las conexiones en la red de manera que la pérdida se minimice. Esto se hace mediante la propagación hacia atrás (backpropagation) y el descenso del gradiente.
5. Se repiten estos pasos iterativamente durante varias épocas hasta que la red alcance un nivel satisfactorio de precisión en sus predicciones.

Las redes neuronales pueden tener una arquitectura diversa, desde simples redes feedforward con una sola capa oculta hasta redes más complejas como las redes neuronales convolucionales (CNN) para procesamiento de imágenes o las redes neuronales recurrentes (RNN) para secuencias de datos. La elección de la arquitectura de la red depende del problema que se está abordando.

Las redes neuronales artificiales son modelos de aprendizaje automático inspirados en el cerebro humano que consisten en capas de neuronas interconectadas. Funcionan mediante la propagación de señales a través de conexiones ponderadas y la aplicación de funciones de activación. Estas redes se entrenan ajustando los pesos de las conexiones para minimizar la pérdida entre las predicciones y las etiquetas correctas, utilizando algoritmos de aprendizaje como el descenso del gradiente.

Las redes neuronales artificiales son una poderosa herramienta de aprendizaje automático que se inspira en la estructura y el funcionamiento del cerebro humano para realizar tareas de procesamiento de información. Estas redes están compuestas por una serie de capas de neuronas interconectadas, que trabajan en conjunto para procesar datos y realizar predicciones o clasificaciones.

En su funcionamiento, cada neurona artificial recibe múltiples señales de entrada, las cuales son ponderadas según la importancia que se les asigna en el proceso de aprendizaje. Estas señales se suman y se pasa el resultado a través de una función de activación, que determina si la neurona debe "disparar" una señal de salida hacia las neuronas de la capa siguiente. Esta propagación de señales a través de las capas de la red se conoce como el proceso de propagación hacia adelante.

Durante el entrenamiento de la red, se ajustan los pesos de las conexiones entre neuronas para minimizar la discrepancia entre las predicciones de la red y las etiquetas correctas de los datos de entrenamiento. Esto se logra mediante algoritmos de optimización, como el descenso del gradiente, que calculan cómo cambiar los pesos para reducir gradualmente la pérdida o error de la red.

Las redes neuronales artificiales tienen la capacidad de aprender patrones complejos y realizar tareas sofisticadas, como reconocimiento de imágenes, procesamiento de lenguaje natural, y control de sistemas autónomos, entre otros. Su flexibilidad y capacidad de generalización las han convertido en una herramienta fundamental en una amplia gama de aplicaciones en campos como la medicina, la industria, la investigación científica y más.

Las redes neuronales artificiales representan una faceta fascinante del aprendizaje automático, ya que su estructura y funcionamiento se inspiran en la complejidad y eficiencia del cerebro humano. Al igual que el cerebro, estas redes están compuestas por unidades de procesamiento llamadas neuronas, que están conectadas entre sí a través de conexiones sinápticas. Cada conexión entre neuronas tiene asociado un peso que determina la fuerza y la dirección de la influencia que una neurona ejerce sobre otra.

La arquitectura de una red neuronal artificial puede variar en complejidad y profundidad. Desde redes simples con solo unas pocas capas y neuronas, hasta arquitecturas profundas con múltiples capas ocultas y millones de parámetros entrenables. Esta diversidad arquitectónica permite a las redes neuronales adaptarse a una amplia gama de problemas y datos, desde problemas simples de clasificación hasta tareas de procesamiento de datos altamente complejas.

El proceso de entrenamiento de una red neuronal es fundamental para su funcionamiento y rendimiento. Durante el entrenamiento, la red se expone a un conjunto de datos de entrada junto con las etiquetas correspondientes que representan las salidas deseadas. A medida que la red procesa estos datos de entrenamiento, ajusta iterativamente los pesos de sus conexiones para minimizar una función de pérdida, que cuantifica la discrepancia entre las predicciones de la red y las etiquetas reales. Este proceso de optimización se realiza típicamente utilizando algoritmos de descenso del gradiente, que calculan cómo actualizar los pesos de manera que la pérdida se reduzca gradualmente a lo largo del tiempo.

Una de las principales fortalezas de las redes neuronales artificiales es su capacidad para aprender representaciones de datos de manera automática y jerárquica. Esto significa que la red puede descubrir y utilizar características útiles en los datos, incluso si no se les proporciona explícitamente. Por ejemplo, en el caso del reconocimiento de imágenes, una red neuronal puede aprender a reconocer patrones visuales complejos, como formas, texturas o características distintivas de objetos, sin que se le indique específicamente qué características buscar.

El desafío en el diseño y entrenamiento de redes neuronales radica en encontrar el equilibrio entre la capacidad de la red para aprender de manera efectiva y su capacidad para generalizar correctamente a datos nuevos, no vistos durante el entrenamiento. Además, el tamaño y la complejidad de las redes pueden hacer que el proceso de entrenamiento sea computacionalmente costoso y requiera grandes cantidades de datos para evitar el sobreajuste.

Las redes neuronales artificiales han demostrado ser increíblemente efectivas en una variedad de aplicaciones del mundo real, desde reconocimiento de voz y traducción automática hasta diagnóstico médico y conducción autónoma. Su capacidad para aprender y adaptarse a partir de datos los convierte en una herramienta poderosa y versátil en el arsenal del aprendizaje automático.

Las redes neuronales también se aplican en el aprendizaje no supervisado y semi-supervisado. En el aprendizaje no supervisado, la red se expone a datos sin etiquetas y se le permite descubrir patrones y estructuras subyacentes por sí misma. Esto es útil en tareas como la agrupación de datos (clustering), donde la red puede identificar naturalmente grupos o categorías dentro de un conjunto de datos sin necesidad de etiquetas predefinidas.

En el aprendizaje semi-supervisado, la red tiene acceso a una combinación de datos etiquetados y no etiquetados. Esto puede ser beneficioso en situaciones donde es costoso o difícil obtener etiquetas para todos los datos disponibles. La red puede aprovechar la información tanto de los datos etiquetados como de los no etiquetados para mejorar su capacidad de generalización y rendimiento.

A lo largo de los años, han surgido numerosas variantes y mejoras, como las redes neuronales convolucionales (CNN) para el procesamiento de datos espaciales, como imágenes, y las redes neuronales recurrentes (RNN) para datos secuenciales, como texto o series temporales. Estas arquitecturas especializadas han demostrado ser altamente efectivas en sus respectivos dominios de aplicación.

Se han desarrollado técnicas avanzadas de regularización, como la deserción (dropout) y la normalización por lotes (batch normalization), que ayudan a prevenir el sobreajuste y acelerar el proceso de entrenamiento. Asimismo, la utilización de arquitecturas pre-entrenadas y técnicas de transferencia de aprendizaje ha permitido aprovechar el conocimiento adquirido en conjuntos de datos masivos, como ImageNet en el caso de imágenes, para mejorar el rendimiento en tareas específicas con conjuntos de datos más pequeños.

La interpretabilidad de las redes neuronales es otro tema en desarrollo. A medida que estas redes se vuelven más profundas y complejas, entender cómo y por qué hacen ciertas predicciones se vuelve crucial, especialmente en aplicaciones críticas como la medicina o la justicia. Se están desarrollando técnicas para visualizar y explicar el comportamiento de las redes neuronales, lo que ayuda a aumentar la confianza en sus decisiones y a detectar posibles sesgos o errores.

Las redes neuronales artificiales son una herramienta extremadamente versátil y poderosa en el campo del aprendizaje automático, con aplicaciones que van desde el procesamiento de datos no estructurados hasta la toma de decisiones autónomas en tiempo real. Su continua evolución y mejora siguen impulsando avances significativos en una amplia gama de campos y prometen continuar haciéndolo en el futuro.

Otro aspecto crucial en el desarrollo de las redes neuronales artificiales es su capacidad para operar en entornos distribuidos y de gran escala. Con el aumento en el tamaño de los conjuntos de datos y la complejidad de los modelos, se ha vuelto común distribuir el entrenamiento y la inferencia de las redes neuronales en múltiples dispositivos o servidores. Esto puede implicar la coordinación de múltiples nodos de procesamiento para trabajar en paralelo, lo que permite acelerar significativamente el entrenamiento y la predicción en grandes conjuntos de datos.

El desarrollo de hardware especializado también ha desempeñado un papel importante en el avance de las redes neuronales. Un ejemplo destacado es el surgimiento de unidades de procesamiento gráfico (GPU) diseñadas específicamente para acelerar las operaciones matriciales y de punto flotante requeridas por las redes neuronales profundas. Estas GPU permiten entrenar modelos más grandes y complejos en tiempos mucho más cortos que los procesadores tradicionales.

Hay un creciente interés en el desarrollo de hardware dedicado para la inferencia de redes neuronales en dispositivos móviles e integrados. Esto es especialmente importante para aplicaciones de inteligencia artificial en tiempo real, como la detección de objetos en vehículos autónomos o el reconocimiento de voz en dispositivos portátiles, donde la latencia y la eficiencia energética son críticas.

El campo de las redes neuronales también se ha beneficiado del avance en técnicas de optimización y búsqueda de hiperparámetros. Estos métodos permiten encontrar de manera más eficiente la configuración óptima de la red y los parámetros de entrenamiento, lo que puede conducir a un mejor rendimiento y una convergencia más rápida durante el entrenamiento.

La integración de redes neuronales con otras técnicas de aprendizaje automático, como métodos de aprendizaje por refuerzo o modelos generativos adversarios, ha abierto nuevas posibilidades en áreas como el control de sistemas autónomos, la generación de contenido creativo y la simulación de procesos complejos.

El campo de las redes neuronales artificiales sigue evolucionando a un ritmo vertiginoso, impulsado por avances en hardware, algoritmos y aplicaciones prácticas. A medida que estas tecnologías continúan madurando, es emocionante considerar las posibilidades futuras y el impacto que tendrán en nuestra sociedad y en nuestra comprensión del mundo que nos rodea.

Las redes neuronales artificiales también plantean importantes consideraciones éticas y sociales. Uno de los principales debates se centra en la transparencia y la responsabilidad en el uso de estas tecnologías. A medida que las redes neuronales se utilizan para tomar decisiones que afectan a las personas, como la selección de candidatos para empleos, la evaluación de créditos financieros o la administración de la justicia, es crucial garantizar que estas decisiones sean justas, imparciales y comprensibles.

El sesgo algorítmico es otra preocupación importante. Las redes neuronales pueden aprender sesgos existentes en los datos de entrenamiento, lo que puede llevar a decisiones discriminatorias o injustas. Por ejemplo, si un algoritmo de selección de candidatos para empleos se entrena con datos históricos que reflejan sesgos de género o raza en las contrataciones pasadas, es probable que reproduzca estos sesgos en sus decisiones futuras. Abordar este problema requiere un enfoque multidisciplinario que incluya la recopilación de datos éticos y representativos, así como la implementación de técnicas de mitigación de sesgos durante el entrenamiento y la evaluación de modelos.

La privacidad de los datos es otra área de preocupación. Las redes neuronales a menudo requieren grandes cantidades de datos para su entrenamiento, y estos datos pueden contener información sensible sobre individuos. Es fundamental establecer políticas y regulaciones claras para proteger la privacidad de los datos y garantizar que se obtenga el consentimiento adecuado de las personas antes de utilizar sus datos en modelos de aprendizaje automático.

Las implicaciones socioeconómicas del uso generalizado de las redes neuronales también deben ser consideradas. Si estas tecnologías conducen a la automatización de tareas laborales, podrían tener un impacto significativo en el empleo y la distribución de la riqueza. Es importante abordar estas preocupaciones mediante políticas que fomenten la reeducación y la capacitación de los trabajadores, así como la implementación de medidas de seguridad social para garantizar una transición justa hacia una economía impulsada por la inteligencia artificial.

Es esencial fomentar un diálogo público informado sobre el uso y el impacto de las redes neuronales y otras tecnologías de inteligencia artificial. Esto incluye educar al público sobre cómo funcionan estas tecnologías, sus beneficios y riesgos, y promover la participación ciudadana en la formulación de políticas y regulaciones que guíen su desarrollo y aplicación ética.

Si bien las redes neuronales artificiales tienen el potencial de transformar positivamente nuestra sociedad en muchos aspectos, también plantean desafíos significativos que deben abordarse de manera responsable y ética. Al adoptar un enfoque holístico que equilibre el progreso tecnológico con consideraciones éticas y sociales, podemos aprovechar al máximo el potencial de estas poderosas herramientas mientras protegemos los valores fundamentales de la humanidad.

8-Las redes neuronales convolucionales

Las redes neuronales convolucionales (CNN), también conocidas como ConvNets, son un tipo especializado de red neuronal artificial diseñado específicamente para procesar datos que tienen una estructura de cuadrícula, como imágenes y videos. Las CNN se han convertido en un componente esencial en la mayoría de las aplicaciones de visión por computadora debido a su capacidad para aprender representaciones jerárquicas de características visuales a partir de datos brutos. Aquí se explica en detalle qué son las CNN y cómo se aplican a problemas de visión por computadora:

Las CNN son una clase de redes neuronales que están diseñadas para capturar patrones y características en datos de cuadrícula, como imágenes. Están compuestas por capas específicas que se utilizan para procesar información visual de manera efectiva. Las características clave de las CNN incluyen:

1. **Capas de Convolución:** Estas capas aplican operaciones de convolución a la entrada. La convolución es un proceso que implica deslizar un filtro (también llamado kernel) sobre la imagen de entrada para detectar patrones locales, como bordes, texturas y formas.
2. **Capas de Pooling:** Las capas de pooling reducen la dimensionalidad de las representaciones, disminuyendo el tamaño de las imágenes. La operación de pooling se realiza seleccionando el valor máximo o promedio en una región específica de la entrada, lo que ayuda a conservar las características más importantes y a reducir la cantidad de parámetros en la red.
3. **Capas de Activación:** Después de la convolución y el pooling, se aplican funciones de activación, como la función ReLU (Rectified Linear Unit), para introducir no linealidad en la red y permitir que la red aprenda representaciones más complejas.
4. **Capas de Clasificación:** Al final de la CNN, generalmente se colocan capas densamente conectadas que se utilizan para realizar la clasificación final de las características extraídas en la etapa anterior.

Aplicaciones de las Redes Neuronales Convolucionales en Visión por Computadora:

Las CNN se utilizan en una amplia variedad de aplicaciones de visión por computadora, ya que pueden aprender automáticamente características relevantes de las imágenes y realizar tareas específicas de manera eficiente. Algunas aplicaciones notables incluyen:

1. **Clasificación de Imágenes:** Las CNN pueden clasificar imágenes en categorías, como reconocimiento de objetos, reconocimiento de caras y diagnóstico médico basado en imágenes.
2. **Detección de Objetos:** Se utilizan para identificar y localizar objetos dentro de imágenes o videos. Esto es esencial en aplicaciones como vehículos autónomos y sistemas de vigilancia.
3. **Segmentación Semántica:** Las CNN pueden asignar etiquetas semánticas a cada píxel de una imagen, lo que es fundamental en la identificación de objetos y la comprensión de escenas.
4. **Superresolución de Imágenes:** Se aplican para aumentar la resolución y la calidad de las imágenes, lo que puede ser útil en la mejora de imágenes borrosas o de baja resolución.
5. **Generación de Imágenes:** También se utilizan en la generación de imágenes realistas, como en la creación de arte generativo y la generación de contenido de juegos.
6. **Reconocimiento de Texto en Imágenes:** Para extraer texto de imágenes y documentos escaneados, lo que es esencial en aplicaciones de OCR (Reconocimiento Óptico de Caracteres).
7. **Análisis de Video:** CNN se emplean en la detección de actividad humana, seguimiento de objetos y análisis de contenido de video.

Las redes neuronales convolucionales (CNN) son una clase especializada de redes neuronales diseñadas para el procesamiento eficiente de datos de cuadrícula, como imágenes y videos. Gracias a su capacidad para aprender automáticamente características visuales, las CNN se utilizan en una amplia gama de aplicaciones de visión por computadora, desde el reconocimiento de objetos hasta la generación de imágenes y la segmentación semántica. Su capacidad para capturar patrones locales y globales en datos visuales las convierte en una herramienta poderosa para abordar problemas complejos en el campo de la visión por computadora.

Las redes neuronales convolucionales (CNN) son un tipo especializado de redes neuronales profundas que han revolucionado el campo del procesamiento de imágenes y videos. Se destacan por su capacidad para comprender y extraer características significativas de datos organizados en forma de cuadrícula, como imágenes bidimensionales o secuencias de video.

El término "convolucional" se deriva del concepto de convolución, que es una operación matemática fundamental en el procesamiento de señales y análisis de imágenes. En el contexto de las CNN, las capas convolucionales aplican filtros (también conocidos como kernels) a regiones locales de la entrada, lo que permite detectar patrones simples en ubicaciones específicas de una imagen. Estos filtros se deslizan a lo largo de la imagen, realizando multiplicaciones y sumas ponderadas, lo que resulta en mapas de características que resaltan aspectos como bordes, texturas y formas.

Una característica clave de las CNN es su capacidad para aprender automáticamente características jerárquicas y cada vez más abstractas a medida que profundizan en las capas. Esto se logra mediante la combinación de capas convolucionales con capas de submuestreo (como la capa de agrupación o pooling) que reducen la dimensionalidad de los mapas de características, así como capas completamente conectadas que procesan la información de manera más global.

Las CNN también se benefician de técnicas como la regularización (como la disminución o "dropout") para evitar el sobreajuste y mejorar la generalización a nuevos datos. Además, la arquitectura de las CNN puede ser adaptada y optimizada para tareas específicas, como la clasificación de imágenes, detección de objetos, segmentación semántica y muchas otras aplicaciones en campos como la visión por computadora, el procesamiento del lenguaje natural y la medicina.

Las redes neuronales convolucionales son una herramienta poderosa y eficiente para el procesamiento de datos de cuadrícula, capaz de aprender y extraer características complejas de imágenes y videos, lo que las convierte en una tecnología fundamental en numerosas aplicaciones modernas.

Las redes neuronales convolucionales (CNN) son una maravillosa amalgama de inspiración biológica y técnicas de aprendizaje automático profundas que han transformado radicalmente la forma en que las computadoras interpretan y comprenden el contenido visual.

El diseño de las CNN está fuertemente influenciado por la organización del sistema visual biológico, especialmente la corteza visual primaria en el cerebro humano. Al igual que las células en esta corteza están dispuestas en capas, cada una procesando información de manera incremental y compleja, las CNN también tienen una estructura en capas que permite una extracción de características progresiva y jerárquica.

Una de las principales ventajas de las CNN es su capacidad para manejar eficientemente grandes volúmenes de datos, como imágenes de alta resolución. Esto se logra mediante el uso de operaciones de convolución y submuestreo que comparten parámetros, lo que reduce significativamente la cantidad de cálculos necesarios en comparación con las redes neuronales tradicionales.

Las CNN han demostrado ser altamente efectivas en la tarea de transferencia de conocimiento, donde los modelos pre-entrenados en grandes conjuntos de datos, como ImageNet, pueden ser adaptados fácilmente a tareas específicas con conjuntos de datos más pequeños. Esto ha democratizado en gran medida el acceso a técnicas de visión por computadora avanzadas, permitiendo a los investigadores y desarrolladores aprovechar el poder de las CNN sin necesidad de grandes recursos de cómputo o datos.

Otra área en la que las CNN han destacado es en la comprensión semántica de las imágenes. A través de arquitecturas como las redes neuronales convolucionales profundas (DCNN), estas redes pueden no solo identificar objetos en una imagen, sino también comprender la relación espacial entre ellos y generar descripciones semánticamente significativas.

Las redes neuronales convolucionales son una piedra angular del campo de la visión por computadora y el procesamiento de imágenes, ofreciendo un potencial sin precedentes para una amplia gama de aplicaciones, desde la conducción autónoma hasta el diagnóstico médico asistido por ordenador y la realidad aumentada. Su capacidad para aprender características jerárquicas complejas y su eficiencia en el procesamiento de datos de cuadrícula las convierten en una herramienta indispensable en la era digital actual.

Las redes neuronales convolucionales (CNN) son una fascinante expresión del poder del aprendizaje profundo, inspiradas en la arquitectura del sistema visual biológico y diseñadas para abordar desafíos específicos en el procesamiento de datos de cuadrícula, como imágenes y videos. Su capacidad para aprender representaciones jerárquicas y semánticamente ricas de los datos las ha convertido en la columna vertebral de muchas aplicaciones modernas de inteligencia artificial.

La arquitectura de las CNN consta de varias capas, cada una con un propósito específico. Las capas convolucionales, a menudo las más destacadas, aplican filtros a regiones locales de la entrada para detectar características como bordes, texturas y patrones de alta nivel. Estas capas están seguidas por capas de agrupación que reducen la dimensionalidad de las características y ayudan a conservar la información relevante. Además, las capas completamente conectadas al final de la red integran estas características para realizar tareas específicas, como clasificación o detección de objetos.

Un aspecto notable de las CNN es su capacidad para la invarianza espacial. Esto significa que son capaces de reconocer patrones independientemente de su ubicación en la imagen, lo que las hace robustas ante cambios de escala, rotación o traslación. Esta invarianza espacial se logra gracias a la compartición de parámetros en las capas convolucionales, lo que permite que los filtros aprendidos sean efectivos en diferentes partes de la imagen.

Otro punto crucial es la capacidad de las CNN para aprender características abstractas a través del proceso de entrenamiento con retropropagación. A medida que se entrenan con grandes conjuntos de datos etiquetados, como ImageNet, las CNN aprenden a reconocer características complejas y discriminativas que son útiles para la tarea en cuestión. Esta capacidad de aprendizaje se beneficia enormemente de los avances en hardware, como las GPU, que permiten entrenar modelos cada vez más grandes y profundos en tiempos razonables.

Las CNN también se utilizan en una variedad de campos, incluyendo el procesamiento del lenguaje natural, la medicina y la biología computacional. Su versatilidad y eficacia las convierten en una herramienta invaluable para resolver problemas complejos en una amplia gama de dominios.

Las redes neuronales convolucionales representan un hito significativo en el campo del aprendizaje automático y la inteligencia artificial. Su capacidad para procesar eficientemente datos de cuadrícula y aprender representaciones jerárquicas complejas las posiciona como una tecnología fundamental en la era digital actual y en el futuro previsible.

Las redes neuronales convolucionales (CNN) han experimentado una evolución constante desde su concepción inicial, impulsada por una combinación de avances en algoritmos, hardware y aplicaciones. Su impacto se ha extendido más allá de la visión por computadora para abordar desafíos en una variedad de campos, ofreciendo soluciones innovadoras y eficientes para problemas complejos.

Una de las áreas donde las CNN han mostrado un crecimiento significativo es en la interpretación y comprensión de datos tridimensionales, como volúmenes médicos de tomografía computarizada (TC) o resonancia magnética (RM). La adaptación de las arquitecturas convolucionales tradicionales a estos datos ha permitido avances en la detección temprana de enfermedades, el diseño de tratamientos personalizados y la navegación quirúrgica de precisión.

Las CNN han sido extendidas para manejar datos secuenciales, como en el procesamiento de series temporales en el campo de las finanzas, el reconocimiento de voz y la traducción automática. Mediante el uso de capas recurrentes o mecanismos de atención, estas redes pueden capturar dependencias temporales y contextuales, mejorando la precisión y la capacidad de modelado en aplicaciones donde la información evoluciona con el tiempo.

En el ámbito de la robótica y la automatización, las CNN han demostrado ser vitales para la percepción y la toma de decisiones en tiempo real. Desde la navegación autónoma de vehículos hasta la manipulación de objetos en entornos cambiantes, estas redes permiten a los sistemas adaptarse y responder de manera inteligente a su entorno, aumentando la eficiencia y la seguridad en una variedad de escenarios.

Otro aspecto emocionante es el continuo desarrollo de arquitecturas más avanzadas y eficientes. Desde las redes residuales (ResNet) hasta las redes neuronales convolucionales profundas (DCNN) y las arquitecturas generativas adversarias (GAN), la comunidad de investigación sigue explorando nuevas formas de mejorar el rendimiento, la generalización y la eficiencia computacional de las CNN, allanando el camino para futuras innovaciones.

Las redes neuronales convolucionales representan una de las herramientas más poderosas en el arsenal del aprendizaje automático y la inteligencia artificial. Su capacidad para procesar eficientemente datos de cuadrícula y aprender representaciones complejas ha transformado una amplia gama de industrias y disciplinas, y su evolución continua promete seguir impulsando avances significativos en el futuro.

El continuo avance de las redes neuronales convolucionales (CNN) ha sido impulsado por una serie de desarrollos innovadores que han ampliado su aplicabilidad y eficacia en una variedad de dominios. Estos avances van desde mejoras en la arquitectura y el entrenamiento de modelos hasta el desarrollo de técnicas de regularización y optimización más sofisticadas.

Una de las áreas de investigación más activas es la interpretabilidad y la robustez de las CNN. A medida que estas redes se utilizan en aplicaciones críticas, como la medicina y la seguridad, es crucial comprender cómo toman decisiones y cómo pueden ser vulnerables a ataques adversarios. Los investigadores están trabajando en métodos para visualizar y entender el proceso de inferencia de las CNN, así como en técnicas de defensa contra ataques diseñados para engañar a los modelos.

Otro enfoque importante es la eficiencia computacional y el tamaño de los modelos. A medida que las CNN se vuelven más profundas y complejas, el costo computacional y la memoria requerida para entrenar y desplegar estos modelos pueden volverse prohibitivos. Se están desarrollando técnicas de compresión, como la poda de pesos y la cuantificación, así como arquitecturas más livianas y eficientes, para permitir el despliegue de modelos de alta calidad en dispositivos con recursos limitados, como teléfonos inteligentes y dispositivos IoT.

Las CNN están siendo utilizadas cada vez más en aplicaciones de aprendizaje activo y de refuerzo, donde los modelos interactúan con su entorno y reciben retroalimentación en tiempo real para mejorar su rendimiento. Esto se ve especialmente en áreas como la robótica, donde las CNN se utilizan para la percepción y el control en entornos dinámicos y no estructurados.

El campo de la transferencia de aprendizaje también ha experimentado avances significativos, permitiendo a los investigadores y desarrolladores aprovechar el conocimiento adquirido por modelos previamente entrenados en una tarea y aplicarlo a una tarea relacionada pero diferente. Esto ha democratizado aún más el acceso a técnicas de aprendizaje profundo, ya que los modelos pre-entrenados están disponibles públicamente y pueden adaptarse a una amplia variedad de problemas con conjuntos de datos más pequeños.

El futuro de las redes neuronales convolucionales está lleno de promesas y oportunidades emocionantes. A medida que continúa la investigación en áreas como la interpretabilidad, la eficiencia y la transferencia de conocimiento, es probable que veamos avances significativos que amplíen aún más el impacto y la aplicabilidad de las CNN en una variedad de campos y aplicaciones.

La expansión y mejora continua de las redes neuronales convolucionales (CNN) ha sido impulsada por una convergencia de avances en múltiples áreas, desde la teoría del aprendizaje profundo hasta la infraestructura computacional disponible. A medida que estas tecnologías maduran, se abren nuevas posibilidades y desafíos que impulsan aún más la innovación en este campo.

Uno de los desarrollos más emocionantes es la integración de las CNN con técnicas de aprendizaje automático no supervisado y auto-supervisado. Estas técnicas permiten a las redes aprender representaciones más ricas y generalizables de los datos al exponerse a grandes volúmenes de información sin etiquetar. Esto es especialmente útil en escenarios donde los datos etiquetados son escasos o costosos de obtener, como en el caso de la medicina o la investigación científica.

La investigación en arquitecturas de redes neuronales está explorando modelos más modulares y adaptables que pueden ser ajustados para tareas específicas con requisitos únicos. Estos modelos modulares permiten a los desarrolladores crear redes personalizadas que se adaptan a las necesidades de sus aplicaciones particulares, lo que aumenta la flexibilidad y la eficiencia en el diseño de sistemas de aprendizaje automático.

Otro avance importante es la mejora en la capacidad de las CNN para capturar y modelar la incertidumbre en los datos. Esto es crucial en aplicaciones donde la toma de decisiones está sujeta a riesgos y variabilidad, como en la conducción autónoma o el diagnóstico médico. Técnicas como la inferencia bayesiana y el aprendizaje probabilístico están siendo integradas en las CNN para mejorar la robustez y la confiabilidad de los modelos.

La investigación en técnicas de transferencia de conocimiento está avanzando hacia un enfoque más holístico y eficiente. En lugar de simplemente transferir pesos pre-entrenados de una red a otra, los investigadores están desarrollando métodos que permiten a las redes adaptarse dinámicamente a nuevas tareas a medida que se encuentran con nuevos datos. Esto permite una transferencia de conocimientos más eficiente y adaptativa en una variedad de dominios.

El futuro de las redes neuronales convolucionales es prometedor y lleno de posibilidades emocionantes. A medida que la investigación continúa en áreas como el aprendizaje no supervisado, la modularidad de las redes y la modelización de la incertidumbre, es probable que veamos avances significativos que amplíen aún más el alcance y la capacidad de estas poderosas herramientas en una variedad de campos y aplicaciones.

El futuro de las redes neuronales convolucionales (CNN) también se ve moldeado por el crecimiento exponencial en la cantidad y diversidad de datos disponibles, así como por la interconexión con otras áreas de investigación en inteligencia artificial y ciencias de la computación.

Una tendencia emergente es la integración de las CNN con técnicas de aprendizaje federado y de borde. Esto permite que los modelos de CNN sean distribuidos y ejecutados en múltiples dispositivos o servidores, lo que mejora la privacidad y la eficiencia al tiempo que reduce la dependencia de una infraestructura centralizada. Esto es especialmente relevante en aplicaciones donde la privacidad de los datos es primordial, como en el análisis de datos médicos sensibles.

La convergencia de las CNN con técnicas de procesamiento del lenguaje natural (NLP) también es un área de creciente interés. Esto se refleja en el desarrollo de modelos multimodales que pueden procesar tanto datos visuales como textuales, lo que permite una comprensión más profunda y contextualizada de la información. Estos modelos están siendo aplicados en una variedad de tareas, desde la generación automática de descripciones de imágenes hasta el análisis de sentimientos en texto y medios visuales.

La investigación en interpretabilidad y ética en inteligencia artificial está desempeñando un papel cada vez más importante en el desarrollo de CNN. A medida que estos modelos se utilizan en aplicaciones críticas, como la toma de decisiones médicas o judiciales, es crucial comprender cómo funcionan y cómo pueden afectar a diferentes grupos de personas. Esto ha llevado al desarrollo de herramientas y marcos de trabajo para evaluar y mitigar sesgos y discriminación en los modelos de CNN.

La aplicación de las CNN en la simulación y modelización del mundo físico está abriendo nuevas fronteras en la robótica, la ingeniería y la ciencia de los materiales. Estas redes pueden aprender a partir de datos generados por simulaciones computacionales para predecir el comportamiento de sistemas físicos complejos y optimizar el diseño de dispositivos y estructuras.

El futuro de las redes neuronales convolucionales es multidimensional y lleno de posibilidades emocionantes. A medida que la investigación avanza en áreas como el aprendizaje federado, la multimodalidad y la interpretabilidad, es probable que veamos una mayor integración de las CNN en una variedad de aplicaciones prácticas y científicas, lo que lleva a avances significativos en nuestra comprensión del mundo y en nuestra capacidad para interactuar con él.

9-Las redes neuronales recurrentes y cómo se pueden aplicar a problemas de procesamiento del lenguaje natural

Las redes neuronales recurrentes (RNN) son un tipo especial de red neuronal artificial diseñado para trabajar con datos secuenciales o temporales, como texto, audio, series temporales y más. Las RNN son adecuadas para tareas en las que la relación entre los elementos de la secuencia es importante, ya que pueden mantener y utilizar una "memoria" interna para procesar secuencias de datos de longitud variable. A continuación, se explica qué son las redes neuronales recurrentes y cómo se aplican a problemas de procesamiento del lenguaje natural (PLN).

Las RNN son un tipo de red neuronal en la que las conexiones entre las neuronas forman un ciclo, lo que permite que la información sea retroalimentada a través de la red en bucles. Esto les otorga la capacidad de mantener una memoria temporal de las secuencias que procesan. A diferencia de las redes neuronales convolucionales (CNN), que se utilizan principalmente para datos espaciales, las RNN son especialmente adecuadas para datos secuenciales, ya que pueden manejar entradas de longitud variable y capturar dependencias a lo largo del tiempo.

Funcionamiento de las Redes Neuronales Recurrentes:

El funcionamiento de una RNN se basa en su capacidad para mantener y actualizar una "celda de estado" o "memoria" a medida que procesa elementos de una secuencia. Aquí está cómo funcionan las RNN en términos generales:

1. **Entrada:** En cada paso de tiempo, la RNN recibe una entrada correspondiente a un elemento de la secuencia (por ejemplo, una palabra en un texto).
2. **Cálculo:** La RNN calcula una salida en función de la entrada actual y su estado interno anterior (la memoria). Esto se hace mediante una combinación de pesos y una función de activación.
3. **Actualización del Estado:** La RNN actualiza su estado interno (memoria) con la salida calculada y lo pasa al siguiente paso de tiempo. La nueva memoria incorpora información de pasos de tiempo anteriores.
4. **Salida:** La RNN genera una salida en función de su estado interno actual. Esta salida puede ser una predicción, una clasificación o una representación de la secuencia procesada.

Aplicaciones en Procesamiento del Lenguaje Natural (PLN):

Las RNN se utilizan ampliamente en aplicaciones de PLN debido a su capacidad para modelar secuencias de texto de manera efectiva. Algunas aplicaciones notables incluyen:

1. **Traducción Automática:** En sistemas de traducción automática, como Google Translate, las RNN se utilizan para traducir secuencias de palabras de un idioma a otro.
2. **Generación de Texto:** Las RNN se emplean en la generación de texto, como la escritura automática de contenido, la creación de diálogos y la generación de texto coherente.
3. **Análisis de Sentimientos:** Para determinar el sentimiento (positivo, negativo, neutral) en textos de redes sociales, comentarios de productos y reseñas.
4. **Reconocimiento de Voz:** En aplicaciones de reconocimiento de voz, como asistentes virtuales y sistemas de transcripción de voz a texto.
5. **Modelado de Lenguaje:** Para entrenar modelos de lenguaje que comprendan y generen texto natural de manera más precisa.
6. **NLP Conversacional:** En chatbots y sistemas de diálogo automatizado que pueden mantener conversaciones naturales con usuarios.

Las RNN son efectivas en tareas de PLN porque pueden capturar dependencias a lo largo del tiempo en el texto y modelar la estructura secuencial de los datos de manera dinámica. Sin embargo, también tienen desafíos, como el problema de desvanecimiento de gradientes, que puede dificultar el entrenamiento de RNN en secuencias largas. Para abordar estos desafíos, han surgido variantes más avanzadas de RNN, como las redes neuronales LSTM (Long Short-Term Memory) y las redes GRU (Gated Recurrent Unit), que han demostrado un mejor rendimiento en muchas aplicaciones de PLN.

Las Redes Neuronales Recurrentes (RNN) son herramientas poderosas en el campo del Procesamiento del Lenguaje Natural (PLN) debido a su capacidad para entender y procesar la información secuencial en los datos de texto. Esta efectividad radica en su habilidad para capturar las dependencias temporales a lo largo del texto, permitiéndoles modelar la estructura secuencial de los datos de manera dinámica. Por ejemplo, al analizar una oración, las RNN pueden reconocer la relación entre palabras anteriores y posteriores para comprender mejor el significado de cada una.

Sin embargo, las RNN también enfrentan desafíos significativos, como el problema de desvanecimiento de gradientes. Este problema se refiere a la tendencia de los gradientes (las derivadas parciales utilizadas en el entrenamiento de la red) a disminuir exponencialmente a medida que se propagan hacia atrás a través del tiempo durante el entrenamiento en secuencias largas. Como resultado, la red puede tener dificultades para aprender dependencias a largo plazo, lo que afecta su capacidad para realizar predicciones precisas en datos de texto extensos.

Para superar estos desafíos, han surgido variantes más avanzadas de las RNN, como las redes LSTM (Long Short-Term Memory) y las redes GRU (Gated Recurrent Unit). Estas arquitecturas incorporan mecanismos especiales de memoria que les permiten retener información relevante durante períodos de tiempo más prolongados, mitigando así el problema de desvanecimiento de gradientes y mejorando el rendimiento en una variedad de aplicaciones de PLN.

Por ejemplo, las LSTM utilizan puertas de entrada, olvido y salida para regular el flujo de información dentro de la red y protegerla de la pérdida o saturación de gradientes, mientras que las GRU simplifican este proceso al combinar puertas de entrada y olvido en una sola unidad. Estas mejoras hacen que las LSTM y las GRU sean opciones populares y efectivas para tareas de PLN donde la comprensión de dependencias a largo plazo es crucial, como la traducción automática, la generación de texto y el análisis de sentimientos.

Las redes LSTM y GRU también ofrecen otras ventajas significativas sobre las RNN tradicionales en el contexto del PLN. Una de estas ventajas radica en su capacidad para modelar de manera más efectiva las dependencias a largo plazo en los datos de texto. Esto se debe a sus mecanismos de memoria interna, que les permiten recordar información relevante durante períodos extendidos de tiempo, incluso a lo largo de secuencias largas de palabras o caracteres.

Las redes LSTM, por ejemplo, están diseñadas con una estructura de celdas de memoria que puede mantener y actualizar información a lo largo del tiempo. Esta celda de memoria actúa como un almacén de estado interno que puede mantener activa la información importante y descartar la información irrelevante. Además, las puertas de entrada, olvido y salida de las LSTM permiten controlar el flujo de información hacia y desde la celda de memoria, lo que facilita la adaptación a diferentes patrones en los datos secuenciales.

Las redes GRU ofrecen una alternativa más simplificada pero igualmente efectiva. Al combinar las puertas de entrada y olvido en una sola unidad, las GRU reducen la complejidad computacional y el número de parámetros necesarios en comparación con las LSTM. Esto puede resultar en una capacitación más eficiente y menos propensa al sobreajuste en conjuntos de datos más pequeños, lo que las hace especialmente útiles en situaciones donde los recursos computacionales son limitados.

Tanto las LSTM como las GRU han demostrado ser herramientas poderosas en una amplia gama de aplicaciones de PLN. Su capacidad para capturar dependencias a largo plazo en el texto y modelar la estructura secuencial de los datos de manera dinámica las convierte en opciones ideales para tareas como la generación de texto, la traducción automática, el análisis de sentimientos y muchas otras aplicaciones donde la comprensión del contexto temporal es fundamental.

Otro aspecto importante que distingue a las redes LSTM y GRU es su capacidad para manejar secuencias de longitud variable. En muchas aplicaciones de PLN, como el procesamiento de documentos o conversaciones de longitud variable, es crucial que el modelo pueda adaptarse dinámicamente a diferentes longitudes de secuencia. Las LSTM y las GRU son inherentemente flexibles en este sentido, ya que su arquitectura les permite procesar secuencias de diferentes longitudes sin necesidad de recortar o rellenar los datos.

Este aspecto es especialmente relevante en tareas como la generación de texto o la traducción automática, donde las oraciones pueden variar considerablemente en longitud. Las LSTM y las GRU pueden ajustar su procesamiento en función de la longitud de la entrada, lo que les permite capturar dependencias a largo plazo incluso en secuencias extensas.

Las redes LSTM y GRU han sido objeto de numerosas investigaciones y mejoras a lo largo del tiempo. Se han propuesto diversas variantes y extensiones de estas arquitecturas para abordar desafíos específicos o mejorar su rendimiento en ciertas tareas de PLN. Estas variantes incluyen, por ejemplo, las LSTM bidireccionales, que procesan la secuencia tanto hacia adelante como hacia atrás para capturar mejor el contexto en ambas direcciones, o las variantes atencionales, que permiten al modelo enfocarse en partes específicas de la secuencia que son más relevantes para la tarea en cuestión.

Las redes LSTM y GRU representan avances significativos en la capacidad de modelado de secuencias en el campo del PLN. Su capacidad para capturar dependencias a largo plazo, manejar secuencias de longitud variable y adaptarse a diferentes tareas y conjuntos de datos las convierte en herramientas fundamentales para una amplia gama de aplicaciones, desde la generación de texto hasta el análisis de sentimientos y la comprensión del lenguaje natural en general.

Las redes LSTM y GRU también han encontrado utilidad en otros campos relacionados, como el procesamiento de señales y la modelización temporal en general. Su capacidad para capturar dependencias temporales las hace ideales para aplicaciones como el reconocimiento de voz, donde es crucial entender el contexto temporal de las señales acústicas.

En el ámbito de la inteligencia artificial y el aprendizaje automático, las LSTM y GRU han sido fundamentales en el avance de técnicas como el aprendizaje profundo, donde la capacidad para modelar secuencias de datos de manera efectiva es esencial. Su arquitectura flexible y sus mecanismos internos de memoria las convierten en componentes fundamentales de muchos modelos de vanguardia utilizados en una amplia gama de aplicaciones prácticas, desde sistemas de recomendación hasta vehículos autónomos.

Las redes LSTM y GRU han sido objeto de investigación activa en el campo de la inteligencia artificial, con constantes esfuerzos para mejorar su eficiencia, rendimiento y capacidad de generalización. Se han propuesto diversas técnicas de regularización, inicialización y optimización para abordar desafíos como el sobreajuste y la convergencia lenta en el entrenamiento de estas redes. Estos avances continúan impulsando el desarrollo de modelos más sofisticados y efectivos para una amplia variedad de aplicaciones prácticas.

En el futuro, se espera que las redes LSTM y GRU sigan desempeñando un papel crucial en el avance de la inteligencia artificial y el procesamiento del lenguaje natural. A medida que las aplicaciones de PLN y el procesamiento de secuencias sigan evolucionando, es probable que estas arquitecturas sigan siendo una herramienta fundamental para comprender y modelar datos secuenciales en una variedad de dominios y aplicaciones.

Las redes LSTM y GRU también han sido adoptadas en áreas como la medicina, la biología y la finanzas, donde el análisis de datos secuenciales es crucial. Por ejemplo, en medicina, estas redes se utilizan para el análisis de series temporales de datos médicos, como la monitorización de pacientes en unidades de cuidados intensivos o la predicción de enfermedades crónicas basadas en historiales clínicos.

En biología, las LSTM y GRU se aplican en la predicción de estructuras secundarias de proteínas, el análisis de secuencias genéticas y la modelización de interacciones moleculares, contribuyendo así a la comprensión de procesos biológicos complejos.

En el sector financiero, estas redes se utilizan para predecir tendencias del mercado, detectar anomalías en transacciones financieras y optimizar carteras de inversión. La capacidad de estas redes para capturar patrones en series temporales de datos financieros las hace herramientas valiosas para la toma de decisiones en mercados altamente dinámicos.

Las LSTM y GRU han sido objeto de implementaciones en sistemas embebidos y dispositivos móviles, lo que les permite ejecutar modelos de aprendizaje profundo de manera eficiente en dispositivos con recursos limitados. Esto ha ampliado su aplicabilidad en aplicaciones como el reconocimiento de voz en dispositivos portátiles, la traducción en tiempo real y la asistencia virtual personalizada.

En el ámbito de la investigación, las LSTM y GRU continúan siendo objeto de estudio y desarrollo. Se exploran constantemente nuevas arquitecturas, mejoras en el entrenamiento y técnicas de optimización para aumentar su eficacia y eficiencia en una variedad de aplicaciones y dominios.

Las redes LSTM y GRU han demostrado ser herramientas versátiles y poderosas en una amplia gama de campos y aplicaciones. Su capacidad para modelar datos secuenciales de manera efectiva y capturar dependencias a largo plazo las convierte en componentes fundamentales en el análisis y la comprensión de datos temporales en diversos contextos. Su impacto continuará siendo significativo a medida que la investigación y la aplicación de técnicas de aprendizaje profundo continúen avanzando en el futuro.

La biología y las finanzas, las redes LSTM y GRU también están desempeñando un papel importante en el desarrollo de tecnologías emergentes como la inteligencia artificial en robótica y la Internet de las cosas (IoT).

En robótica, estas redes se utilizan para mejorar la percepción del entorno y la toma de decisiones de los robots autónomos. Por ejemplo, en la navegación autónoma, las LSTM y GRU pueden ayudar a los robots a comprender mejor el contexto espacial y temporal de su entorno, lo que les permite planificar y ejecutar movimientos más seguros y eficientes.

En el campo de la IoT, estas redes se utilizan para analizar datos de sensores distribuidos en entornos inteligentes, como edificios inteligentes o ciudades inteligentes. Las LSTM y GRU pueden identificar patrones en los datos recopilados a lo largo del tiempo, lo que permite la optimización de recursos, la detección de anomalías y la mejora de la eficiencia en una variedad de aplicaciones, desde la gestión energética hasta la seguridad pública.

Las LSTM y GRU están siendo integradas en sistemas de asistencia virtual y tecnologías de procesamiento del habla para mejorar la interacción humano-máquina. Estas redes permiten a los sistemas de asistencia comprender y responder de manera más natural a comandos de voz y solicitudes de los usuarios, lo que lleva a una experiencia de usuario más intuitiva y personalizada.

Otro campo en el que las LSTM y GRU están teniendo un impacto significativo es en la creatividad asistida por computadora, como la generación de música, arte y escritura. Estas redes pueden aprender patrones complejos en datos secuenciales, lo que les permite generar contenido original y creativo en una variedad de formas artísticas.

Las redes LSTM y GRU continúan expandiendo su alcance y aplicación en una amplia gama de campos y tecnologías emergentes. Su capacidad para modelar datos secuenciales y capturar dependencias a largo plazo las convierte en herramientas invaluable en la era de la inteligencia artificial y el análisis de datos temporales. Su impacto seguirá creciendo a medida que las tecnologías basadas en datos continúen evolucionando y transformando nuestro mundo.

10-Las Redes Generativas Antagónicas

Las Redes Generativas Antagónicas (GAN, por sus siglas en inglés, Generative Adversarial Networks) son un modelo de aprendizaje automático que se utiliza para generar contenido nuevo y realista, como imágenes, texto, música, videos y más. Las GAN se destacan por su capacidad para generar contenido que es difícil de distinguir de datos reales y se basan en la idea de competencia entre dos redes neuronales, el generador y el discriminador. A continuación, se explica en detalle qué son las GAN y cómo se aplican a problemas de generación de contenido.

¿Qué son las Redes Generativas Antagónicas (GAN)?

Las GAN fueron propuestas por Ian Goodfellow y sus colegas en 2014 como una forma de entrenar generadores de datos capaces de producir muestras que sean indistinguibles de datos reales. El concepto central detrás de las GAN es la competencia entre dos redes neuronales:

1. **Generador (Generator):** El generador toma como entrada una señal de ruido aleatorio o algún otro tipo de entrada y la utiliza para generar datos falsificados. Su objetivo es aprender a generar datos que se parezcan lo más posible a los datos reales.
2. **Discriminador (Discriminator):** El discriminador toma como entrada tanto datos reales como datos falsificados del generador y tiene la tarea de distinguir entre ellos. Su objetivo es aprender a diferenciar correctamente entre datos reales y falsos.

El proceso de entrenamiento de una GAN implica una competencia entre estas dos redes. El generador busca mejorar su capacidad para engañar al discriminador, mientras que el discriminador busca mejorar su habilidad para identificar datos falsificados. Este proceso de competencia continua permite que el generador aprenda a producir datos cada vez más realistas, mientras que el discriminador se vuelve más hábil en la detección de datos falsificados.

Aplicaciones en Generación de Contenido:

Las GAN tienen una amplia variedad de aplicaciones en la generación de contenido, y algunas de las áreas más destacadas incluyen:

1. **Generación de Imágenes:** Las GAN se utilizan para generar imágenes realistas, como retratos de personas que no existen, paisajes, obras de arte y más. También se emplean en la mejora y restauración de imágenes.
2. **Generación de Texto:** En la generación de texto, se utilizan GAN para crear texto coherente y realista, como la escritura automática de historias, la generación de resúmenes de texto y la creación de diálogos de chatbots.
3. **Música y Sonido:** Las GAN pueden generar música, efectos de sonido y voces sintéticas que suenan auténticas.
4. **Video y Animación:** Se utilizan para la generación de contenido de video y animación, incluyendo la creación de personajes animados y la interpolación entre secuencias de video.
5. **Diseño de Objetos 3D:** En diseño industrial y modelado 3D, se pueden usar GAN para generar diseños de objetos y modelos tridimensionales.
6. **Mejora de Resolución:** En aplicaciones como la superresolución de imágenes y videos, las GAN pueden mejorar la calidad y la resolución de contenido existente.
7. **Simulación y Realidad Virtual:** Se emplean para crear mundos virtuales y simulaciones que se asemejan a la realidad.

Las GAN han revolucionado la capacidad de generar contenido creativo y realista en una variedad de dominios. Sin embargo, también presentan desafíos, como la posibilidad de generar contenido engañoso o falso. Es importante utilizar GAN de manera ética y con responsabilidad para evitar la propagación de información errónea o dañina. Las aplicaciones de GAN en la generación de contenido están en constante evolución y siguen siendo un área de investigación activa en el campo del aprendizaje automático y la inteligencia artificial.

Las GAN, o Redes Generativas Adversarias, han supuesto un hito en el campo del aprendizaje automático y la inteligencia artificial al revolucionar la generación de contenido creativo y realista en diversos dominios. Estas redes consisten en dos modelos neurales que compiten entre sí en un juego de suma cero: el generador y el discriminador. El generador crea muestras de datos, como imágenes o texto, mientras que el discriminador evalúa la autenticidad de esas muestras, proporcionando retroalimentación al generador para mejorar su capacidad para generar contenido convincente.

Esta competencia entre el generador y el discriminador permite a las GAN producir contenido de alta calidad que puede ser difícil de distinguir del contenido creado por humanos en áreas como la generación de imágenes, música, texto e incluso vídeo. Esto ha tenido un impacto significativo en campos como el diseño gráfico, la producción de medios y la creatividad digital, al ofrecer herramientas que amplían las capacidades creativas de artistas y diseñadores.

Junto con estos avances, las GAN también presentan desafíos importantes. Uno de los principales problemas es la posibilidad de generar contenido engañoso o falso. Dado que las GAN aprenden a partir de grandes conjuntos de datos, existe el riesgo de que reproduzcan y amplifiquen sesgos, estereotipos o información incorrecta presente en esos conjuntos de datos. Además, los adversarios pueden utilizar GAN para crear contenido manipulado, como imágenes falsas de personas o noticias falsas generadas automáticamente, lo que plantea preocupaciones éticas y sociales sobre la manipulación de la información y la confianza en los medios digitales.

Es crucial desarrollar técnicas para detectar y mitigar el contenido generado de manera engañosa, así como promover prácticas éticas en el desarrollo y uso de GAN. Esto puede implicar el diseño de conjuntos de datos más equilibrados y representativos, la implementación de mecanismos de verificación de la autenticidad del contenido generado y la promoción de la alfabetización mediática para ayudar a las personas a discernir entre contenido genuino y generado por IA. Al hacerlo, podemos aprovechar el potencial creativo de las GAN mientras mitigamos los riesgos asociados con su uso indebido o malintencionado.

Las GAN también plantean preocupaciones en términos de privacidad y seguridad. Estas redes tienen la capacidad de aprender y replicar patrones presentes en los datos de entrenamiento, lo que incluye información personal y sensible. Si no se manejan adecuadamente, las GAN podrían ser utilizadas para generar datos sintéticos que violen la privacidad de las personas o para realizar ataques de ingeniería social más sofisticados.

Por ejemplo, las GAN podrían utilizarse para crear rostros falsos que parezcan auténticos pero que en realidad no pertenezcan a ninguna persona real, lo que plantea preocupaciones sobre el uso no autorizado de la imagen de alguien para propósitos maliciosos, como el fraude o el acoso. Del mismo modo, la capacidad de las GAN para generar texto convincente podría utilizarse para crear contenido falso o malicioso, como correos electrónicos de phishing más convincentes o incluso la creación de noticias falsas más difíciles de detectar.

Para abordar estos desafíos, es fundamental desarrollar políticas y regulaciones que protejan la privacidad de las personas y mitiguen el potencial abuso de las GAN. Esto puede incluir la implementación de medidas de seguridad robustas para proteger los datos de entrenamiento utilizados por las GAN, así como la promoción de estándares éticos y mejores prácticas en la investigación y el desarrollo de inteligencia artificial.

Es importante fomentar la transparencia en el uso de las GAN y en la divulgación de su origen en el contenido generado. Esto podría implicar la inclusión de marcas de agua digitales o metadatos en el contenido generado por GAN para indicar su origen, así como el desarrollo de herramientas y técnicas para detectar la manipulación de contenido generado por IA.

Si bien las GAN ofrecen enormes oportunidades en términos de generación de contenido creativo y realista, también plantean una serie de desafíos importantes en términos de ética, privacidad y seguridad. Abordar estos desafíos de manera efectiva requerirá un enfoque multidisciplinario que involucre a investigadores, responsables políticos, reguladores y la sociedad en su conjunto.

Otro desafío significativo relacionado con las GAN es la necesidad de garantizar la equidad y la inclusión en el desarrollo y el uso de estas tecnologías. Dado que las GAN aprenden de conjuntos de datos existentes, existe el riesgo de que reflejen y amplifiquen sesgos presentes en esos datos, lo que puede conducir a resultados discriminatorios o injustos.

Por ejemplo, si un conjunto de datos utilizado para entrenar una GAN está sesgado hacia ciertos grupos demográficos o culturales, es probable que el contenido generado por esa GAN también refleje esos sesgos. Esto podría manifestarse en la generación de imágenes que representen estereotipos o prejuicios, o en la producción de texto que refleje sesgos lingüísticos o culturales.

Para abordar este desafío, es fundamental adoptar enfoques centrados en la equidad y la inclusión en todas las etapas del desarrollo y la implementación de las GAN. Esto incluye la selección cuidadosa de conjuntos de datos de entrenamiento que sean representativos y equilibrados, así como el desarrollo de algoritmos y técnicas que mitiguen los sesgos inherentes en esos datos.

Es importante fomentar la diversidad en los equipos que trabajan en el desarrollo de GAN y en la toma de decisiones relacionadas con su implementación. Al incluir una variedad de perspectivas y experiencias, es más probable que se identifiquen y aborden los sesgos de manera efectiva, promoviendo así resultados más equitativos y justos.

Otro aspecto a considerar es la educación y la sensibilización sobre los sesgos algorítmicos y la equidad en el aprendizaje automático. Esto incluye la capacitación de desarrolladores y usuarios de GAN sobre cómo identificar y mitigar los sesgos en los datos y los modelos, así como el desarrollo de herramientas y recursos para evaluar la equidad y la inclusión en los sistemas basados en GAN.

Garantizar la equidad y la inclusión en el desarrollo y el uso de las GAN es fundamental para maximizar sus beneficios y mitigar sus riesgos. Al adoptar enfoques centrados en la equidad y la diversidad, podemos aprovechar el potencial transformador de las GAN mientras minimizamos su impacto negativo en la sociedad.

Las GAN también plantean interrogantes en torno a la propiedad intelectual y la creatividad. A medida que estas redes se vuelven más sofisticadas en la generación de contenido, surge la cuestión de quién debería ser reconocido como el autor o creador de dicho contenido. ¿Deberían considerarse los creadores originales de los conjuntos de datos de entrenamiento como los propietarios legítimos de cualquier contenido generado por GAN basado en esos datos? ¿O debería haber un reconocimiento adicional para el algoritmo y los desarrolladores que implementaron la red neuronal?

Esta ambigüedad plantea desafíos legales y éticos sobre la atribución y la compensación por el contenido generado por GAN. En algunos casos, podría ser difícil determinar la línea entre la inspiración y la reproducción directa de obras existentes, lo que podría generar conflictos sobre los derechos de autor y la propiedad intelectual.

Para abordar estos problemas, se necesitarán nuevas formas de pensar sobre la propiedad intelectual en el contexto de las GAN y otras tecnologías de generación de contenido. Esto podría implicar la creación de nuevas leyes y regulaciones que aborden específicamente la generación de contenido por parte de algoritmos, así como la implementación de sistemas de atribución y compensación que reconozcan tanto a los creadores originales como a los desarrolladores de la IA.

Es importante promover la transparencia y la trazabilidad en el proceso de generación de contenido por GAN. Esto podría incluir la implementación de registros públicos que rastreen el origen de los conjuntos de datos de entrenamiento y el desarrollo de herramientas que ayuden a identificar la autenticidad y la autoría del contenido generado.

Resolver estos desafíos requerirá un enfoque colaborativo que involucre a legisladores, expertos legales, desarrolladores de IA, artistas y otros interesados. Al abordar estos problemas de manera proactiva, podemos aprovechar el potencial creativo de las GAN mientras protegemos los derechos y las responsabilidades de todas las partes involucradas.

Otro aspecto importante para considerar es el impacto económico de las GAN en diversas industrias y sectores. Si bien estas redes ofrecen oportunidades significativas para la generación de contenido creativo y realista, también plantean desafíos en términos de automatización y disrupción laboral.

Las GAN pueden mejorar la eficiencia y reducir los costos en industrias como el diseño gráfico, la producción de medios y la publicidad, al permitir la creación automatizada de contenido visual y textual. Esto podría liberar recursos y tiempo para tareas más creativas y estratégicas, y potencialmente abrir nuevas oportunidades de negocio.

La automatización impulsada por las GAN también podría desplazar a trabajadores en roles que anteriormente estaban involucrados en la creación manual de contenido. Por ejemplo, los diseñadores gráficos podrían enfrentarse a una competencia cada vez mayor de contenido generado por IA, lo que podría afectar sus oportunidades laborales y sus ingresos.

Para abordar estos desafíos, es importante fomentar la reeducación y la capacitación para ayudar a los trabajadores a adaptarse a un entorno laboral cambiante impulsado por la IA. Esto podría implicar programas de reciclaje profesional y el desarrollo de habilidades en áreas como la creatividad, la resolución de problemas y la colaboración, que son difíciles de automatizar.

Es fundamental promover políticas y prácticas que fomenten una distribución justa de los beneficios económicos derivados del uso de las GAN. Esto podría incluir la implementación de políticas de redistribución de la riqueza, como impuestos sobre la automatización o subsidios para la formación y el empleo, así como la promoción de modelos de negocio basados en la colaboración entre humanos y máquinas.

Si bien las GAN ofrecen oportunidades significativas para la generación de contenido creativo y realista, también plantean desafíos en términos de impacto económico y laboral. Al abordar estos desafíos de manera proactiva, podemos aprovechar el potencial transformador de las GAN mientras mitigamos sus impactos negativos en la fuerza laboral y la economía en general.

Otro aspecto relevante es el papel de las GAN en la investigación científica y el avance tecnológico. Estas redes no solo se utilizan para generar contenido creativo en el ámbito artístico o de entretenimiento, sino que también están contribuyendo de manera significativa a la innovación en campos como la medicina, la biología, la química y la física.

En la investigación médica, por ejemplo, las GAN se utilizan para generar imágenes médicas de alta resolución que pueden ayudar en el diagnóstico de enfermedades o en la planificación de tratamientos. También se están utilizando para simular procesos biológicos complejos, como la interacción de proteínas o la evolución de virus, lo que permite a los científicos comprender mejor fenómenos biológicos y diseñar nuevos fármacos de manera más eficiente.

En la industria manufacturera, las GAN se están utilizando para optimizar el diseño de productos y procesos, así como para simular y predecir el comportamiento de materiales y estructuras. Esto puede ayudar a reducir costos y tiempos de desarrollo, así como a mejorar la calidad y el rendimiento de los productos finales.

Sin embargo, el uso de GAN en la investigación científica también plantea desafíos únicos. Por ejemplo, la interpretación de los resultados generados por GAN puede ser difícil debido a la naturaleza inherentemente opaca de estas redes. Esto plantea preguntas sobre la reproducibilidad y la fiabilidad de los hallazgos científicos basados en el uso de GAN, así como sobre la necesidad de desarrollar métodos para validar y verificar los resultados generados por estas redes.

Es importante considerar el acceso equitativo a las herramientas y recursos necesarios para utilizar GAN en la investigación científica. Dado que el desarrollo y la implementación de estas redes a menudo requiere conocimientos especializados y recursos computacionales significativos, es fundamental garantizar que todos los investigadores tengan la oportunidad de beneficiarse de las capacidades de las GAN en sus respectivos campos.

Las GAN están desempeñando un papel cada vez más importante en la investigación científica y el avance tecnológico en una amplia gama de disciplinas. Si bien ofrecen oportunidades emocionantes para la innovación, también plantean desafíos en términos de interpretación de resultados, acceso equitativo y validación científica.

11- El procesamiento del lenguaje natural y sus principales tareas y desafíos

El Procesamiento del Lenguaje Natural (PLN) es una rama de la inteligencia artificial que se enfoca en la interacción entre las computadoras y el lenguaje humano. Su objetivo principal es permitir a las máquinas comprender, interpretar y generar lenguaje humano de manera eficiente y significativa. El PLN se utiliza en una amplia variedad de aplicaciones, desde el procesamiento de texto y la traducción automática hasta la generación de texto, la atención médica y la búsqueda en línea. Aquí, se explican las principales tareas y desafíos del Procesamiento del Lenguaje Natural:

Principales Tareas del Procesamiento del Lenguaje Natural:

1. **Tokenización:** La tokenización implica dividir el texto en unidades más pequeñas llamadas "tokens". Los tokens pueden ser palabras individuales o partes de palabras, como sufijos o prefijos.
2. **Segmentación de Oraciones:** La segmentación de oraciones implica dividir un párrafo o un texto en oraciones individuales. Esto es importante para analizar y procesar cada oración por separado.
3. **Análisis Morfológico:** El análisis morfológico se refiere a descomponer palabras en sus componentes morfológicos, como raíces, prefijos y sufijos. Esto es útil para la lematización y la derivación de palabras.
4. **Lematización:** La lematización consiste en reducir una palabra a su forma base o "lema". Por ejemplo, "corriendo" se lematiza a "correr".
5. **Etiquetado Gramatical:** El etiquetado gramatical asigna etiquetas a las palabras para indicar su función en una oración, como sustantivo, verbo, adjetivo, etc.
6. **Análisis Sintáctico:** El análisis sintáctico se enfoca en determinar la estructura gramatical de una oración, incluyendo las relaciones entre las palabras y la jerarquía de la sintaxis.
7. **Análisis Semántico:** El análisis semántico se refiere a comprender el significado de las palabras y las oraciones en un contexto específico.
8. **Resolución de Coreferencia:** La resolución de coreferencia se utiliza para identificar qué palabras o frases se refieren a las mismas entidades en un texto. Por ejemplo, "Él" se refiere a "Juan".

9. **Análisis de Sentimientos:** En el análisis de sentimientos, se determina la polaridad del texto, es decir, si es positivo, negativo o neutro. Esto se utiliza en aplicaciones como la monitorización de redes sociales y la evaluación de reseñas de productos.
10. **Traducción Automática:** La traducción automática implica traducir texto de un idioma a otro de manera automática y precisa. Esto es fundamental en la comunicación global.

Desafíos del Procesamiento del Lenguaje Natural:

El PLN enfrenta varios desafíos debido a la complejidad inherente del lenguaje humano:

1. **Ambigüedad:** El lenguaje humano es ambiguo, lo que significa que una palabra o frase puede tener múltiples interpretaciones en diferentes contextos.
2. **Variabilidad Lingüística:** Los idiomas pueden tener dialectos, jergas y variaciones regionales que dificultan la comprensión automática.
3. **Polisemia:** Algunas palabras tienen múltiples significados. Por ejemplo, "banco" puede referirse a una institución financiera o a un asiento.
4. **Problemas de Referencia:** La resolución de referencias y la identificación de las entidades mencionadas en un texto pueden ser desafiantes.
5. **Comprensión de Contexto:** Comprender el contexto es fundamental para interpretar correctamente el lenguaje humano, y esto puede ser complicado para las máquinas.
6. **Reconocimiento de Entidades Nominadas:** Identificar nombres de personas, lugares, organizaciones, etc., en texto no estructurado es una tarea desafiante.
7. **Escasez de Datos:** En algunos idiomas y dominios, puede haber una escasez de datos etiquetados para entrenar modelos de PLN.
8. **Sensibilidad a Errores:** Pequeños errores en el procesamiento del lenguaje natural pueden cambiar significativamente el significado de un texto.

9. **Tareas de Traducción Cultural y Contextual:** Traducir elementos culturales y contextuales puede ser difícil para las máquinas, ya que a menudo requiere un conocimiento profundo de la cultura y el contexto.

A pesar de estos desafíos, el Procesamiento del Lenguaje Natural ha avanzado significativamente en las últimas décadas gracias al aprendizaje automático y al procesamiento de grandes cantidades de datos textuales. Las aplicaciones del PLN siguen creciendo y desempeñan un papel crucial en la mejora de la comunicación y la toma de decisiones en una amplia variedad de industrias.

El Procesamiento del Lenguaje Natural (PLN) es un campo interdisciplinario que se centra en la interacción entre las computadoras y el lenguaje humano. A pesar de los desafíos inherentes a la complejidad del lenguaje humano, el PLN ha experimentado un notable avance en las últimas décadas, principalmente impulsado por dos factores clave: el aprendizaje automático y el procesamiento de grandes cantidades de datos textuales.

El aprendizaje automático, en particular el enfoque de aprendizaje profundo, ha revolucionado la forma en que abordamos problemas en PLN. Al aprovechar algoritmos y modelos avanzados, como las redes neuronales, el PLN ha logrado avances significativos en tareas como el reconocimiento de voz, la traducción automática, el análisis de sentimientos y la generación de texto, entre otros. Estos modelos son capaces de aprender patrones complejos y representaciones semánticas del lenguaje, lo que permite una comprensión más profunda y precisa del texto.

El procesamiento de grandes cantidades de datos textuales ha sido fundamental para el desarrollo y entrenamiento de estos modelos de aprendizaje automático. La disponibilidad de vastos conjuntos de datos, como corpus lingüísticos y textos de internet, ha permitido a los investigadores entrenar modelos más sofisticados y precisos. Además, el uso de técnicas de pre-entrenamiento, como el aprendizaje por transferencia, ha demostrado ser eficaz para adaptar modelos pre-entrenados a tareas específicas de PLN, reduciendo la necesidad de grandes cantidades de datos anotados.

El avance en el PLN ha sido impulsado por la sinergia entre el aprendizaje automático y el procesamiento de datos textuales. Estos avances no solo han permitido una mejor comprensión y generación de texto por parte de las máquinas, sino que también han abierto nuevas oportunidades en áreas como la asistencia virtual, la búsqueda de información, la extracción de conocimiento y la automatización de tareas lingüísticas, transformando la forma en que interactuamos con la tecnología y el lenguaje humano.

Este progreso ha sido especialmente notable en áreas como el reconocimiento del habla, donde los sistemas de PLN pueden convertir el habla en texto con una precisión cada vez mayor, lo que tiene aplicaciones importantes en la transcripción de audio, la accesibilidad para personas con discapacidad auditiva y la interacción hombre-máquina a través de comandos de voz.

En la traducción automática, el PLN ha avanzado significativamente con modelos de traducción neuronal que pueden producir traducciones más precisas y naturales entre diferentes idiomas. Estos avances han facilitado la comunicación global y la colaboración entre personas que hablan diferentes idiomas, así como la accesibilidad a contenido en línea en una variedad de idiomas.

El análisis de sentimientos es otra área donde el PLN ha tenido un impacto notable, permitiendo a las empresas y organizaciones comprender mejor las opiniones y actitudes de los usuarios a través del análisis de texto en redes sociales, reseñas de productos y comentarios en línea. Esto se utiliza para tomar decisiones informadas sobre estrategias de marketing, desarrollo de productos y gestión de la reputación en línea.

El avance del Procesamiento del Lenguaje Natural en las últimas décadas ha sido impulsado por el aprendizaje automático y el procesamiento de grandes cantidades de datos textuales, y ha tenido un impacto significativo en una amplia gama de aplicaciones, desde la traducción automática y el reconocimiento del habla hasta el análisis de sentimientos y la asistencia virtual. Estos avances continúan transformando la forma en que interactuamos con la tecnología y el lenguaje humano, abriendo nuevas posibilidades para la comunicación, la colaboración y la innovación.

El avance del Procesamiento del Lenguaje Natural (PLN) ha sido fundamental para comprender y abordar desafíos sociales y culturales. Por ejemplo, en el ámbito de la salud, el PLN se ha aplicado para el análisis de registros médicos electrónicos, el monitoreo de la salud mental a través de redes sociales y la detección temprana de enfermedades a partir de síntomas reportados en línea. Estas aplicaciones tienen el potencial de mejorar el diagnóstico y tratamiento de enfermedades, así como la salud pública en general.

En el ámbito educativo, el PLN se ha utilizado para desarrollar sistemas de tutoría inteligente, que proporcionan retroalimentación personalizada y adaptativa a los estudiantes. Estos sistemas pueden analizar el progreso del estudiante, identificar áreas de dificultad y ofrecer recursos y ejercicios adicionales para mejorar el aprendizaje.

Asimismo, en el campo de la justicia y la seguridad, el PLN se ha utilizado para analizar grandes volúmenes de datos judiciales y policiales, lo que permite identificar patrones delictivos, predecir tendencias delictivas y mejorar la aplicación de la ley. Esto puede contribuir a la prevención del delito, la gestión de riesgos y la toma de decisiones más informada por parte de las autoridades.

En el ámbito empresarial, el PLN se ha convertido en una herramienta esencial para la automatización de procesos empresariales, la atención al cliente y la inteligencia empresarial. Por ejemplo, los chatbots y asistentes virtuales basados en PLN pueden responder preguntas de los clientes, realizar transacciones y resolver problemas de manera eficiente, lo que mejora la experiencia del cliente y reduce los costos operativos.

El avance del PLN ha tenido un impacto significativo en una amplia gama de campos y aplicaciones, desde la salud y la educación hasta la justicia y los negocios. Estos avances continúan transformando la sociedad y la forma en que interactuamos con la tecnología y el lenguaje humano, abriendo nuevas oportunidades para la innovación y el progreso.

El Procesamiento del Lenguaje Natural (PLN) también ha sido fundamental en la promoción de la inclusión y la diversidad. Al avanzar en la comprensión y generación del lenguaje humano, el PLN puede ayudar a superar barreras lingüísticas, permitiendo la comunicación entre personas que hablan diferentes idiomas o dialectos. Esto es especialmente relevante en contextos multiculturales y multilingües, donde el PLN puede facilitar la colaboración y el intercambio de conocimientos entre personas de diferentes orígenes lingüísticos.

El PLN ha contribuido al desarrollo de tecnologías de accesibilidad, que permiten a personas con discapacidades comunicarse y participar en la sociedad de manera más efectiva. Por ejemplo, los sistemas de reconocimiento de voz y de texto a voz pueden ayudar a personas con discapacidad visual o motora a interactuar con dispositivos electrónicos y acceder a información en línea.

En el ámbito cultural, el PLN ha sido utilizado para preservar y promover el patrimonio lingüístico y cultural de comunidades minoritarias y en peligro de extinción. Mediante la recopilación y análisis de textos en diferentes idiomas y dialectos, el PLN puede ayudar a documentar y conservar las tradiciones orales, historias y expresiones culturales únicas de estas comunidades.

El PLN ha sido fundamental en la lucha contra la desinformación y las noticias falsas en línea. Mediante el análisis de texto y la detección de patrones de desinformación, el PLN puede ayudar a identificar y mitigar la propagación de noticias falsas y rumores en las redes sociales y plataformas en línea, promoviendo así un discurso más informado y basado en evidencia.

El avance del PLN no solo ha tenido un impacto técnico y empresarial, sino que también ha contribuido a la promoción de la inclusión, la diversidad y la preservación cultural, así como a la lucha contra la desinformación en línea. Estos aspectos sociales y éticos del PLN son fundamentales para asegurar que esta tecnología se utilice de manera responsable y beneficiosa para la sociedad en su conjunto.

Otro aspecto relevante para ampliar es cómo el Procesamiento del Lenguaje Natural (PLN) está contribuyendo al desarrollo de la inteligencia artificial general (IAG). A medida que avanzamos hacia la creación de sistemas de inteligencia artificial más versátiles y comprensivos, el PLN desempeña un papel crucial al permitir que las máquinas comprendan y generen lenguaje humano de manera más natural y contextualmente relevante.

El PLN no se limita simplemente a reconocer palabras o estructuras gramaticales, sino que también busca comprender el significado y el contexto detrás del texto. Esto implica la capacidad de captar matices, ambigüedades y connotaciones emocionales que son inherentes al lenguaje humano. Al avanzar en esta capacidad de comprensión del lenguaje, estamos acercándonos a la creación de sistemas de IA que pueden interactuar con los humanos de manera más fluida y adaptativa.

El PLN también está contribuyendo al desarrollo de sistemas de IA capaces de razonamiento y toma de decisiones basadas en el lenguaje. Esto implica la capacidad de analizar y sintetizar información a partir de grandes volúmenes de texto, extraer conocimiento relevante y utilizarlo para resolver problemas complejos o responder preguntas abiertas. Por ejemplo, los sistemas de búsqueda semántica y los asistentes virtuales basados en PLN están mejorando constantemente en su capacidad para proporcionar respuestas precisas y útiles a consultas de los usuarios.

El avance del PLN está allanando el camino hacia la creación de sistemas de IA que pueden no solo comprender y generar lenguaje humano, sino también aprender de él de manera continua. Esto implica la capacidad de adaptarse y mejorar con el tiempo a medida que interactúan con humanos y procesan grandes cantidades de datos lingüísticos. Este enfoque hacia una IA más general y adaptable tiene el potencial de revolucionar una amplia gama de campos, desde la atención médica y la educación hasta el desarrollo de nuevas tecnologías y servicios digitales.

Otro aspecto importante para ampliar es cómo el Procesamiento del Lenguaje Natural (PLN) está influyendo en la interacción entre humanos y máquinas, especialmente en el ámbito de la experiencia del usuario y la usabilidad de los sistemas tecnológicos. A medida que los sistemas de PLN se vuelven más sofisticados, están cambiando la forma en que interactuamos con la tecnología, haciendo que esta interacción sea más intuitiva, eficiente y natural.

Por ejemplo, los asistentes virtuales basados en PLN, como Siri de Apple, Alexa de Amazon y Google Assistant, han ganado popularidad al permitir a los usuarios interactuar con dispositivos electrónicos mediante comandos de voz y preguntas naturales. Estos asistentes pueden realizar una variedad de tareas, como responder preguntas, establecer recordatorios, reproducir música, realizar llamadas telefónicas y controlar dispositivos domésticos inteligentes, todo ello mediante el procesamiento del lenguaje natural.

El PLN está impulsando la personalización y la adaptabilidad en la experiencia del usuario. Los sistemas de recomendación basados en PLN utilizan el análisis del lenguaje para comprender las preferencias y necesidades de los usuarios, lo que les permite ofrecer recomendaciones de productos, contenido o servicios más relevantes y personalizadas. Esto mejora la experiencia del usuario al proporcionarle contenido o información que sea más probable que le interese o le sea útil.

El PLN también está transformando la forma en que interactuamos con la información y el conocimiento en línea. Los motores de búsqueda basados en PLN pueden comprender el significado detrás de las consultas de los usuarios y proporcionar resultados más relevantes y precisos. Además, los sistemas de análisis de texto basados en PLN pueden ayudar a los usuarios a extraer información clave y obtener insights significativos a partir de grandes volúmenes de datos textuales, como documentos, informes o artículos de noticias.

El avance del PLN está mejorando la interacción entre humanos y máquinas al hacer que esta interacción sea más natural, eficiente y personalizada. Esto tiene importantes implicaciones en la usabilidad de los sistemas tecnológicos, así como en la forma en que accedemos y utilizamos la información en línea.

12- La comprensión del lenguaje natural y cómo se puede implementar con modelos de representación del lenguaje como BERT o GPT-3

La comprensión del lenguaje natural (NLU, por sus siglas en inglés, Natural Language Understanding) es una parte fundamental del Procesamiento del Lenguaje Natural (PLN) que se centra en la capacidad de las máquinas para entender y procesar el lenguaje humano de una manera que sea significativa y contextualmente relevante. Implica la interpretación de palabras, frases y oraciones en función de su significado, contexto y relaciones gramaticales y semánticas. La comprensión del lenguaje natural permite a las máquinas realizar tareas como responder preguntas, traducir idiomas, analizar el sentimiento en texto, resumir documentos y mucho más.

Implementación con Modelos de Representación del Lenguaje:

En los últimos años, los avances en el campo del PLN han estado impulsados por modelos de representación del lenguaje altamente efectivos y pre-entrenados, como BERT (Bidirectional Encoder Representations from Transformers) y GPT-3 (Generative Pre-trained Transformer 3). Estos modelos han revolucionado la forma en que las máquinas comprenden y generan lenguaje natural. A continuación, se explica cómo funcionan estos modelos y cómo se implementan en la comprensión del lenguaje natural:

1. BERT (Bidirectional Encoder Representations from Transformers):
- **Funcionamiento:** BERT es un modelo basado en la arquitectura Transformer que se pre-entrena en grandes cantidades de texto. Lo que hace que BERT sea único es su capacidad para entender el contexto de una palabra o frase en función de las palabras que la rodean tanto antes como después en el texto (bidireccionalidad). Esto le permite capturar relaciones semánticas y contextuales más profundas.
- **Implementación:** BERT se puede utilizar en tareas de NLU a través de un proceso llamado "ajuste fino" o fine-tuning. Durante esta etapa, se entrena a BERT en una tarea específica, como clasificación de sentimientos, resumen de texto o extracción de información. BERT se adapta a la tarea específica ajustando sus pesos.
-

2. GPT-3 (Generative Pre-trained Transformer 3):

- **Funcionamiento:** GPT-3 es otro modelo basado en la arquitectura Transformer, pero se destaca por su capacidad para generar texto coherente y contextually relevante. GPT-3 se pre-entrena en una amplia gama de textos y puede realizar tareas de NLU y generación de lenguaje natural.
- **Implementación:** GPT-3 se puede utilizar a través de una API (Interfaz de Programación de Aplicaciones) proporcionada por OpenAI. Los desarrolladores pueden enviar texto a la API de GPT-3 y obtener respuestas generadas automáticamente que muestran una comprensión profunda del lenguaje humano y el contexto.
-

Beneficios de BERT y GPT-3 en la Comprensión del Lenguaje Natural:

- **Contextualidad:** Tanto BERT como GPT-3 capturan el contexto de las palabras y las relaciones semánticas, lo que les permite comprender y generar lenguaje natural de manera más precisa.
- **Transferencia de Aprendizaje:** Estos modelos pre-entrenados se pueden utilizar en una amplia variedad de tareas de NLU sin necesidad de entrenamiento desde cero, lo que acelera el desarrollo de aplicaciones de PLN.
- **Amplia Cobertura:** Debido a su pre-entrenamiento en grandes corpus de texto, BERT y GPT-3 pueden comprender una amplia gama de idiomas y temas.
- **Generación de Texto Coherente:** GPT-3, en particular, es excepcional en la generación de texto coherente y contextualmente relevante, lo que lo hace adecuado para chatbots y aplicaciones de generación de contenido.

Sin embargo, es importante destacar que estos modelos también tienen desafíos, como la necesidad de grandes recursos computacionales para su entrenamiento y la posibilidad de generar respuestas sesgadas o inapropiadas. Además, la ética en la implementación de estos modelos es esencial para garantizar su uso responsable en aplicaciones del mundo real. En general, BERT, GPT-3 y modelos similares están transformando la forma en que las máquinas comprenden y generan lenguaje natural, y su adopción está en constante crecimiento en una variedad de aplicaciones de NLU.

Recursos Computacionales para Entrenamiento:

Los modelos como BERT y GPT-3 requieren una cantidad significativa de recursos computacionales para su entrenamiento debido a su complejidad y tamaño. Esto implica el uso de potentes servidores con GPU (Unidades de Procesamiento Gráfico) o TPU (Unidades de Procesamiento Tensorial) para manejar grandes cantidades de datos y realizar cálculos intensivos.

La necesidad de recursos computacionales puede representar un desafío para las organizaciones con presupuestos limitados o infraestructura de TI menos robusta. El costo asociado con el entrenamiento y la ejecución de estos modelos puede ser prohibitivo para algunas empresas o proyectos.

Respuestas Sesgadas o Inapropiadas:

Aunque los modelos como BERT y GPT-3 son capaces de generar respuestas sorprendentemente precisas y coherentes, también pueden producir resultados sesgados o inapropiados. Esto puede ocurrir debido a los sesgos inherentes en los datos de entrenamiento utilizados para entrenar estos modelos.

Los sesgos pueden manifestarse de diversas formas, como reflejar prejuicios culturales, raciales o de género presentes en los datos de entrenamiento. Esto plantea preocupaciones éticas y prácticas sobre la equidad y la imparcialidad en la aplicación de estos modelos en diferentes contextos.

Ética en la Implementación:

La ética juega un papel crucial en la implementación de modelos de lenguaje natural como BERT y GPT-3. Es fundamental considerar cómo estos modelos pueden impactar a las personas y a la sociedad en general.

Esto incluye cuestiones relacionadas con la privacidad de los datos, la seguridad, la transparencia y la responsabilidad en el uso de estos modelos. Las decisiones sobre qué datos se utilizan para entrenar los modelos y cómo se aplican en aplicaciones del mundo real tienen implicaciones éticas significativas.

Garantizar el uso responsable de estos modelos implica establecer políticas y regulaciones claras, así como realizar evaluaciones continuas de su impacto en la sociedad y en los derechos individuales.

Transformación en la Comprensión y Generación de Lenguaje Natural:

Modelos como BERT, GPT-3 y sus equivalentes están revolucionando la forma en que las máquinas comprenden y generan lenguaje natural. Estos modelos han alcanzado niveles de desempeño que anteriormente se consideraban inalcanzables, abriendo nuevas posibilidades en una variedad de aplicaciones.

Su capacidad para comprender el contexto, generar texto coherente y responder preguntas de manera precisa los hace valiosos en una amplia gama de campos, incluyendo la traducción automática, la atención al cliente automatizada, la generación de contenido y mucho más.

Esta transformación está cambiando fundamentalmente la forma en que interactuamos con la tecnología y está impulsando avances significativos en la inteligencia artificial y el procesamiento del lenguaje natural.

Crecimiento en la Adopción en Aplicaciones de NLU:

La adopción de modelos como BERT, GPT-3 y otros similares está en constante crecimiento en una variedad de aplicaciones de NLU (Natural Language Understanding). Empresas, instituciones académicas y desarrolladores independientes están integrando estos modelos en sus productos y servicios para mejorar la comunicación y la interacción con los usuarios.

Desde asistentes virtuales hasta sistemas de búsqueda semántica y herramientas de análisis de sentimientos, estos modelos están siendo utilizados en una amplia gama de aplicaciones para mejorar la comprensión y generación de lenguaje natural.

A medida que la tecnología continúa avanzando y los modelos se vuelven más accesibles, es probable que veamos una mayor adopción y una mayor diversidad de aplicaciones que aprovechen el poder de estos modelos para mejorar la comunicación y la interacción humano-máquina.

Aplicaciones en el Mundo Real:

La influencia de modelos como BERT y GPT-3 se extiende a numerosos sectores en el ámbito empresarial, académico y gubernamental. En la atención médica, estos modelos pueden utilizarse para la transcripción y análisis de notas clínicas, la detección temprana de enfermedades a través del análisis de síntomas y la mejora de la comunicación entre pacientes y proveedores de atención médica.

En el ámbito financiero, los modelos de lenguaje natural pueden utilizarse para analizar informes financieros, detectar fraudes en transacciones y proporcionar asesoramiento automatizado sobre inversiones. En la educación, estos modelos pueden ayudar en la tutoría personalizada, la evaluación automatizada de trabajos y la creación de materiales educativos interactivos.

En el sector de servicios al cliente, los chatbots impulsados por inteligencia artificial pueden ofrecer respuestas instantáneas y precisas a las consultas de los clientes, mejorando la satisfacción del cliente y reduciendo la carga de trabajo del personal de atención al cliente.

En el ámbito legal, los modelos de lenguaje natural pueden ser utilizados para la revisión automatizada de contratos, la búsqueda y análisis de jurisprudencia y la generación de documentos legales. Estos son solo algunos ejemplos de cómo estos modelos están siendo implementados en aplicaciones del mundo real.

Desarrollos Futuros:

Cuando la investigación en inteligencia artificial continúa avanzando, es probable que veamos desarrollos aún más emocionantes en el campo de los modelos de lenguaje natural. Esto incluye mejoras en la capacidad de estos modelos para comprender y generar texto en múltiples idiomas, así como la capacidad de contextualizar la información de manera más sofisticada.

También se espera que surjan modelos más eficientes en términos de recursos computacionales, lo que permitirá una mayor accesibilidad y aplicabilidad en una variedad de dispositivos y entornos. Además, se están explorando enfoques para abordar los problemas de sesgo y ética, como el desarrollo de técnicas de mitigación de sesgos y la implementación de marcos éticos para la construcción y el uso de estos modelos.

La integración de modelos de lenguaje natural con otras tecnologías emergentes, como la realidad aumentada y la realidad virtual, también podría abrir nuevas posibilidades en áreas como la educación, la capacitación empresarial y el entretenimiento interactivo.

En resumen, los modelos como BERT, GPT-3 y sus equivalentes están transformando la manera en que interactuamos con la tecnología y están desempeñando un papel cada vez más importante en una amplia gama de aplicaciones del mundo real. Su adopción continúa creciendo y se espera que sigan evolucionando para abordar nuevos desafíos y aprovechar nuevas oportunidades en el futuro.

Interpretación del Contexto y el Sentido:

Uno de los desafíos más importantes y emocionantes en el desarrollo de modelos de lenguaje natural es mejorar su capacidad para interpretar el contexto y el sentido en el que se utiliza el lenguaje. Aunque los modelos como BERT y GPT-3 han logrado avances significativos en este aspecto, todavía hay margen para mejorar.

La comprensión contextual es crucial para interpretar correctamente las ambigüedades del lenguaje, como los juegos de palabras, las metáforas y las referencias culturales. Los avances en este sentido podrían permitir que los modelos generen respuestas más precisas y relevantes, lo que mejoraría su utilidad en una variedad de aplicaciones.

Personalización y Adaptabilidad:

Otra área de investigación importante es la personalización y adaptabilidad de los modelos de lenguaje natural. Esto implica la capacidad de los modelos para aprender y adaptarse al estilo de comunicación y las preferencias individuales de los usuarios.

Los modelos personalizados podrían ofrecer respuestas más relevantes y atractivas al tener en cuenta el historial de interacciones del usuario, sus intereses específicos y su contexto personal. Esto podría mejorar la experiencia del usuario y aumentar la efectividad de aplicaciones como los asistentes virtuales y los sistemas de recomendación.

Explicabilidad y Transparencia:

Cuando estos modelos se vuelven más omnipresentes en nuestra vida cotidiana, la necesidad de comprender cómo funcionan y por qué toman ciertas decisiones se vuelve cada vez más importante. La explicabilidad se refiere a la capacidad de los modelos para proporcionar una justificación o explicación de sus resultados y decisiones.

Mejorar la explicabilidad y la transparencia de los modelos de lenguaje natural es fundamental para construir la confianza del usuario y mitigar preocupaciones sobre la opacidad y el sesgo. Esto puede implicar el desarrollo de técnicas para visualizar y explicar el proceso de toma de decisiones de los modelos, así como la identificación y mitigación de sesgos indeseados.

Seguridad y Protección contra el Mal Uso:

A medida que la tecnología avanza, también surgen preocupaciones sobre el potencial mal uso de los modelos de lenguaje natural. Esto incluye la generación de contenido engañoso, la manipulación de opiniones públicas y la creación de contenido inapropiado o dañino.

Garantizar la seguridad y proteger contra el mal uso de estos modelos es crucial para mitigar estos riesgos. Esto puede implicar la implementación de mecanismos de detección y prevención de abusos, así como la colaboración entre empresas, investigadores y reguladores para establecer estándares y mejores prácticas en el uso de estos modelos.

En resumen, aunque los modelos de lenguaje natural como BERT y GPT-3 han alcanzado logros impresionantes, todavía hay muchos desafíos por delante en términos de mejorar su comprensión del contexto y el sentido, personalizar su interacción con los usuarios, garantizar su explicabilidad y transparencia, y proteger contra el mal uso. Estos son aspectos fundamentales que seguirán siendo objeto de investigación y desarrollo en los próximos años para avanzar hacia un uso más ético, seguro y efectivo de la inteligencia artificial en el procesamiento del lenguaje natural.

Multimodalidad y Integración de Datos:

Una dirección emocionante en la investigación de modelos de lenguaje natural es la integración de datos multimodales, que incluyen texto, imágenes, audio y video. Esto abre nuevas posibilidades para comprender y generar contenido enriquecido y contextualizado.

Los modelos multimodales pueden mejorar la comprensión del lenguaje al tener en cuenta información visual y auditiva, lo que permite una interpretación más precisa y completa del contexto. Esto es especialmente relevante en aplicaciones como la descripción de imágenes, la traducción de contenido multimedia y la generación de subtítulos automáticos.

Interacción Humano-Máquina Mejorada:

Los avances en modelos de lenguaje natural están mejorando la interacción entre humanos y máquinas de maneras sorprendentes. La capacidad de estos modelos para comprender el lenguaje natural de manera más sofisticada está permitiendo interfaces de usuario más intuitivas y conversacionales.

Esto incluye asistentes virtuales más inteligentes y receptivos, sistemas de búsqueda más precisos y sistemas de recomendación más personalizados. La mejora en la capacidad de estos modelos para comprender el contexto y las intenciones del usuario está llevando a una experiencia de usuario más fluida y satisfactoria.

Aplicaciones en la Educación y la Capacitación:

Los modelos de lenguaje natural también están siendo ampliamente adoptados en el campo de la educación y la capacitación. Estos modelos pueden utilizarse para crear materiales educativos interactivos, ofrecer tutoría personalizada y evaluar el progreso del aprendizaje de manera automatizada.

Los modelos de lenguaje natural pueden facilitar el acceso a la educación en línea al ofrecer traducción automática y subtítulos en tiempo real para estudiantes que hablan diferentes idiomas o tienen necesidades especiales.

Desafíos Éticos y Sociales Continuos:

A medida que la tecnología avanza, también surgen nuevos desafíos éticos y sociales en el uso de modelos de lenguaje natural. Esto incluye preocupaciones sobre la privacidad de los datos, la equidad en el acceso a la tecnología y el impacto en el empleo y la desigualdad económica.

Es importante abordar estos desafíos de manera proactiva y colaborativa, involucrando a diversas partes interesadas, incluidos investigadores, empresas, responsables políticos y la sociedad en general. Esto puede implicar el desarrollo de políticas y regulaciones adecuadas, así como la promoción de prácticas éticas en el diseño, desarrollo y aplicación de modelos de lenguaje natural.

En conclusión, los modelos de lenguaje natural están transformando la forma en que interactuamos con la tecnología y entre nosotros. A medida que continuamos avanzando en este campo, es importante considerar no solo los beneficios potenciales, sino también los desafíos éticos, sociales y técnicos que surgen en el camino. Con un enfoque colaborativo y una atención continua a estos aspectos, podemos aprovechar todo el potencial de la inteligencia artificial en el procesamiento del lenguaje natural de manera ética y responsable.

Transferencia de Conocimiento y Generalización:

Un área de investigación importante es mejorar la capacidad de los modelos de lenguaje natural para transferir conocimientos de un dominio a otro y generalizar su comprensión del lenguaje. Esto implica entrenar modelos en un conjunto diverso de datos y contextos para que puedan adaptarse a nuevas situaciones y tareas.

Los avances en la transferencia de conocimientos pueden permitir que los modelos comprendan y generen texto en una amplia gama de dominios y estilos de comunicación, lo que los hace más versátiles y aplicables en diversas aplicaciones y entornos.

Desarrollo de Modelos Más Eficientes:

A medida que la demanda de aplicaciones de lenguaje natural continúa creciendo, también surge la necesidad de desarrollar modelos más eficientes en términos de recursos computacionales y energéticos. Esto implica reducir el tamaño y la complejidad de los modelos sin comprometer su rendimiento.

Los modelos más eficientes pueden ser implementados en una variedad más amplia de dispositivos y entornos, lo que facilita su integración en aplicaciones del mundo real y reduce la huella de carbono asociada con su entrenamiento y ejecución.

Colaboración y Compartición de Recursos:

Dado el rápido avance en la investigación de modelos de lenguaje natural, la colaboración y la compartición de recursos son esenciales para avanzar en el campo de manera efectiva. Esto incluye la creación y la liberación de conjuntos de datos anotados, modelos preentrenados y herramientas de código abierto.

La colaboración entre investigadores, instituciones académicas y empresas puede acelerar el progreso y fomentar la innovación al permitir que diferentes equipos construyan sobre el trabajo de otros y compartan conocimientos y recursos.

Educación y Alfabetización en Inteligencia Artificial:

A medida que los modelos de lenguaje natural se vuelven más omnipresentes en nuestra vida cotidiana, es importante promover la educación y la alfabetización en inteligencia artificial entre la población en general. Esto incluye aumentar la conciencia sobre cómo funcionan estos modelos, sus posibles aplicaciones y sus implicaciones éticas.

La educación en inteligencia artificial puede ayudar a empoderar a las personas para que comprendan y participen de manera crítica en el desarrollo y el uso de estas tecnologías, así como para identificar y abordar posibles riesgos y desafíos asociados.

Responsabilidad y Ética en la Investigación y Desarrollo:

Es fundamental enfatizar la responsabilidad y la ética en la investigación y el desarrollo de modelos de lenguaje natural. Esto implica considerar cuidadosamente el impacto potencial de estos modelos en la sociedad y en los individuos, así como garantizar la equidad, la transparencia y la rendición de cuentas en su desarrollo y aplicación.

Los investigadores y los desarrolladores tienen la responsabilidad de abordar activamente los sesgos y los riesgos éticos en sus modelos, así como de colaborar con otras partes interesadas para desarrollar marcos éticos y regulaciones adecuadas que guíen el uso responsable de la inteligencia artificial en el procesamiento del lenguaje natural.

En resumen, el campo de los modelos de lenguaje natural está experimentando un rápido crecimiento y avance, con numerosas oportunidades y desafíos por delante. A través de la investigación colaborativa, el desarrollo de modelos más eficientes y éticos, y la promoción de la educación en inteligencia artificial, podemos aprovechar todo el potencial de estos modelos para mejorar la comunicación y la interacción humano-máquina de manera ética y responsable.

Innovaciones en la Interacción Conversacional:

Uno de los aspectos más emocionantes del desarrollo de modelos de lenguaje natural es su impacto en la interacción conversacional. Estos modelos están mejorando continuamente su capacidad para sostener conversaciones más naturales y significativas con los usuarios.

Las innovaciones en este sentido incluyen la mejora en la coherencia y cohesión del diálogo, la detección y respuesta a emociones, y la capacidad de mantener el contexto a lo largo de una conversación. Estas mejoras están llevando a una interacción humano-máquina más fluida y convincente.

Aplicaciones en la Creatividad y la Generación de Contenido:

Los modelos de lenguaje natural también están siendo utilizados en aplicaciones relacionadas con la creatividad y la generación de contenido. Esto incluye la creación de arte generativo, la redacción de historias y guiones, y la composición musical.

Estas aplicaciones no solo demuestran la versatilidad de los modelos de lenguaje natural, sino que también plantean preguntas interesantes sobre la creatividad y la autoría en un mundo donde las máquinas pueden generar contenido de manera autónoma.

Adaptación a la Diversidad Lingüística y Cultural:

Otro desafío importante en el desarrollo de modelos de lenguaje natural es su capacidad para adaptarse a la diversidad lingüística y cultural. Esto implica garantizar que los modelos puedan comprender y generar texto en una amplia variedad de idiomas y dialectos, así como tener en cuenta las diferencias culturales en el uso del lenguaje.

La adaptación a la diversidad lingüística y cultural es fundamental para garantizar que estos modelos sean inclusivos y accesibles para una amplia gama de usuarios en todo el mundo.

Construcción de Sistemas Robustos y Resilientes:

A medida que los modelos de lenguaje natural se utilizan en aplicaciones del mundo real, es importante construir sistemas que sean robustos y resilientes ante diversas condiciones y escenarios de uso. Esto implica abordar desafíos como la comprensión de habla no estructurada, la variabilidad en la calidad de los datos de entrada y la detección y corrección de errores.

La construcción de sistemas robustos y resilientes garantiza que los modelos de lenguaje natural puedan funcionar de manera confiable y efectiva en una variedad de situaciones y entornos, lo que aumenta su utilidad y aceptación por parte de los usuarios.

Exploración de Nuevas Arquitecturas y Enfoques:

A medida que la investigación en inteligencia artificial avanza, también se están explorando nuevas arquitecturas y enfoques para mejorar los modelos de lenguaje natural. Esto incluye el desarrollo de modelos basados en atención más eficientes, la incorporación de mecanismos de memoria a largo plazo y la exploración de enfoques neuronales más biológicamente inspirados.

La exploración de nuevas arquitecturas y enfoques es fundamental para seguir avanzando en el campo y superar los límites actuales en términos de rendimiento y capacidad de los modelos de lenguaje natural.

El campo de los modelos de lenguaje natural está en constante evolución, con avances continuos que están transformando la forma en que interactuamos con la tecnología y entre nosotros. Al abordar los desafíos y explorar nuevas oportunidades, podemos aprovechar todo el potencial de estos modelos para mejorar la comunicación, la creatividad y la inclusión en nuestra sociedad.

13-La generación del lenguaje natural y cómo se puede implementar con modelos de generación de texto como Transformer o T5

La generación del lenguaje natural (NLG, por sus siglas en inglés, Natural Language Generation) es una rama del Procesamiento del Lenguaje Natural (PLN) que se enfoca en la creación automática de texto en lenguaje humano. A diferencia de la comprensión del lenguaje natural (NLU), que se centra en la comprensión del texto, la NLG se enfoca en generar texto de manera coherente y significativa que sea comprensible para los seres humanos. Esta capacidad es esencial en una variedad de aplicaciones, como la generación de contenido para chatbots, resúmenes automáticos, creación de informes, redacción automática y mucho más.

Implementación con Modelos de Generación de Texto como Transformer o T5:

En los últimos años, los modelos basados en la arquitectura Transformer han demostrado un rendimiento excepcional en tareas de generación de lenguaje natural. Estos modelos son altamente versátiles y se pueden utilizar para generar texto en una variedad de aplicaciones. A continuación, se explica cómo funcionan y cómo se implementan modelos de generación de texto como Transformer o T5 en la generación del lenguaje natural:

1. Modelo Transformer:

- **Funcionamiento:** El modelo Transformer es una arquitectura de red neuronal que se pre-entrena en grandes cantidades de texto para aprender representaciones lingüísticas. Puede ser utilizado tanto para tareas de comprensión del lenguaje natural (NLU) como para generación del lenguaje natural (NLG). En el contexto de NLG, el modelo toma una entrada, que podría ser una semilla de texto o un contexto, y genera texto en función de esa entrada.

- **Implementación:** El modelo Transformer puede ser ajustado o afinado (fine-tuned) para tareas de generación de texto específicas. Esto implica entrenar al modelo en una tarea de NLG específica, como la redacción automática de resúmenes o la generación de texto conversacional. Después de este ajuste fino, el modelo puede generar texto coherente y contextualmente relevante en función del contexto de entrada.

-

2. Modelo T5 (Text-to-Text Transfer Transformer):

- **Funcionamiento:** T5 es un modelo Transformer que se ha diseñado específicamente para tareas de "texto a texto". Esto significa que tanto las entradas como las salidas se tratan como secuencias de texto, lo que lo hace extremadamente versátil. Puede ser utilizado para una amplia variedad de tareas de NLU y NLG.
- **Implementación:** Al igual que con otros modelos Transformer, T5 se puede ajustar fino para tareas específicas de generación de texto. Por ejemplo, se puede entrenar para resumir texto, traducir idiomas, generar respuestas de chatbots o realizar tareas de redacción automática de informes.
-

Beneficios de los Modelos Transformer y T5 en la Generación del Lenguaje Natural:
- **Coherencia:** Estos modelos son capaces de generar texto coherente y contextualmente relevante, lo que los hace adecuados para una amplia gama de aplicaciones de generación de contenido.
- **Flexibilidad:** La arquitectura Transformer es altamente flexible y se puede adaptar a diversas tareas de generación de texto.
- **Transferencia de Aprendizaje:** Los modelos pre-entrenados como T5 pueden ser ajustados para tareas específicas con conjuntos de datos más pequeños, lo que ahorra tiempo y recursos en comparación con el entrenamiento desde cero.
- **Multilingüismo:** Estos modelos pueden generar texto en varios idiomas, lo que los hace útiles en aplicaciones de generación de contenido multilingüe.

La generación del lenguaje natural (NLG) es una faceta intrigante del campo del Procesamiento del Lenguaje Natural (PLN) que se concentra en la producción automatizada de texto que imita la estructura y el estilo del lenguaje humano. A diferencia de su contraparte, la comprensión del lenguaje natural (NLU), que busca interpretar y extraer significado del texto, la NLG se dedica a la tarea inversa: crear texto comprensible y coherente para los lectores humanos.

La NLG se apoya en una variedad de técnicas y enfoques, desde reglas gramaticales hasta algoritmos de aprendizaje automático, para generar texto que sea relevante y apropiado en contextos específicos. Puede generar desde simples frases hasta textos completos, adaptándose a diversas necesidades y aplicaciones, desde la redacción automática de informes hasta la creación de contenido para interfaces de usuario y sistemas de asistencia virtual.

Uno de los mayores desafíos en NLG es lograr que el texto generado sea no solo gramaticalmente correcto, sino también coherente y natural. Esto implica tener en cuenta factores como el contexto, la intención del mensaje y las preferencias del usuario para producir un resultado que se sienta auténtico y relevante. Además, la personalización del texto generado es un área de interés creciente, donde la NLG se utiliza para adaptar el contenido a audiencias específicas o para reflejar la voz y el tono de una marca.

La NLG representa una valiosa herramienta en el arsenal del PLN, permitiendo la automatización de tareas de redacción y la creación de contenido personalizado a escala, mientras se trabaja continuamente para mejorar la calidad y la naturalidad del texto generado.

Una de las áreas clave donde la NLG ha encontrado aplicaciones significativas es en la generación de contenido automatizado para diversas plataformas y propósitos. Por ejemplo, en el ámbito del periodismo computacional, la NLG se emplea para redactar informes de noticias básicas a partir de datos estructurados, como informes financieros o estadísticas deportivas. Esto no solo agiliza el proceso de redacción, sino que también libera a los periodistas para que se centren en la investigación y el análisis en lugar de la redacción rutinaria.

Además, la NLG se ha vuelto fundamental en la creación de interfaces conversacionales, como chatbots y asistentes virtuales. Estos sistemas utilizan NLG para generar respuestas que suenen naturales y relevantes en función de las consultas de los usuarios. La capacidad de generar respuestas coherentes y contextualmente apropiadas es crucial para la efectividad y la aceptación de estos sistemas por parte de los usuarios.

Otro campo de aplicación importante es la generación de contenido personalizado, donde la NLG se utiliza para adaptar automáticamente el contenido a las preferencias y características del usuario. Por ejemplo, en el comercio electrónico, la NLG puede generar descripciones de productos únicas para cada cliente, basadas en su historial de compras y preferencias previas. Esto no solo mejora la experiencia del usuario, sino que también puede aumentar la relevancia y la efectividad de las recomendaciones de productos.

En cuanto a la investigación académica, la NLG se utiliza para generar resúmenes automáticos de textos largos, como artículos científicos o informes técnicos. Estos resúmenes ayudan a los investigadores a obtener una visión general rápida del contenido y a identificar la información relevante de manera eficiente.

La NLG tiene una amplia gama de aplicaciones que van desde la automatización de la redacción hasta la personalización del contenido, y su uso continuo está transformando la forma en que interactuamos con el lenguaje escrito en una variedad de contextos y sectores.

Otro aspecto importante es la evolución de la NLG hacia la generación de texto en múltiples modalidades, más allá del texto escrito. Esto incluye la generación de voz sintética y la síntesis de texto a habla (TTS), donde los sistemas de NLG pueden convertir automáticamente texto escrito en discurso hablado con diferentes entonaciones y estilos vocales. Esto es especialmente útil en aplicaciones como asistentes virtuales, navegación por voz y accesibilidad para personas con discapacidades visuales.

La NLG está siendo utilizada cada vez más en la creación de contenido multimedia, como la generación automática de subtítulos para videos, la descripción de imágenes y la creación de narrativas para experiencias de realidad virtual y aumentada. Estos avances amplían el alcance de la NLG más allá del texto escrito, permitiendo la generación de contenido en formatos que son más inmersivos y accesibles para una variedad de audiencias.

En términos de investigación y desarrollo, la NLG continúa avanzando con la incorporación de técnicas de inteligencia artificial más avanzadas, como el aprendizaje profundo y el aprendizaje por refuerzo. Estas técnicas permiten a los sistemas de NLG aprender de grandes cantidades de datos y mejorar su capacidad para generar texto más natural y relevante. Además, la NLG está explorando formas de incorporar el conocimiento externo, como bases de conocimiento y datos estructurados, para mejorar la precisión y la relevancia del texto generado.

La ética y la responsabilidad son consideraciones clave en el desarrollo y la aplicación de la NLG. A medida que los sistemas de NLG se vuelven más sofisticados, es importante abordar cuestiones relacionadas con el sesgo en el texto generado, la privacidad de los datos y el uso responsable de la tecnología. Los investigadores y desarrolladores de NLG están trabajando para garantizar que estos sistemas se utilicen de manera ética y que el texto generado refleje los valores y principios humanos.

La NLG continúa siendo un área de investigación y desarrollo activa, con aplicaciones en una amplia gama de campos y un potencial considerable para transformar la forma en que interactuamos con el lenguaje humano en diversas modalidades y contextos.

Una evolución clave en el campo de la NLG es su integración con sistemas de inteligencia artificial más amplios, como la robótica y la Internet de las cosas (IoT). Esto significa que la generación de lenguaje natural no se limita solo al ámbito digital, sino que se extiende a interacciones físicas con dispositivos y entornos inteligentes. Por ejemplo, los robots domésticos pueden utilizar NLG para comunicarse con los usuarios de manera más efectiva, proporcionando información sobre sus acciones y estados, así como respondiendo a comandos y preguntas en lenguaje humano.

La NLG está siendo aplicada en campos emergentes como la salud y el bienestar. Los sistemas de NLG pueden ser utilizados para generar informes médicos a partir de datos clínicos, facilitando la documentación y la comunicación entre profesionales de la salud y pacientes. También se exploran aplicaciones de NLG en el ámbito terapéutico, como la generación de contenido para la terapia cognitivo-conductual automatizada o la creación de asistentes virtuales para el apoyo emocional.

En el campo educativo, la NLG tiene el potencial de revolucionar la forma en que se crea y se entrega el contenido educativo. Los sistemas de NLG pueden generar materiales educativos personalizados para estudiantes, adaptados a su nivel de habilidad, estilo de aprendizaje y necesidades específicas. Además, la NLG puede utilizarse para proporcionar retroalimentación automatizada sobre el trabajo de los estudiantes, ayudando a mejorar el proceso de aprendizaje y la evaluación.

Pero no menos importante, la NLG está desempeñando un papel cada vez más importante en la creación de contenido cultural y creativo. Los sistemas de NLG pueden generar historias, poemas, canciones y otros tipos de contenido artístico, explorando nuevas formas de expresión creativa y colaboración entre humanos y máquinas.

La NLG continúa expandiendo sus fronteras en diversas áreas, desde la interacción humano-máquina hasta la educación y la cultura. Su capacidad para generar texto humano-like de manera automatizada está transformando la forma en que nos comunicamos, aprendemos y creamos, y su impacto seguirá creciendo a medida que la tecnología avance y se integre aún más en nuestra vida cotidiana.

En el campo empresarial y comercial, la NLG está siendo adoptada en diversas áreas, desde la generación automática de informes financieros y análisis de datos hasta la creación de contenido para marketing y publicidad. Por ejemplo, las empresas pueden utilizar sistemas de NLG para redactar informes financieros basados en datos contables, lo que agiliza el proceso de elaboración de informes y libera tiempo para el análisis estratégico. Además, la NLG se utiliza en la generación de contenido publicitario personalizado, adaptando mensajes y ofertas según el perfil y comportamiento del cliente.

En el círculo legal, la NLG está emergiendo como una herramienta útil para la redacción de contratos, informes legales y otros documentos legales. Los sistemas de NLG pueden analizar datos jurídicos y generar automáticamente documentos legales estándar, lo que mejora la eficiencia y reduce los costos en el sector legal.

La NLG está contribuyendo al desarrollo de tecnologías de traducción automática más avanzadas. Los sistemas de NLG pueden generar traducciones más naturales y precisas al utilizar modelos de lenguaje mejorados y técnicas de generación de texto más sofisticadas. Esto tiene implicaciones significativas para la comunicación global y la accesibilidad lingüística, al facilitar la comprensión entre personas que hablan diferentes idiomas.

Otro aspecto importante es el papel de la NLG en la preservación y la revitalización de idiomas en peligro de extinción. Los sistemas de NLG pueden ser utilizados para generar contenido en estos idiomas, incluyendo textos literarios, materiales educativos y herramientas de traducción, lo que ayuda a mantener viva la cultura y la identidad de las comunidades lingüísticas minoritarias.

La NLG está teniendo un impacto significativo en una amplia gama de sectores y áreas de la sociedad, desde los negocios y el derecho hasta la comunicación global y la preservación cultural. Su capacidad para generar texto humano-like de manera automatizada está transformando la forma en que se realizan tareas y se interactúa en diversos ámbitos, y su influencia seguirá creciendo a medida que la tecnología continúe avanzando y se integre aún más en nuestras vidas.

Otro campo en el que la NLG está desempeñando un papel crucial es en la asistencia a la toma de decisiones y la generación de informes automatizados en entornos empresariales y de negocios. Los sistemas de NLG pueden analizar grandes cantidades de datos y generar informes detallados y fácilmente comprensibles para ayudar a los gerentes y ejecutivos a tomar decisiones informadas. Esto es especialmente útil en áreas como la gestión de riesgos, la planificación estratégica y el análisis de mercado.

La NLG está siendo utilizada en el sector de la atención al cliente para mejorar la experiencia del usuario y la satisfacción del cliente. Los sistemas de NLG pueden generar respuestas automáticas a consultas comunes de los clientes, proporcionar asistencia en tiempo real a través de chatbots y personalizar la comunicación con los clientes según sus preferencias y comportamientos pasados. Esto ayuda a las empresas a brindar un servicio al cliente más eficiente y personalizado.

En el ámbito de la creatividad y el entretenimiento, la NLG está siendo explorada en la generación de contenido interactivo y experiencias narrativas personalizadas. Por ejemplo, los sistemas de NLG pueden crear historias interactivas en las que el lector puede tomar decisiones que afecten el curso de la trama, ofreciendo una experiencia de lectura más inmersiva y participativa. Además, la NLG se utiliza en la generación de contenido para juegos de video, incluyendo diálogos de personajes y descripciones de entornos.

La NLG también está contribuyendo al desarrollo de interfaces de usuario más intuitivas y accesibles. Los sistemas de NLG pueden generar etiquetas descriptivas y sugerencias contextuales para ayudar a los usuarios a navegar y utilizar aplicaciones y plataformas digitales de manera más efectiva. Esto es especialmente beneficioso para usuarios con discapacidades visuales o cognitivas, así como para aquellos que no están familiarizados con la tecnología.

La NLG está transformando una amplia variedad de industrias y aplicaciones, desde la toma de decisiones empresariales hasta la interacción con el entretenimiento digital. Su capacidad para generar texto humano-like de manera automatizada está mejorando la eficiencia, la personalización y la accesibilidad en una variedad de contextos, y su impacto continuará expandiéndose a medida que la tecnología evolucione y se adapte a nuevas necesidades y desafíos.

14-La traducción automática y cómo se puede implementar con modelos de secuencia a secuencia como RNN o Transformer

La traducción automática es una rama del Procesamiento del Lenguaje Natural (PLN) que se enfoca en la tarea de traducir texto o discurso de un idioma a otro de manera automatizada, sin intervención humana. El objetivo de la traducción automática es permitir que las máquinas comprendan y generen texto en diferentes idiomas, facilitando la comunicación global y la accesibilidad a la información en línea. Uno de los avances más significativos en la traducción automática ha sido la adopción de modelos de secuencia a secuencia, como las redes neuronales recurrentes (RNN) y los modelos Transformer, que han mejorado significativamente la calidad de las traducciones automáticas.

Implementación con Modelos de Secuencia a Secuencia como RNN o Transformer:

Tanto las redes neuronales recurrentes (RNN) como los modelos Transformer se han utilizado para implementar sistemas de traducción automática. A continuación, se explica cómo funcionan y cómo se aplican a la traducción automática:

1. Redes Neuronales Recurrentes (RNN):
- **Funcionamiento:** Las RNN son un tipo de red neuronal que se pre-entrena en pares de oraciones en dos idiomas diferentes (por ejemplo, inglés y francés) y luego se ajusta fino para la tarea específica de traducción automática. Durante la traducción, la RNN procesa la secuencia de entrada en el idioma de origen palabra por palabra y genera la traducción en el idioma de destino palabra por palabra, teniendo en cuenta el contexto anterior.
- **Implementación:** Se pueden utilizar variantes de RNN, como las redes neuronales LSTM (Long Short-Term Memory) o las redes GRU (Gated Recurrent Unit), para implementar sistemas de traducción automática. Estas redes tienen la capacidad de mantener una memoria a corto y largo plazo, lo que es útil para capturar relaciones a lo largo de la secuencia.

2. Modelos Transformer:
- **Funcionamiento:** Los modelos Transformer, como el modelo original "Attention is All You Need," se han convertido en el estándar en la

traducción automática debido a su capacidad para capturar relaciones a larga distancia y su eficiencia en el entrenamiento. Estos modelos utilizan mecanismos de atención para dar peso a diferentes partes de la secuencia de entrada durante la generación de la traducción.

- **Implementación:** Los modelos Transformer se pre-entrenan en grandes corpus de texto en varios idiomas y luego se ajustan fino para tareas específicas de traducción automática. Durante la traducción, el modelo Transformer utiliza la atención para enfocarse en partes relevantes de la secuencia de entrada mientras genera la secuencia de salida en el idioma de destino.

-

Beneficios de los Modelos de Secuencia a Secuencia en la Traducción Automática:

- **Calidad de Traducción:** Los modelos de secuencia a secuencia, y en particular los modelos Transformer, han mejorado significativamente la calidad de las traducciones automáticas en comparación con enfoques anteriores.
- **Contexto Global:** Estos modelos pueden capturar relaciones a larga distancia en la secuencia de entrada, lo que es esencial para traducir correctamente oraciones complejas.
- **Multilingüismo:** Los modelos de secuencia a secuencia pueden ser entrenados en varios idiomas y utilizados para traducir entre una amplia gama de combinaciones de idiomas.
- **Facilidad de Ajuste Fino:** Los modelos pre-entrenados se pueden ajustar fino para tareas de traducción específicas con conjuntos de datos más pequeños, lo que facilita su adaptación a dominios y lenguajes específicos.

La traducción automática, como rama del Procesamiento del Lenguaje Natural (PLN), se adentra en el complejo terreno de la comunicación entre diferentes idiomas, ofreciendo una solución automatizada para la tarea de traducir texto o discurso sin la necesidad de intervención humana directa. Este campo se ha vuelto fundamental en un mundo cada vez más globalizado, donde la comunicación efectiva entre personas que hablan distintas lenguas es esencial tanto en el ámbito personal como profesional.

El propósito principal de la traducción automática es permitir que las máquinas comprendan y generen texto en múltiples idiomas, brindando así la capacidad de sortear las barreras lingüísticas y facilitar la comunicación a escala mundial. Este avance no solo tiene implicaciones en la conectividad global, sino también en la accesibilidad a la información en línea, donde la traducción automática puede democratizar el acceso al conocimiento y la cultura, eliminando las restricciones impuestas por la diversidad lingüística.

En términos de desarrollo tecnológico, los modelos de secuencia a secuencia han representado un hito significativo en la evolución de la traducción automática. Estos modelos, como las redes neuronales recurrentes (RNN) y los modelos Transformer, han revolucionado la forma en que las computadoras abordan la tarea de traducir, logrando mejoras notables en la calidad y precisión de las traducciones automáticas. La capacidad de estos modelos para capturar y comprender patrones complejos en el lenguaje ha permitido avanzar hacia traducciones más fluidas y naturalmente sonantes, acercándose cada vez más al nivel de calidad que ofrecen los traductores humanos.

La traducción automática también tiene implicaciones significativas en una variedad de campos, desde el comercio internacional hasta la diplomacia, la investigación académica y la asistencia médica.

En el ámbito del comercio internacional, la traducción automática facilita la comunicación entre empresas de diferentes países, permitiendo la colaboración en proyectos comerciales, la negociación de contratos y la expansión de mercados en el extranjero. Esto agiliza los procesos empresariales y fomenta la globalización económica al reducir las barreras idiomáticas que podrían obstaculizar las relaciones comerciales.

En el ámbito de la diplomacia y las relaciones internacionales, la traducción automática desempeña un papel crucial en la comunicación entre representantes de diferentes países en conferencias, cumbres y negociaciones. Facilita la comprensión mutua y la colaboración en temas globales, al tiempo que promueve el intercambio cultural y la cooperación internacional.

En la investigación académica, la traducción automática facilita el acceso a publicaciones científicas y académicas en diferentes idiomas, permitiendo que los investigadores accedan a una gama más amplia de conocimientos y colaboraciones internacionales. Esto fomenta la innovación y el avance científico al eliminar las barreras lingüísticas que podrían obstaculizar el intercambio de información y la colaboración entre investigadores de diferentes países.

En el campo de la asistencia médica, la traducción automática puede ayudar a superar las barreras idiomáticas entre médicos y pacientes que hablan diferentes idiomas, mejorando así la calidad de la atención médica y la comunicación entre profesionales de la salud y pacientes de diversas procedencias culturales y lingüísticas.

La traducción automática no solo tiene el potencial de transformar la forma en que nos comunicamos a nivel global, sino que también abre nuevas oportunidades en una variedad de campos, contribuyendo a la conectividad, la colaboración y el intercambio de conocimientos en un mundo cada vez más interconectado.

Las aplicaciones de la traducción automática van más allá de simplemente convertir texto de un idioma a otro; también incluyen la localización de software y contenido web, donde se adapta el contenido a las preferencias culturales y lingüísticas específicas de un público objetivo. Esto es crucial para empresas que desean expandirse a mercados internacionales y asegurarse de que su contenido sea relevante y comprensible para audiencias de diferentes regiones del mundo.

A pesar de los avances tecnológicos, la traducción automática aún enfrenta desafíos significativos. Uno de los mayores desafíos es la calidad y la precisión de las traducciones, especialmente en contextos donde se requiere un alto grado de exactitud, como en la traducción de textos legales, médicos o técnicos. La comprensión del contexto, los matices lingüísticos y las referencias culturales sigue siendo un desafío para los sistemas de traducción automática, y mejorar en estas áreas es fundamental para alcanzar traducciones más precisas y naturales.

La ética y la privacidad también son consideraciones importantes en el desarrollo y el uso de la traducción automática. Por ejemplo, ¿cómo se manejan los datos personales y confidenciales durante el proceso de traducción? ¿Qué medidas se están tomando para garantizar la privacidad y la seguridad de los usuarios? Estas son preguntas importantes que deben abordarse a medida que la traducción automática se vuelve más omnipresente en nuestra vida cotidiana.

Otro desafío clave es la diversidad lingüística. Si bien los sistemas de traducción automática suelen estar optimizados para los idiomas más hablados del mundo, hay miles de idiomas en todo el mundo, muchos de los cuales tienen recursos limitados para el desarrollo de tecnologías de traducción automática. Esto plantea desafíos para la inclusión y la equidad lingüística, y destaca la necesidad de investigar y desarrollar soluciones para idiomas menos comunes o en peligro de extinción.

En última instancia, la traducción automática es una herramienta poderosa que tiene el potencial de derribar barreras lingüísticas y promover la comunicación y la comprensión entre personas de diferentes culturas y países. Sin embargo, para alcanzar su máximo potencial, es importante abordar estos desafíos de manera efectiva y ética, trabajando hacia soluciones que mejoren la precisión, la accesibilidad y la inclusión en la traducción automática.

Modelos de Alineación: Antes de la traducción, es común utilizar modelos de alineación para alinear oraciones en el idioma de origen con sus correspondientes traducciones en el idioma destino. Estos modelos ayudan a establecer relaciones entre las palabras y frases en ambos idiomas, lo que es fundamental para el proceso de traducción.

Modelos de Secuencia a Secuencia (Seq2Seq): Estos modelos son una arquitectura central en la traducción automática moderna. Utilizan redes neuronales recurrentes (RNN) o modelos Transformer para aprender a mapear secuencias de tokens en un idioma de origen a secuencias en un idioma destino. Durante el entrenamiento, el modelo recibe una secuencia de entrada en el idioma de origen y produce una secuencia de salida en el idioma destino.

Redes Neuronales Recurrentes (RNN): Las RNN son una clase de redes neuronales diseñadas para trabajar con datos secuenciales, como el texto. Tienen conexiones recurrentes que les permiten procesar secuencias de longitud variable. Sin embargo, las RNN pueden tener dificultades para capturar dependencias a largo plazo en el texto, lo que ha llevado al desarrollo de arquitecturas más avanzadas, como los modelos Transformer.

Modelos Transformer: Estos modelos han revolucionado la traducción automática gracias a su capacidad para capturar relaciones de largo alcance en el texto sin depender de conexiones recurrentes. Utilizan mecanismos de atención para ponderar la importancia de cada palabra en el contexto de la traducción. Esta arquitectura ha demostrado ser altamente efectiva para mejorar la calidad de las traducciones automáticas.

Entrenamiento Supervisado: En la mayoría de los casos, los modelos de traducción automática se entrenan utilizando pares de oraciones en el idioma de origen y su traducción correspondiente en el idioma destino. Durante el entrenamiento, el modelo ajusta sus parámetros para minimizar la discrepancia entre las traducciones generadas y las traducciones de referencia en el conjunto de datos de entrenamiento.

Tokenización y Segmentación: Antes de ser alimentado al modelo de traducción, el texto en ambos idiomas se divide en unidades más pequeñas llamadas tokens. Además, el texto puede ser segmentado en oraciones para facilitar el procesamiento por parte del modelo.

Decodificación: Una vez que el modelo ha sido entrenado, se utiliza para traducir nuevas oraciones del idioma de origen al idioma destino. Durante el proceso de decodificación, el modelo genera una secuencia de palabras en el idioma destino, una palabra a la vez, utilizando métodos como la búsqueda de haz (beam search) para encontrar la secuencia más probable.

Estos son algunos de los conceptos técnicos fundamentales detrás de la traducción automática, aunque hay muchos otros detalles y técnicas específicas que se pueden utilizar dependiendo de la implementación y el contexto particular.

Preprocesamiento de Datos: Antes de que los datos se introduzcan en el modelo de traducción, es común realizar varias etapas de preprocesamiento. Esto puede incluir la eliminación de caracteres especiales, la normalización de texto (como la conversión a minúsculas), la tokenización y la segmentación de oraciones.

Word Embeddings: Los word embeddings son representaciones vectoriales de palabras que capturan información semántica y contextual sobre las palabras en un espacio dimensional. Estos embeddings se utilizan para representar las palabras de entrada y salida en el modelo de traducción, lo que ayuda al modelo a comprender el significado y las relaciones entre las palabras.

Aprendizaje Multilingüe: Algunos modelos de traducción automática se entrenan para traducir entre múltiples pares de idiomas simultáneamente. Esto puede mejorar el rendimiento del modelo al permitir que comparta información y conocimientos lingüísticos entre los diferentes idiomas durante el entrenamiento.

Fine-Tuning: Después del entrenamiento inicial del modelo, es posible realizar un proceso de fine-tuning para ajustar aún más los parámetros del modelo en un conjunto de datos específico o para una tarea de traducción particular. Esto puede ayudar a mejorar la calidad de las traducciones en dominios específicos o para lidiar con desafíos lingüísticos específicos.

Generación de Texto Controlada: Algunos modelos de traducción automática están diseñados para permitir la generación de texto controlada, donde se puede especificar ciertas características o estilos en la traducción de salida. Esto puede ser útil para adaptar las traducciones a las necesidades específicas del usuario o para mantener la coherencia y consistencia en el estilo de traducción.

Evaluación de la Calidad de Traducción: La calidad de las traducciones automáticas se evalúa típicamente utilizando métricas automáticas, como el BLEU (Bilingual Evaluation Understudy) o el METEOR (Metric for Evaluation of Translation with Explicit Ordering). Estas métricas comparan las traducciones automáticas con traducciones de referencia humanas para medir la similitud y la calidad de la traducción.

Estos conceptos adicionales reflejan la complejidad y la diversidad de las técnicas utilizadas en la traducción automática, así como los enfoques innovadores que se están explorando para mejorar la calidad y la eficacia de las traducciones automáticas en una variedad de contextos y aplicaciones.

Modelos de Autoencoder y Variational Autoencoder (VAE): Estos modelos pueden utilizarse en la etapa de pre-entrenamiento para aprender representaciones latentes de los datos de entrada. En el contexto de la traducción automática, los autoencoders pueden aprender a comprimir y descomprimir el texto de entrada, lo que puede ayudar a mejorar la capacidad del modelo para capturar información semántica y contextual.

Transfer Learning: Esta técnica implica transferir el conocimiento adquirido de una tarea relacionada a otra tarea similar. En traducción automática, se pueden utilizar modelos pre-entrenados en grandes conjuntos de datos de texto para inicializar los parámetros del modelo de traducción, lo que puede ayudar a mejorar el rendimiento del modelo, especialmente cuando se dispone de datos de entrenamiento limitados.

Ensembles de Modelos: Los ensembles son combinaciones de múltiples modelos de traducción automática que trabajan juntos para mejorar la calidad de las traducciones. Cada modelo en el ensemble puede tener fortalezas y debilidades diferentes, y la combinación de múltiples modelos puede ayudar a mitigar los errores individuales y mejorar la robustez del sistema de traducción automática.

Regularización y Dropout: Estas técnicas se utilizan durante el entrenamiento del modelo para evitar el sobreajuste y mejorar la generalización. La regularización implica agregar términos de penalización a la función de pérdida del modelo para desalentar la complejidad excesiva, mientras que el dropout consiste en desactivar aleatoriamente algunas unidades del modelo durante el entrenamiento para evitar la coadaptación de las neuronas.

Optimización de Hiperparámetros: Los hiperparámetros son configuraciones del modelo que no se aprenden durante el entrenamiento y deben ser ajustados manualmente. La optimización de hiperparámetros implica encontrar la combinación óptima de hiperparámetros que maximice el rendimiento del modelo en un conjunto de datos de validación.

Técnicas de Data Augmentation: Estas técnicas se utilizan para aumentar la cantidad de datos de entrenamiento mediante la generación de ejemplos adicionales a partir de los datos existentes. En traducción automática, esto puede implicar la aplicación de perturbaciones aleatorias al texto de entrada, como la eliminación de palabras o la introducción de errores ortográficos, para simular la variabilidad del lenguaje humano.

Interacción Humano-Máquina: Aunque la traducción automática es un proceso automatizado, en algunos casos puede ser beneficioso involucrar la intervención humana para corregir y mejorar las traducciones generadas por el modelo. Esto puede realizarse mediante interfaces de usuario interactivas que permiten a los usuarios editar y revisar las traducciones automáticamente generadas. Esta retroalimentación humana puede ser utilizada para mejorar el rendimiento del modelo en futuras traducciones.

Estas son solo algunas de las muchas técnicas y enfoques que se utilizan en la producción de sistemas de traducción automática avanzados. La combinación y la adaptación de estas técnicas dependen del contexto específico de la aplicación y de los requisitos de calidad y rendimiento del sistema de traducción automática.

Atención Multimodal: Algunos enfoques de traducción automática están diseñados para trabajar con datos multimodales, es decir, datos que incluyen información de múltiples modalidades, como texto, imágenes o audio. La atención multimodal permite al modelo considerar simultáneamente diferentes tipos de información durante el proceso de traducción, lo que puede mejorar la calidad y la relevancia de las traducciones, especialmente en contextos donde la información visual o auditiva es relevante.

Aprendizaje por Refuerzo: Además del aprendizaje supervisado, el aprendizaje por refuerzo puede utilizarse para mejorar la calidad de las traducciones automáticas. En este enfoque, el modelo recibe retroalimentación sobre la calidad de sus traducciones y ajusta sus parámetros en consecuencia para maximizar una recompensa acumulada a lo largo del tiempo. Esto puede ser útil para mejorar la fluidez y la naturalidad de las traducciones, así como para abordar errores específicos del modelo.

Desarrollo de Recursos Lingüísticos: Los recursos lingüísticos, como los diccionarios bilingües, las bases de datos terminológicas y los corpus paralelos, son fundamentales para el desarrollo y la evaluación de sistemas de traducción automática. Estos recursos proporcionan datos de entrenamiento y validación, así como información lingüística y cultural que puede ser utilizada por el modelo durante el proceso de traducción.

Adaptación de Dominio: En algunos casos, puede ser necesario adaptar un modelo de traducción automática pre-entrenado a un dominio específico o a un conjunto de datos particular para mejorar su rendimiento en esa área específica. Esto puede implicar el re-entrenamiento del modelo en datos adicionales del dominio de interés o la utilización de técnicas de fine-tuning para ajustar los parámetros del modelo en función de los datos del dominio.

Evaluación Continua y Aprendizaje Automático: La traducción automática es un campo en constante evolución, y la calidad de las traducciones automáticas puede mejorar continuamente mediante la recopilación de retroalimentación de los usuarios y la adaptación del modelo en consecuencia. Los sistemas de traducción automática pueden implementar mecanismos de retroalimentación de usuarios para recopilar datos sobre la calidad de las traducciones y utilizar esta información para mejorar el modelo en tiempo real.

Privacidad y Seguridad: Dado que la traducción automática a menudo implica el procesamiento de datos sensibles, como conversaciones privadas o información confidencial, es fundamental garantizar la privacidad y la seguridad de los datos durante todo el proceso de traducción. Esto puede implicar el uso de técnicas de encriptación y anonimización de datos, así como la implementación de políticas de privacidad y seguridad robustas para proteger la información del usuario.

Estos conceptos adicionales destacan la diversidad de enfoques y técnicas utilizados en la producción de sistemas de traducción automática avanzados, así como los desafíos y consideraciones importantes que deben abordarse para garantizar la calidad, la eficacia y la seguridad de las traducciones automáticas en una variedad de contextos y aplicaciones.

Interacción con Bases de Datos de Conocimiento: Algunos sistemas de traducción automática pueden integrar bases de datos de conocimiento para mejorar la precisión y la coherencia de las traducciones. Estas bases de datos pueden contener información sobre terminología específica de dominio, convenciones lingüísticas y otros conocimientos especializados que pueden ser útiles para mejorar la calidad de las traducciones en contextos específicos.

Adaptación a Contexto y Usuario: Los sistemas de traducción automática también pueden ser diseñados para adaptarse dinámicamente al contexto y a las preferencias del usuario. Por ejemplo, el modelo puede tener en cuenta el historial de conversaciones o las preferencias lingüísticas del usuario para personalizar las traducciones y hacerlas más relevantes y útiles para el usuario en particular.

Detección y Corrección de Errores: Los sistemas de traducción automática pueden integrar técnicas de detección y corrección de errores para mejorar la calidad de las traducciones. Esto puede incluir la identificación de errores gramaticales, ortográficos o de coherencia en las traducciones generadas por el modelo, así como la corrección automática de estos errores para producir traducciones más precisas y naturales.

Desarrollo de Interfaces de Usuario Intuitivas: La usabilidad y la facilidad de uso son consideraciones importantes en el diseño de sistemas de traducción automática. Las interfaces de usuario intuitivas y fáciles de usar pueden mejorar la experiencia del usuario al permitirles interactuar de manera eficiente con el sistema y acceder a las traducciones de manera rápida y fácil.

Integración con Otras Tecnologías: Los sistemas de traducción automática pueden integrarse con otras tecnologías, como la síntesis de voz y el reconocimiento de voz, para ofrecer una experiencia de traducción más completa y fluida. Por ejemplo, un sistema de traducción automática puede traducir automáticamente el texto de entrada y luego sintetizar la traducción en voz para su reproducción a través de un dispositivo de voz.

Optimización para Dispositivos Móviles: Dado el creciente uso de dispositivos móviles, muchos sistemas de traducción automática están optimizados para su uso en dispositivos móviles, como teléfonos inteligentes y tabletas. Esto puede implicar la optimización de la interfaz de usuario para pantallas táctiles, así como la minimización del uso de recursos computacionales y el consumo de energía para garantizar un rendimiento óptimo en dispositivos con recursos limitados.

Estos aspectos adicionales resaltan la importancia de considerar una variedad de factores técnicos, de diseño y de experiencia del usuario en el desarrollo de sistemas de traducción automática efectivos y adaptables a una amplia gama de contextos y necesidades.

Modelos de Generación de Lenguaje Controlado: En algunos casos, es importante que las traducciones automáticas mantengan un estilo específico o sigan ciertas convenciones lingüísticas. Los modelos de generación de lenguaje controlado permiten a los usuarios especificar ciertos atributos o características que desean que estén presentes en las traducciones, como el nivel de formalidad, el tono o la estructura gramatical.

Evaluación Continua y Aprendizaje Automático: La traducción automática es un campo en constante evolución, y la calidad de las traducciones automáticas puede mejorar continuamente mediante la recopilación de retroalimentación de los usuarios y la adaptación del modelo en consecuencia. Los sistemas de traducción automática pueden implementar mecanismos de retroalimentación de usuarios para recopilar datos sobre la calidad de las traducciones y utilizar esta información para mejorar el modelo en tiempo real.

Aplicaciones Específicas de Dominio: Además de las traducciones generales, existen aplicaciones específicas de traducción automática diseñadas para contextos y dominios particulares, como la traducción médica, la traducción legal o la traducción técnica. Estos sistemas están optimizados para traducir términos y conceptos específicos de un dominio particular con precisión y consistencia.

Integración con Herramientas de Productividad: Los sistemas de traducción automática pueden integrarse con otras herramientas de productividad, como procesadores de texto, navegadores web o aplicaciones de correo electrónico, para facilitar la traducción de contenido en tiempo real. Esto puede mejorar la eficiencia y la productividad al permitir que los usuarios accedan a traducciones automáticas directamente desde las herramientas que utilizan en su trabajo diario.

Traducción de Texto a Voz y Voz a Texto: Además de la traducción de texto, algunos sistemas de traducción automática también pueden realizar traducciones entre texto y voz. Esto puede ser útil para la traducción de contenido multimedia, como subtítulos de video o transcripciones de audio, así como para la comunicación oral en tiempo real a través de dispositivos de asistente virtual o aplicaciones de traducción móvil.

Control de Calidad y Post-Edición: Aunque los sistemas de traducción automática están diseñados para producir traducciones de alta calidad, a veces puede ser necesario realizar una revisión manual o post-edición por parte de un traductor humano para corregir errores o mejorar la calidad de las traducciones. El control de calidad y la post-edición son partes importantes del proceso de traducción automática en muchos casos, especialmente en contextos donde se requiere un alto nivel de precisión y fluidez.

Estos aspectos adicionales muestran la versatilidad y la amplitud de aplicaciones de la traducción automática, así como los diferentes enfoques y herramientas que se utilizan para abordar las necesidades específicas de los usuarios en una variedad de contextos y dominios.

Sin embargo, es importante destacar que la traducción automática aún enfrenta desafíos, como la traducción de expresiones idiomáticas y la necesidad de datos de entrenamiento de alta calidad. Además, la corrección humana sigue siendo esencial para garantizar traducciones precisas y contextuales en muchas aplicaciones críticas.

15- la visión por computadora y cuáles son sus principales tareas y desafíos

La visión por computadora es un campo interdisciplinario de la inteligencia artificial (IA) y la informática que se centra en desarrollar algoritmos y sistemas que permiten a las máquinas "ver" y comprender el mundo visual, similar a la percepción visual humana. La visión por computadora tiene como objetivo principal dotar a las computadoras de la capacidad de interpretar y extraer información valiosa a partir de imágenes o secuencias de imágenes, lo que abre un amplio espectro de aplicaciones en diversas industrias. A continuación, se detallan sus principales tareas y desafíos:

Principales Tareas de la Visión por Computadora:

1. **Detección de Objetos:** Esta tarea implica identificar y localizar objetos específicos dentro de una imagen o un video. Los sistemas de detección de objetos son ampliamente utilizados en aplicaciones como vehículos autónomos, seguridad, seguimiento de inventario y más.

2. **Reconocimiento de Patrones:** El reconocimiento de patrones se refiere a la identificación y clasificación de patrones, objetos o características en imágenes o secuencias de imágenes. Esto incluye la clasificación de imágenes en categorías predefinidas, como identificar si una imagen contiene un gato o un perro.

3. **Segmentación Semántica:** En esta tarea, se etiquetan todos los píxeles de una imagen con una categoría específica, lo que permite comprender la estructura y la semántica de la imagen. Se utiliza en aplicaciones como la detección de áreas de interés en imágenes médicas o la autonomía de robots.

4. **Reconocimiento Facial:** El reconocimiento facial se enfoca en identificar y verificar la identidad de las personas a través de sus características faciales. Se utiliza en sistemas de seguridad, control de acceso, redes sociales y aplicaciones biométricas.

5. **Seguimiento de Objetos:** En esta tarea, se rastrea la ubicación y el movimiento de un objeto en el tiempo a lo largo de una secuencia de imágenes o un video. Es fundamental en aplicaciones de videovigilancia y seguimiento de objetos móviles.

6. **Detección de Actividades:** La detección de actividades implica identificar acciones o eventos específicos dentro de una secuencia de

imágenes o un video, como detectar cuando alguien cruza una calle o realiza una acción particular.

7. **Reconstrucción 3D:** Esta tarea consiste en crear modelos tridimensionales de objetos o escenas a partir de imágenes 2D. Se utiliza en aplicaciones de realidad aumentada, modelado 3D y planificación de interiores.

Desafíos de la Visión por Computadora:

1. **Variabilidad de Datos:** Las imágenes pueden variar en iluminación, pose, escala, oclusión y otros factores, lo que dificulta la creación de algoritmos robustos.
2. **Escasez de Datos Etiquetados:** La recopilación de conjuntos de datos grandes y etiquetados para tareas específicas puede ser costosa y laboriosa.
3. **Problemas Éticos:** La visión por computadora plantea cuestiones éticas relacionadas con la privacidad y el sesgo, especialmente en aplicaciones de reconocimiento facial y vigilancia.
4. **Robustez y Generalización:** Los sistemas de visión por computadora deben ser robustos y capaces de generalizar a diferentes situaciones y condiciones.
5. **Eficiencia Computacional:** El procesamiento de imágenes y videos puede ser intensivo en recursos, lo que plantea desafíos de eficiencia en aplicaciones en tiempo real.
6. **Interpretación de Contenido:** Comprender el contexto y el contenido de una imagen o un video a un nivel más alto (comprensión semántica) sigue siendo un desafío importante.
7. **Seguridad:** La seguridad es crítica en aplicaciones como vehículos autónomos, donde una interpretación incorrecta de imágenes podría ser peligrosa.

La visión por computadora se ha beneficiado enormemente del aprendizaje profundo y las redes neuronales convolucionales, lo que ha llevado a mejoras significativas en la precisión y la capacidad de abordar tareas complejas. A medida que la tecnología avanza, la visión por computadora sigue desempeñando un papel esencial en la automatización, la inteligencia artificial y la interacción hombre-máquina en una variedad de campos.

La visión por computadora es una rama interdisciplinaria de la inteligencia artificial y la informática que se dedica al desarrollo de algoritmos y sistemas capaces de interpretar y comprender el contenido visual de imágenes y vídeos, emulando en cierta medida la capacidad de percepción visual humana. Este campo combina conocimientos y técnicas provenientes de áreas como la neurociencia, la matemática, la estadística, la óptica, el procesamiento de señales, la psicología cognitiva y la ingeniería de software.

Los sistemas de visión por computadora buscan no solo detectar y reconocer patrones y objetos en imágenes, sino también comprender el contexto y la estructura de la escena visual. Esto implica tareas como la segmentación de imágenes (dividir una imagen en regiones significativas), la clasificación y el reconocimiento de objetos, el seguimiento de objetos en movimiento, la reconstrucción tridimensional de escenas, la estimación de la pose (posición y orientación) de objetos y personas, entre otras.

Para lograr estos objetivos, se emplean diversas técnicas y enfoques, como el aprendizaje profundo (deep learning), que ha revolucionado el campo al permitir que los sistemas aprendan automáticamente características y patrones relevantes de los datos visuales, reduciendo la necesidad de diseñar manualmente características específicas para cada tarea. Otros enfoques incluyen el procesamiento de imágenes digitales tradicional, técnicas de geometría computacional, métodos de análisis de texturas y formas, entre otros.

La visión por computadora tiene una amplia gama de aplicaciones en diferentes industrias y campos, como la medicina (diagnóstico por imágenes médicas), la industria automotriz (vehículos autónomos), la seguridad (vigilancia y reconocimiento facial), la robótica (navegación autónoma de robots), la agricultura (detección de plagas y enfermedades en cultivos), la realidad aumentada (superposición de información digital en el mundo real), entre muchos otros. Su capacidad para extraer información significativa del mundo visual la hace una herramienta fundamental en la era digital actual.

La visión por computadora abarca una amplia gama de técnicas y aplicaciones. Una de las áreas más fundamentales es la detección y reconocimiento de objetos, donde los algoritmos son entrenados para identificar y clasificar diferentes tipos de objetos en imágenes o vídeos. Esto puede variar desde reconocer rostros humanos hasta identificar vehículos en una carretera. Los sistemas modernos de visión por computadora suelen emplear redes neuronales convolucionales (CNN) para este propósito, ya que estas redes son especialmente buenas para capturar patrones complejos en datos visuales.

La segmentación de imágenes es otra tarea crucial en visión por computadora, donde el objetivo es dividir una imagen en regiones semánticamente significativas. Esto puede incluir la identificación de objetos individuales dentro de una imagen, la delimitación de áreas de interés o la separación de diferentes elementos en la escena. Las técnicas de segmentación van desde enfoques basados en píxeles, como la segmentación semántica, hasta métodos más avanzados que utilizan redes neuronales completamente convolucionales (FCN).

El seguimiento de objetos es una tarea importante en aplicaciones que implican el análisis de secuencias de vídeo. Consiste en localizar y seguir un objeto específico a lo largo del tiempo en una secuencia de cuadros. Esto puede ser útil en aplicaciones como la vigilancia de seguridad, el seguimiento de objetos en entornos urbanos o el análisis de movimiento en deportes.

Otra área importante es la reconstrucción tridimensional, que se refiere a la generación de modelos tridimensionales de objetos o escenas a partir de datos visuales bidimensionales. Esto puede hacerse a través de técnicas como la estereovisión, donde se utilizan múltiples cámaras para capturar imágenes desde diferentes perspectivas, o mediante el uso de técnicas de fotogrametría, que aprovechan la geometría de las imágenes para inferir la estructura tridimensional de la escena.

La visión por computadora se utiliza en aplicaciones de realidad aumentada y virtual, donde se superponen objetos digitales o información visual en el mundo real. Esto puede implicar el seguimiento preciso de la posición y orientación de la cámara, así como la detección y reconocimiento de objetos en tiempo real.

La visión por computadora es un campo amplio y multidisciplinario que aborda una variedad de desafíos relacionados con la interpretación y comprensión del contenido visual. Su impacto se extiende a través de numerosas industrias y campos de aplicación, y su continua evolución impulsa avances significativos en la inteligencia artificial y la informática visual.

La visión por computadora también juega un papel crucial en la medicina, donde se utiliza para interpretar imágenes médicas como radiografías, resonancias magnéticas y tomografías computarizadas. Estos sistemas pueden ayudar en el diagnóstico de enfermedades, la planificación de tratamientos y la monitorización del progreso de pacientes. Además, la visión por computadora ha facilitado el desarrollo de técnicas de imagenología avanzada, como la imagenología por resonancia magnética funcional (fMRI), que permite estudiar la actividad cerebral en tiempo real.

En el ámbito del entretenimiento y los medios de comunicación, la visión por computadora desempeña un papel fundamental en la creación de efectos visuales para películas, videojuegos y animaciones. Los artistas digitales utilizan herramientas de visión por computadora para crear mundos virtuales, personajes animados y efectos especiales que cautivan a las audiencias y enriquecen la experiencia visual.

En el campo de la agricultura de precisión, la visión por computadora se utiliza para monitorear y analizar cultivos, identificar plagas y enfermedades, y optimizar el uso de recursos como agua y fertilizantes. Los sistemas de visión por computadora pueden analizar imágenes de drones o satélites para evaluar la salud de los cultivos y tomar decisiones informadas sobre el manejo agronómico.

En la industria automotriz, la visión por computadora es un componente clave de los sistemas de asistencia al conductor y de los vehículos autónomos. Los sistemas de detección de obstáculos utilizan cámaras y sensores para identificar peatones, vehículos y señales de tráfico, permitiendo que los vehículos tomen decisiones en tiempo real para evitar colisiones y navegar de manera segura por el entorno.

La visión por computadora se utiliza en aplicaciones de seguridad y vigilancia, como la detección de intrusiones, el reconocimiento facial y la monitorización de actividades sospechosas. Los sistemas de reconocimiento facial pueden identificar a personas en imágenes o vídeos y compararlas con bases de datos de rostros conocidos, lo que puede ser útil para la aplicación de la ley y la seguridad en entornos públicos.

La visión por computadora es un campo multidisciplinario con aplicaciones que abarcan desde la medicina y el entretenimiento hasta la agricultura y la seguridad. Su capacidad para interpretar y comprender el contenido visual está transformando una amplia gama de industrias y campos, y su continua evolución promete seguir impulsando avances significativos en la inteligencia artificial y la informática visual.

En el ámbito del comercio electrónico y la publicidad en línea, la visión por computadora desempeña un papel importante en la personalización de la experiencia del usuario. Los sistemas de recomendación pueden analizar imágenes de productos y preferencias de los usuarios para ofrecer recomendaciones personalizadas, lo que mejora la relevancia de los productos mostrados y aumenta las tasas de conversión.

En el campo de la arquitectura y la construcción, la visión por computadora se utiliza para la visualización arquitectónica, la detección de defectos en materiales de construcción y la monitorización del progreso de proyectos. Los modelos generados por computadora pueden ayudar a los arquitectos y diseñadores a visualizar cómo se verán los edificios y estructuras antes de que se construyan, mientras que los sistemas de inspección visual pueden identificar problemas como grietas o desviaciones de diseño en materiales de construcción.

En el círculo del medio ambiente y la conservación, la visión por computadora se utiliza para monitorear la biodiversidad, analizar imágenes de satélite para detectar cambios en los ecosistemas y estudiar el impacto humano en el medio ambiente. Los sistemas de detección remota pueden identificar especies de plantas y animales, mapear la distribución de hábitats naturales y evaluar el éxito de los esfuerzos de conservación.

En el sector minorista y de servicios, la visión por computadora se utiliza para mejorar la eficiencia operativa y la experiencia del cliente. Los sistemas de gestión de inventario pueden utilizar imágenes para realizar un seguimiento de los niveles de stock en tiempo real, mientras que los sistemas de análisis de tráfico pueden ayudar a los minoristas a entender el comportamiento de los clientes y optimizar el diseño de las tiendas para mejorar las ventas.

En el campo de la educación, la visión por computadora se utiliza para desarrollar herramientas de aprendizaje interactivo y adaptativo. Los sistemas de tutoría inteligente pueden utilizar la visión por computadora para monitorizar el progreso del estudiante y adaptar el contenido del curso en función de las necesidades individuales, lo que ayuda a mejorar el compromiso y el rendimiento académico.

La visión por computadora tiene aplicaciones en una amplia variedad de industrias y campos, desde el comercio electrónico y la arquitectura hasta la conservación del medio ambiente y la educación. Su capacidad para interpretar y comprender el contenido visual está transformando la manera en que interactuamos con el mundo que nos rodea y promete seguir impulsando innovaciones significativas en el futuro.

En el ámbito de la salud, la visión por computadora está revolucionando la medicina de varias maneras. Por ejemplo, en la cirugía asistida por ordenador, los sistemas de visión por computadora pueden proporcionar a los cirujanos información en tiempo real sobre la anatomía del paciente durante una intervención quirúrgica, lo que les permite realizar procedimientos con mayor precisión y seguridad. Además, en la investigación biomédica, la visión por computadora se utiliza para analizar imágenes de células y tejidos con el fin de entender mejor enfermedades, descubrir nuevos fármacos y desarrollar terapias más efectivas.

En el campo de la seguridad vial, la visión por computadora desempeña un papel crucial en la detección de comportamientos peligrosos en conductores y peatones, como la distracción o la fatiga. Los sistemas de visión por computadora pueden monitorear constantemente el entorno del vehículo y alertar al conductor sobre situaciones de riesgo inminente, lo que ayuda a prevenir accidentes y salvar vidas en las carreteras.

En el ámbito del arte y la creatividad, la visión por computadora está siendo utilizada por artistas y diseñadores para explorar nuevas formas de expresión visual. Por ejemplo, los sistemas de generación de imágenes pueden ayudar a los artistas a crear obras de arte generativas, mientras que los sistemas de reconocimiento de gestos pueden permitir a los usuarios interactuar con el arte de manera más intuitiva y emocional.

En el círculo de la seguridad nacional, la visión por computadora se utiliza para la vigilancia fronteriza, la detección de amenazas y la identificación de personas de interés en entornos públicos. Los sistemas de reconocimiento facial y de análisis de comportamiento pueden ayudar a las agencias de seguridad a identificar y prevenir actividades delictivas y terroristas, protegiendo así la seguridad de los ciudadanos y las infraestructuras críticas.

En el campo del deporte, la visión por computadora se utiliza para analizar el rendimiento de los atletas y mejorar su entrenamiento. Por ejemplo, los sistemas de seguimiento de movimiento pueden capturar datos sobre la técnica y el movimiento de los deportistas durante la práctica o la competición, lo que permite a los entrenadores y deportistas identificar áreas de mejora y optimizar su rendimiento.

La visión por computadora está transformando numerosos aspectos de nuestra vida cotidiana, desde la atención médica y la seguridad vial hasta el arte y el deporte. Con su capacidad para interpretar y comprender el mundo visual, la visión por computadora sigue impulsando avances significativos en una amplia variedad de industrias y campos, mejorando nuestra calidad de vida y abriendo nuevas posibilidades para la innovación y la creatividad.

En el ámbito de la agricultura de precisión, la visión por computadora está desempeñando un papel crucial en la optimización de la producción agrícola. Los sistemas de visión por computadora pueden analizar imágenes de cultivos para detectar enfermedades, plagas o deficiencias nutricionales de manera temprana, lo que permite a los agricultores tomar medidas preventivas y aumentar la productividad de manera sostenible. Además, la visión por computadora se utiliza para la clasificación automática de productos agrícolas, como frutas y verduras, lo que facilita el proceso de selección y embalaje en la cadena de suministro.

En el círculo de la conservación del medio ambiente, la visión por computadora se está utilizando para monitorear y proteger la vida silvestre y los ecosistemas frágiles. Por ejemplo, los sistemas de visión por computadora pueden analizar imágenes de cámaras trampa para identificar y rastrear especies en peligro de extinción, como tigres o rinocerontes, y ayudar en los esfuerzos de conservación. Además, la visión por computadora se utiliza para monitorear la deforestación, la erosión del suelo y otros cambios ambientales a gran escala, lo que permite a los científicos y conservacionistas tomar medidas para proteger la biodiversidad y los recursos naturales.

En el campo de la logística y la cadena de suministro, la visión por computadora está siendo utilizada para automatizar y optimizar procesos clave, como el seguimiento de inventario y la gestión de almacenes. Los sistemas de visión por computadora pueden identificar y contar automáticamente productos en estanterías o paletas, lo que reduce los errores humanos y mejora la eficiencia operativa. Además, la visión por computadora se utiliza para el seguimiento de objetos en tiempo real en entornos de almacén o transporte, lo que permite una planificación y programación más precisas de las operaciones logísticas.

En el ámbito de la moda y el comercio minorista, la visión por computadora está siendo utilizada para mejorar la experiencia de compra en línea y en tiendas físicas. Los sistemas de visión por computadora pueden analizar imágenes de moda para identificar tendencias de diseño y recomendaciones de estilo personalizadas, lo que ayuda a los minoristas a ofrecer una selección de productos más relevante y atractiva para los clientes. Además, la visión por computadora se utiliza para la implementación de probadores virtuales y espejos inteligentes en tiendas físicas, lo que permite a los clientes probarse virtualmente prendas de ropa y accesorios antes de realizar una compra.

La visión por computadora está desempeñando un papel cada vez más importante en una amplia variedad de industrias y campos, desde la agricultura y la conservación del medio ambiente hasta la logística y el comercio minorista. Con su capacidad para analizar y comprender imágenes de manera inteligente, la visión por computadora está impulsando la innovación y mejorando la eficiencia en numerosos aspectos de nuestra vida.

Extracción de características: La extracción de características es fundamental en visión por computadora para identificar patrones relevantes en las imágenes. Esto puede incluir bordes, esquinas, texturas, colores o formas. Técnicas como el filtrado de imágenes, transformadas de características (como la transformada de Hough para la detección de líneas o círculos) y el uso de descriptores como Histogramas de Gradientes Orientados (HOG) o características de puntos clave (como SIFT o SURF) son comunes en esta etapa.

Aprendizaje automático y Deep Learning: En los últimos años, los enfoques basados en el aprendizaje automático y, en particular, el aprendizaje profundo (deep learning), han revolucionado la visión por computadora. Las redes neuronales convolucionales (CNN) han demostrado ser especialmente efectivas en tareas como la clasificación de imágenes, la detección de objetos y la segmentación semántica.

Segmentación de imágenes: La segmentación de imágenes implica dividir una imagen en regiones semánticamente significativas. Puede ser basada en píxeles (como la segmentación por umbralización o la segmentación por crecimiento de regiones) o basada en contornos (como la segmentación por contornos activos o Snakes). La segmentación semántica, que asigna una etiqueta a cada píxel de la imagen, es una tarea importante en la visión por computadora moderna.

Detección de objetos: La detección de objetos implica identificar la presencia y la ubicación de objetos específicos dentro de una imagen. En la detección de objetos, las redes neuronales convolucionales (CNN) han demostrado ser muy efectivas. Técnicas como R-CNN, Fast R-CNN, Faster R-CNN, YOLO (You Only Look Once) y SSD (Single Shot MultiBox Detector) son ampliamente utilizadas para esta tarea.

Reconocimiento de objetos y clasificación: El reconocimiento de objetos implica asignar una etiqueta a un objeto detectado, identificando qué objeto o clase de objeto está presente en la imagen. Las redes neuronales convolucionales también se utilizan para esta tarea, y los enfoques basados en CNN pre-entrenadas, como ResNet, Inception y VGG, son comunes en aplicaciones de reconocimiento de objetos y clasificación de imágenes.

Reconstrucción 3D: La reconstrucción tridimensional implica generar modelos 3D de objetos o escenas a partir de datos visuales bidimensionales. Esto puede hacerse a través de técnicas como la estereovisión, la estructura desde el movimiento (Structure from Motion -SfM-) o la fotogrametría. La nube de puntos resultante puede ser utilizada para análisis adicionales o para la renderización de escenas tridimensionales.

Optimización y rendimiento: El rendimiento de los algoritmos de visión por computadora es crítico, especialmente en aplicaciones en tiempo real o de alto rendimiento. La optimización de código, el paralelismo y el uso de aceleración por hardware (como GPU) pueden mejorar significativamente la velocidad y eficiencia de los sistemas de visión por computadora.

Preprocesamiento de imágenes: Antes de aplicar algoritmos de visión por computadora, a menudo es necesario realizar preprocesamiento de imágenes para mejorar la calidad de los datos o resaltar características relevantes. Esto puede incluir operaciones como filtrado, suavizado, corrección de iluminación, normalización y aumento de datos para mejorar la robustez del modelo.

Estos son solo algunos de los aspectos técnicos importantes en el campo de la visión por computadora. Cada uno de estos aspectos puede tener una gran profundidad y complejidad en su implementación y aplicación.

Alineación y registro de imágenes: En aplicaciones donde se trabajan con múltiples imágenes, como en la reconstrucción 3D o el seguimiento de objetos en secuencias de video, es crucial alinear y registrar las imágenes para que coincidan en el espacio y el tiempo. Esto implica encontrar transformaciones geométricas que minimicen la disparidad entre las imágenes, lo que puede lograrse mediante técnicas como la correlación de características, la estimación de movimiento óptico o el uso de algoritmos de registro basados en características.

Reducción de ruido y mejora de la calidad de imagen: Las imágenes capturadas pueden estar sujetas a diversos tipos de ruido, como el ruido gaussiano, el ruido impulsivo o el ruido de cuantificación. La reducción de ruido y la mejora de la calidad de la imagen son procesos importantes que pueden implicar el uso de filtros de suavizado, técnicas de restauración de imágenes o métodos de super-resolución para aumentar la resolución de la imagen.

Normalización y calibración de cámaras: La calibración de cámaras es esencial para garantizar mediciones precisas y consistentes en aplicaciones de visión por computadora. Esto implica determinar los parámetros intrínsecos y extrínsecos de la cámara, como la matriz de la cámara, los coeficientes de distorsión y la posición relativa entre la cámara y la escena. La normalización de las imágenes puede ser necesaria para compensar variaciones en la iluminación, la exposición o el balance de blancos.

Interfaz humano-máquina: En muchas aplicaciones de visión por computadora, es necesario desarrollar interfaces que permitan a los usuarios interactuar con los sistemas de manera efectiva. Esto puede incluir interfaces de usuario gráficas (GUI), sistemas de entrada de voz o gestos, dispositivos hápticos o interfaces de realidad aumentada que superponen información digital en el mundo real.

Seguridad y privacidad: En aplicaciones que involucran datos visuales de personas o entornos sensibles, como la videovigilancia o el reconocimiento facial, es crucial garantizar la seguridad y privacidad de los datos. Esto puede implicar el anonimato de los datos personales, la encriptación de datos en tránsito y en reposo, y el cumplimiento de regulaciones como el Reglamento General de Protección de Datos (GDPR) en la Unión Europea.

Desarrollo de hardware especializado: Para aplicaciones de visión por computadora que requieren un alto rendimiento o baja latencia, como la conducción autónoma o la realidad aumentada en tiempo real, puede ser necesario desarrollar hardware especializado, como unidades de procesamiento gráfico (GPU) dedicadas, sistemas de visión computacional embebidos o sistemas de visión en la nube optimizados para tareas específicas.

Validación y evaluación de algoritmos: Es importante realizar una validación rigurosa de los algoritmos de visión por computadora para garantizar su precisión y robustez en diferentes escenarios y condiciones. Esto puede implicar la recopilación de conjuntos de datos representativos, el diseño de métricas de evaluación adecuadas y la comparación con métodos de referencia para establecer el rendimiento relativo de los algoritmos.

16-Qué es el reconocimiento de imágenes y cómo se puede implementar con modelos de clasificación de imágenes como ResNet o VGG

El reconocimiento de imágenes es una tarea fundamental de la visión por computadora que consiste en identificar y clasificar objetos, patrones o características en una imagen o secuencia de imágenes. Su objetivo es que una computadora pueda comprender y categorizar el contenido visual de una manera similar a cómo lo haría un ser humano. El reconocimiento de imágenes se utiliza en una amplia variedad de aplicaciones, desde la detección de objetos en vehículos autónomos hasta la identificación de objetos en aplicaciones médicas y el etiquetado de imágenes en redes sociales.

Implementación con Modelos de Clasificación de Imágenes como ResNet o VGG:

Los modelos de clasificación de imágenes, como ResNet (Residual Networks) y VGG (Visual Geometry Group), son una clase de redes neuronales convolucionales (CNN) diseñadas específicamente para tareas de reconocimiento de imágenes. Estos modelos se han destacado por su capacidad para aprender representaciones visuales eficientes y precisas. A continuación, se explica cómo funcionan y cómo se implementan en el reconocimiento de imágenes:

1. ResNet (Residual Networks):

- **Funcionamiento:** ResNet es conocida por su arquitectura residual, que incluye conexiones residuales que permiten que las capas profundas aprendan de manera efectiva. Estas conexiones permiten que los gradientes fluyan de manera más eficiente durante el entrenamiento, lo que facilita el entrenamiento de redes extremadamente profundas.
- **Implementación:** Para utilizar ResNet en el reconocimiento de imágenes, se entrena el modelo en un conjunto de datos etiquetado con imágenes y etiquetas correspondientes. El modelo se ajusta fino en la tarea específica de clasificación de imágenes y se utiliza para predecir las clases de nuevas imágenes desconocidas.

2. VGG (Visual Geometry Group):

- **Funcionamiento:** VGG es conocida por su arquitectura simple y profunda, que consiste en capas convolucionales de 3x3 con pooling máximo y capas completamente conectadas. La simplicidad de su diseño facilita la implementación y el ajuste fino en tareas de clasificación de imágenes.
- **Implementación:** Al igual que con ResNet, se entrena una red VGG en un conjunto de datos de entrenamiento con imágenes etiquetadas. El modelo se ajusta fino para adaptarse a la tarea específica de clasificación de imágenes y se utiliza para predecir clases en nuevas imágenes.
-

Beneficios de los Modelos de Clasificación de Imágenes:

- **Precisión:** ResNet y VGG son conocidas por su alta precisión en tareas de clasificación de imágenes, lo que las hace adecuadas para aplicaciones donde la precisión es fundamental.
- **Transferencia de Aprendizaje:** Estos modelos pre-entrenados en grandes conjuntos de datos, como ImageNet, se pueden ajustar fino para tareas específicas con conjuntos de datos más pequeños, lo que ahorra tiempo y recursos.
- **Generalización:** Los modelos de clasificación de imágenes pueden generalizar bien a una variedad de tipos de imágenes y clases, lo que los hace versátiles.

Sin embargo, es importante tener en cuenta que estos modelos pueden requerir recursos computacionales significativos, especialmente si son profundos. Además, pueden sufrir de sobreajuste si el conjunto de datos de entrenamiento es pequeño o no es representativo. La elección entre ResNet, VGG u otros modelos depende de la tarea específica y la disponibilidad de datos. En general, estos modelos han demostrado ser herramientas valiosas en la implementación de sistemas de reconocimiento de imágenes precisos y eficientes.

Reconocimiento de Imágenes: Es una rama de la inteligencia artificial y la visión por computadora que se enfoca en desarrollar algoritmos y técnicas para que las computadoras puedan interpretar el contenido visual de imágenes o secuencias de imágenes. El objetivo principal es que la computadora pueda identificar y clasificar objetos, patrones o características presentes en las imágenes de manera similar a como lo haría un ser humano.

Identificación y Clasificación de Objetos, Patrones o Características: Esto implica dos aspectos principales. La identificación se refiere al proceso de localizar y reconocer la presencia de objetos específicos en una imagen. La clasificación se refiere a asignar una etiqueta o categoría a los objetos identificados. Además de objetos físicos, el reconocimiento de imágenes también puede implicar identificar patrones o características abstractas en una imagen, como texturas, formas o colores.

Objetivo del Reconocimiento de Imágenes: El objetivo último es permitir que las computadoras comprendan y procesen información visual de la misma manera que lo hace un ser humano. Esto implica no solo reconocer la presencia de objetos en una imagen, sino también comprender su contexto y significado, así como ser capaz de realizar inferencias basadas en la información visual.

Aplicaciones del Reconocimiento de Imágenes: El reconocimiento de imágenes tiene una amplia gama de aplicaciones en diversos campos. En vehículos autónomos, por ejemplo, se utiliza para detectar y reconocer objetos como peatones, vehículos y señales de tráfico para facilitar la navegación segura. En aplicaciones médicas, puede utilizarse para identificar y clasificar características en imágenes médicas, como radiografías o resonancias magnéticas, para ayudar en el diagnóstico y tratamiento de enfermedades. En redes sociales, se utiliza para etiquetar automáticamente imágenes, reconocer rostros y objetos, y facilitar la búsqueda y organización de contenido visual.

El reconocimiento de imágenes es una tecnología fundamental que tiene un impacto significativo en una variedad de campos y aplicaciones, permitiendo a las computadoras comprender y procesar información visual de manera similar a los seres humanos.

Desafíos en el Reconocimiento de Imágenes: Aunque ha habido avances significativos en el reconocimiento de imágenes, aún existen desafíos importantes. Uno de los principales desafíos es la variabilidad y complejidad de las imágenes en el mundo real. Las imágenes pueden variar en iluminación, escala, orientación, fondo, oclusión y deformación, lo que puede dificultar la tarea de identificar y clasificar objetos de manera precisa y robusta.

Técnicas y Algoritmos en el Reconocimiento de Imágenes: Para abordar estos desafíos, se utilizan una variedad de técnicas y algoritmos en el reconocimiento de imágenes. Estos incluyen desde métodos clásicos como el filtrado de características, la extracción de características y el aprendizaje supervisado (como las máquinas de vectores de soporte y los clasificadores basados en árboles de decisión), hasta enfoques más avanzados basados en redes neuronales convolucionales (CNN), que han demostrado un rendimiento excepcional en tareas de reconocimiento de imágenes gracias a su capacidad para aprender representaciones jerárquicas de las imágenes.

Aprendizaje Profundo y Redes Neuronales Convolucionales (CNN): Las CNN son particularmente importantes en el campo del reconocimiento de imágenes. Estas redes están diseñadas para procesar datos bidimensionales, como imágenes, de una manera que captura la estructura espacial de la información. Utilizan capas de convolución para extraer características de bajo nivel (como bordes y texturas) y capas completamente conectadas para realizar la clasificación final. El entrenamiento de estas redes a menudo implica grandes conjuntos de datos etiquetados y técnicas como el descenso de gradiente estocástico y la retropropagación.

Transferencia de Aprendizaje y Aprendizaje por Refuerzo: Además de las CNN, se están explorando otras técnicas en el reconocimiento de imágenes. La transferencia de aprendizaje, por ejemplo, aprovecha el conocimiento aprendido de un conjunto de datos para mejorar el rendimiento en otro conjunto de datos relacionado pero diferente, lo que es especialmente útil cuando se dispone de pocos datos de entrenamiento. El aprendizaje por refuerzo también está ganando atención en el reconocimiento de imágenes, permitiendo que los modelos aprendan a tomar decisiones secuenciales basadas en la retroalimentación del entorno.

El reconocimiento de imágenes es un campo en constante evolución que se beneficia de una variedad de técnicas y algoritmos, desde métodos clásicos hasta enfoques de vanguardia basados en aprendizaje profundo. Su aplicación exitosa tiene el potencial de transformar una amplia gama de industrias y sectores, desde la conducción autónoma hasta la atención médica y la comunicación visual en las redes sociales.

Segmentación y Detección de Objetos: Dentro del reconocimiento de imágenes, la segmentación y la detección de objetos son tareas cruciales. La segmentación se refiere a dividir una imagen en regiones significativas o segmentos, mientras que la detección de objetos implica localizar y clasificar múltiples objetos dentro de una imagen. Estas tareas son fundamentales para aplicaciones como la vigilancia, la medicina (por ejemplo, la identificación de estructuras anatómicas en imágenes médicas) y la agricultura (por ejemplo, la detección de cultivos y plagas).

Procesamiento de Imágenes en Tiempo Real: En muchas aplicaciones, especialmente en sistemas embebidos y dispositivos móviles, es crucial que el reconocimiento de imágenes se realice en tiempo real. Esto requiere algoritmos eficientes y optimizados que puedan procesar imágenes rápidamente sin comprometer la precisión. El procesamiento en tiempo real es esencial en aplicaciones como la realidad aumentada, la navegación autónoma y la interacción humano-computadora.

Aplicaciones Específicas del Reconocimiento de Imágenes: Además de las aplicaciones mencionadas anteriormente, el reconocimiento de imágenes se utiliza en una amplia variedad de campos específicos. Por ejemplo, en el campo de la moda y el comercio electrónico, se utiliza para la búsqueda visual y la recomendación de productos basada en imágenes. En la agricultura de precisión, se utiliza para monitorear el crecimiento de los cultivos y detectar enfermedades en las plantas. En la seguridad y el cumplimiento de la ley, se utiliza para la identificación biométrica y el reconocimiento facial para la autenticación y la vigilancia.

Ética y Privacidad: A medida que el reconocimiento de imágenes se vuelve más omnipresente en nuestra sociedad, surgen preocupaciones éticas y de privacidad. Por ejemplo, el uso indiscriminado de sistemas de reconocimiento facial puede plantear problemas de privacidad y discriminación. Es importante abordar estas preocupaciones mediante políticas y regulaciones que protejan los derechos individuales y mitiguen los riesgos asociados con el uso indebido de la tecnología de reconocimiento de imágenes.

En resumen, el reconocimiento de imágenes es un campo multifacético y en constante evolución que abarca una amplia gama de aplicaciones y desafíos. A medida que la tecnología continúa avanzando, es fundamental considerar no solo las capacidades técnicas de los sistemas de reconocimiento de imágenes, sino también sus implicaciones éticas y sociales.

Arquitecturas de Redes Neuronales Convolucionales (CNN): Las CNN han revolucionado el campo del reconocimiento de imágenes. Algunas de las arquitecturas más influyentes incluyen AlexNet, VGG, GoogLeNet (Inception), ResNet y EfficientNet. Estas arquitecturas varían en profundidad, complejidad y eficiencia, pero comparten el objetivo común de aprender representaciones jerárquicas de las imágenes para tareas de clasificación y detección de objetos.

Conjuntos de Datos de Referencia: El entrenamiento y la evaluación de modelos de reconocimiento de imágenes requieren conjuntos de datos extensos y etiquetados. Algunos de los conjuntos de datos más populares incluyen ImageNet, COCO (Common Objects in Context), Pascal VOC, CIFAR-10 y CIFAR-100. Estos conjuntos de datos contienen miles o incluso millones de imágenes etiquetadas con una variedad de categorías, lo que permite entrenar modelos de reconocimiento de imágenes con una amplia diversidad visual.

Aprendizaje por Transferencia: La técnica de transferencia de aprendizaje ha demostrado ser especialmente efectiva en el reconocimiento de imágenes, permitiendo el reutilización de modelos preentrenados en tareas similares. Esto es posible gracias a la capacidad de los modelos preentrenados para capturar características generales de las imágenes, que pueden ser transferidas y adaptadas a tareas específicas con conjuntos de datos más pequeños.

Frameworks y Bibliotecas: Existen numerosos frameworks y bibliotecas de software que facilitan el desarrollo de aplicaciones de reconocimiento de imágenes. Algunos de los más populares incluyen TensorFlow, PyTorch, Keras, OpenCV y scikit-learn. Estas herramientas proporcionan una amplia gama de funcionalidades, desde la construcción y entrenamiento de modelos hasta el procesamiento de imágenes y la evaluación del rendimiento del modelo.

Precisión y Eficiencia: A medida que los modelos de reconocimiento de imágenes se vuelven más complejos, hay un equilibrio constante entre la precisión y la eficiencia computacional. Los modelos más avanzados tienden a tener una mayor precisión en la clasificación y detección de objetos, pero también pueden requerir más recursos computacionales y memoria para su ejecución. Esto es especialmente relevante en aplicaciones que requieren procesamiento en tiempo real o en dispositivos con recursos limitados, como dispositivos móviles y sistemas embebidos.

Avances Recientes: La investigación en reconocimiento de imágenes continúa avanzando a un ritmo acelerado. Algunos de los avances recientes incluyen mejoras en la precisión y eficiencia de los modelos de reconocimiento de imágenes, el desarrollo de técnicas de autoaprendizaje y de aprendizaje sin supervisión, y la exploración de aplicaciones emergentes en áreas como la robótica, la realidad virtual y la atención médica.

Estos aspectos técnicos y datos destacan la complejidad y la diversidad del campo del reconocimiento de imágenes, así como su impacto en una variedad de industrias y aplicaciones.

Aprendizaje Auto-supervisado: Una dirección prometedora en el reconocimiento de imágenes es el aprendizaje auto-supervisado. En lugar de depender de grandes conjuntos de datos etiquetados, este enfoque utiliza información no supervisada para aprender representaciones útiles de las imágenes. Métodos como la predicción de la rotación, la generación de instancias positivas y negativas, y la predicción de píxeles vecinos, han demostrado ser efectivos para aprender representaciones visuales de alto nivel sin etiquetas explícitas.

Interpretabilidad y Explicabilidad: A medida que los modelos de reconocimiento de imágenes se vuelven más complejos, surge la necesidad de comprender cómo y por qué toman ciertas decisiones. La interpretabilidad y explicabilidad de los modelos son áreas de investigación activas que buscan proporcionar insights sobre el proceso de toma de decisiones de los modelos de aprendizaje automático, especialmente en aplicaciones críticas como la medicina y la justicia.

Ataques Adversarios: Los ataques adversarios son perturbaciones mínimas aplicadas a las imágenes con el objetivo de engañar a los modelos de reconocimiento de imágenes. Estos ataques pueden ser imperceptibles para los humanos, pero pueden causar que los modelos produzcan predicciones incorrectas. La defensa contra los ataques adversarios es un área de investigación importante en el reconocimiento de imágenes, con enfoques que incluyen la generación de imágenes robustas y el entrenamiento de modelos con adversarios.

Aplicaciones Emergentes: Además de las aplicaciones tradicionales, el reconocimiento de imágenes está siendo explorado en nuevas áreas y aplicaciones emergentes. Por ejemplo, en la conservación de la vida silvestre, se utilizan cámaras trampa y drones equipados con sistemas de reconocimiento de imágenes para monitorear y proteger especies en peligro de extinción. En la moda y el diseño, se utilizan herramientas de reconocimiento de imágenes para la generación automática de diseños y la personalización de prendas.

Desafíos Éticos y Sociales Continuos: A medida que el reconocimiento de imágenes se integra más profundamente en nuestras vidas, surgen desafíos éticos y sociales continuos. Estos incluyen preocupaciones sobre la privacidad y la vigilancia, el sesgo y la equidad en los algoritmos, y el impacto en el empleo y la economía. Abordar estos desafíos requiere un enfoque multidisciplinario que involucre a expertos en ética, derecho, política y tecnología.

En resumen, el reconocimiento de imágenes es un campo vibrante y diverso que continúa evolucionando con nuevos avances tecnológicos y aplicaciones emergentes. Al mismo tiempo, es crucial abordar los desafíos éticos y sociales asociados con su uso, para garantizar que la tecnología beneficie a la sociedad en su conjunto.

Integración con otras Tecnologías: El reconocimiento de imágenes se integra cada vez más con otras tecnologías como el procesamiento del lenguaje natural (PLN), la realidad aumentada (RA) y la Internet de las cosas (IoT). Esta integración permite aplicaciones más sofisticadas y contextuales. Por ejemplo, en la industria del comercio electrónico, la combinación de reconocimiento de imágenes y PLN puede mejorar la búsqueda de productos mediante la comprensión de consultas de búsqueda basadas en imágenes y texto.

Reconocimiento de Contexto y Escenas: Además de identificar objetos individuales, el reconocimiento de imágenes también se está expandiendo hacia el reconocimiento de contextos y escenas completas. Esto implica comprender la relación entre diferentes objetos en una imagen y el contexto en el que se encuentran. Por ejemplo, en el reconocimiento de escenas urbanas, el sistema no solo identificaría vehículos y peatones, sino también la interacción entre ellos, como el cruce de calles y las señales de tráfico.

Evaluación del Rendimiento: La evaluación del rendimiento de los modelos de reconocimiento de imágenes es un aspecto crucial para medir su efectividad. Esto se hace típicamente mediante métricas como precisión, exhaustividad, precisión por clase, F1-score, entre otras. La elección de la métrica adecuada depende del contexto de la aplicación y de los requisitos específicos del problema.

Personalización y Adaptabilidad: En muchos casos, es importante que los sistemas de reconocimiento de imágenes sean capaces de adaptarse y personalizarse según las necesidades del usuario o del entorno. Esto puede implicar el ajuste fino de los modelos preentrenados en conjuntos de datos específicos del dominio, o incluso el aprendizaje en línea para adaptarse a cambios en tiempo real.

Desarrollo de Hardware Especializado: Dado el creciente interés en implementar modelos de reconocimiento de imágenes en dispositivos embebidos y sistemas integrados, se están desarrollando hardware especializado, como unidades de procesamiento de tensor (TPUs) y unidades de procesamiento neuronal (NPUs). Estos aceleradores de hardware están diseñados para optimizar el rendimiento y la eficiencia energética de los modelos de reconocimiento de imágenes.

Colaboración y Comunidad: La investigación en reconocimiento de imágenes es altamente colaborativa, con una comunidad activa de investigadores, ingenieros y desarrolladores que comparten ideas, datos y recursos. Esto se refleja en conferencias académicas de primer nivel, como CVPR (Conferencia sobre Visión por Computadora y Reconocimiento de Patrones) y ICCV (Conferencia Internacional sobre Visión por Computadora), así como en la disponibilidad de bibliotecas de código abierto y conjuntos de datos públicos.

Educación y Capacitación: Con el creciente interés en el reconocimiento de imágenes, la educación y la capacitación en este campo son fundamentales. Se están desarrollando cursos en línea, tutoriales y recursos educativos para ayudar a los estudiantes y profesionales a adquirir habilidades en el diseño, implementación y evaluación de sistemas de reconocimiento de imágenes.

Estos aspectos adicionales reflejan la diversidad y la profundidad del campo del reconocimiento de imágenes, así como su impacto en una amplia gama de aplicaciones y disciplinas.

Sistemas Multimodales: Además de analizar imágenes estáticas, los sistemas de reconocimiento de imágenes también pueden integrar múltiples modalidades de datos, como texto, audio y vídeo. Esto permite un entendimiento más completo de un contexto dado y puede mejorar la precisión en tareas complejas, como la comprensión de escenas dinámicas o la interpretación de imágenes acompañadas de descripciones textuales.

Aplicaciones en la Industria Automotriz: El reconocimiento de imágenes desempeña un papel crucial en la industria automotriz, especialmente en el desarrollo de vehículos autónomos. Los sistemas de visión por computadora se utilizan para detectar peatones, vehículos, señales de tráfico y obstáculos en tiempo real, contribuyendo a la seguridad y eficiencia de la conducción autónoma.

Reconocimiento de Emociones y Expresiones Faciales: Una aplicación importante del reconocimiento de imágenes es el reconocimiento de emociones y expresiones faciales. Esto se utiliza en campos como la investigación psicológica, la atención médica (por ejemplo, para detectar signos de depresión o estrés) y la interacción humano-computadora (por ejemplo, en sistemas de reconocimiento de emociones en dispositivos inteligentes).

Desarrollo de Interfaces de Usuario Intuitivas: El reconocimiento de imágenes se utiliza para desarrollar interfaces de usuario intuitivas y basadas en la percepción visual. Esto incluye aplicaciones de realidad aumentada, interfaces de realidad virtual, y sistemas de reconocimiento de gestos y movimientos, que permiten interacciones naturales y sin contacto con dispositivos electrónicos.

Aplicaciones en la Industria de la Salud: En el campo de la salud, el reconocimiento de imágenes se utiliza para diagnósticos médicos, monitoreo de pacientes y asistencia en procedimientos quirúrgicos. Por ejemplo, en la radiología, se utilizan algoritmos de reconocimiento de imágenes para detectar anomalías en imágenes médicas como radiografías, tomografías computarizadas y resonancias magnéticas.

Aplicaciones en la Industria del Entretenimiento: En la industria del entretenimiento, el reconocimiento de imágenes se utiliza para mejorar la experiencia del usuario en videojuegos, aplicaciones de realidad aumentada y realidad virtual. Por ejemplo, se puede utilizar para seguir los movimientos del jugador, reconocer gestos y expresiones faciales, y adaptar la experiencia de juego en consecuencia.

Desarrollo de Sistemas de Navegación Indoor: Los sistemas de navegación indoor utilizan el reconocimiento de imágenes para ayudar a las personas a orientarse y navegar en entornos interiores, como aeropuertos, centros comerciales y estaciones de tren. Esto se logra mediante la identificación de características distintivas en imágenes capturadas en tiempo real, como puntos de referencia y señales de orientación.

Aplicaciones en la Industria de la Seguridad y Vigilancia: El reconocimiento de imágenes se utiliza ampliamente en aplicaciones de seguridad y vigilancia para la detección y seguimiento de personas y objetos sospechosos, la identificación biométrica, y la vigilancia de perímetros. Estos sistemas ayudan a prevenir el crimen, mejorar la seguridad pública y proteger instalaciones críticas.

Desarrollo de Herramientas de Análisis de Imágenes: En la investigación científica y la ingeniería, el reconocimiento de imágenes se utiliza para desarrollar herramientas de análisis de imágenes que permiten extraer información cuantitativa y cualitativa de datos visuales. Esto incluye aplicaciones en campos como la astronomía, la biología, la geología y la meteorología.

Colaboración con Disciplinas Relacionadas: El reconocimiento de imágenes se beneficia de la colaboración con disciplinas relacionadas, como la inteligencia artificial, la visión por computadora, la psicología cognitiva, la lingüística computacional, la robótica y la neurociencia. Esta colaboración interdisciplinaria impulsa la innovación y el avance en el campo, abriendo nuevas oportunidades y desafíos para la investigación y el desarrollo futuro.

Estos son solo algunos ejemplos adicionales que muestran la amplitud y la relevancia del reconocimiento de imágenes en una variedad de campos y aplicaciones.

Aplicaciones en la Agricultura de Precisión: En la agricultura, el reconocimiento de imágenes se utiliza para la detección de enfermedades en cultivos, la monitorización del crecimiento de las plantas, la gestión de la irrigación y la detección de malas hierbas. Estos sistemas ayudan a los agricultores a tomar decisiones más informadas y a optimizar el rendimiento de sus cultivos de manera más eficiente y sostenible.

Análisis de Imágenes Satelitales: El reconocimiento de imágenes se aplica en el análisis de imágenes satelitales para la monitorización del medio ambiente, la detección de cambios en el uso del suelo, la predicción de desastres naturales y la vigilancia de áreas remotas. Estos sistemas proporcionan información valiosa para la gestión de recursos naturales, la planificación urbana y la respuesta a emergencias.

Seguridad Alimentaria y Control de Calidad: En la industria alimentaria, el reconocimiento de imágenes se utiliza para el control de calidad de alimentos, la detección de contaminantes y la identificación de alimentos adulterados o falsificados. Estos sistemas garantizan la seguridad alimentaria y la calidad de los productos en toda la cadena de suministro, desde la producción hasta el consumidor final.

Aplicaciones en la Educación y el Aprendizaje: En el ámbito educativo, el reconocimiento de imágenes se utiliza para el desarrollo de herramientas de aprendizaje interactivo, como juegos educativos, aplicaciones de realidad aumentada y laboratorios virtuales. Estos sistemas proporcionan experiencias de aprendizaje inmersivas y personalizadas que facilitan la comprensión y retención de conceptos difíciles.

Monitorización de la Biodiversidad y Conservación de Especies: El reconocimiento de imágenes se utiliza para la monitorización de la biodiversidad y la conservación de especies en peligro de extinción. Los sistemas de cámaras trampa y drones equipados con tecnología de reconocimiento de imágenes permiten a los científicos y conservacionistas recopilar datos sobre la distribución y el comportamiento de la vida silvestre, y diseñar estrategias de conservación efectivas.

Medicina Personalizada y Diagnóstico Asistido por Imágenes: En la medicina, el reconocimiento de imágenes se utiliza para el desarrollo de herramientas de medicina personalizada y diagnóstico asistido por imágenes. Esto incluye la identificación de biomarcadores en imágenes médicas para la predicción de enfermedades, la personalización de tratamientos basados en perfiles genéticos y la planificación de intervenciones quirúrgicas.

Innovaciones en Hardware y Sensores: El reconocimiento de imágenes también impulsa innovaciones en hardware y sensores, como cámaras de alta resolución, sensores de profundidad, y cámaras multiespectrales e hiperespectrales. Estos dispositivos capturan información visual más detallada y precisa, lo que permite el desarrollo de sistemas de reconocimiento de imágenes más avanzados y eficientes.

Aplicaciones en la Industria Creativa y del Entretenimiento: En la industria creativa y del entretenimiento, el reconocimiento de imágenes se utiliza para la generación automática de contenido visual, la creación de efectos especiales en películas y videojuegos, y la personalización de experiencias de entretenimiento basadas en las preferencias del usuario.

Desarrollo de Sistemas de Navegación Autónoma: El reconocimiento de imágenes es fundamental para el desarrollo de sistemas de navegación autónoma en vehículos no tripulados, robots móviles y drones. Estos sistemas utilizan algoritmos de visión por computadora para detectar obstáculos, planificar rutas seguras y navegar de manera autónoma en entornos desconocidos.

Investigación en Neurociencia Computacional: El reconocimiento de imágenes también contribuye a la investigación en neurociencia computacional, proporcionando insights sobre cómo funciona el cerebro humano en el procesamiento visual y la percepción de imágenes. Estos estudios ayudan a mejorar nuestra comprensión de la cognición humana y a inspirar nuevos enfoques en el diseño de algoritmos de reconocimiento de imágenes.

Estos aspectos ampliados y profundos ilustran la diversidad de aplicaciones y avances en el campo del reconocimiento de imágenes, así como su impacto en una amplia gama de industrias y disciplinas.

17-Qué es la detección de objetos y cómo se puede implementar con modelos de localización de objetos como YOLO o SSD

La detección de objetos es una tarea crucial en la visión por computadora que implica identificar y ubicar objetos específicos en una imagen o un video. A diferencia del reconocimiento de objetos, que solo clasifica objetos en una imagen, la detección de objetos también proporciona información sobre la ubicación precisa de cada objeto dentro de la imagen. Esta tarea es esencial en una amplia variedad de aplicaciones, como vehículos autónomos, vigilancia de seguridad, etiquetado de imágenes y más.

Implementación con Modelos de Localización de Objetos como YOLO o SSD:

La implementación de la detección de objetos a menudo se realiza utilizando modelos de localización de objetos, como YOLO (You Only Look Once) y SSD (Single Shot MultiBox Detector). Estos modelos son populares debido a su capacidad para detectar múltiples objetos en una sola pasada (en tiempo real) y proporcionar información detallada sobre la ubicación de cada objeto. A continuación, se explica cómo funcionan y cómo se implementan estos modelos:

1. YOLO (You Only Look Once):

- **Funcionamiento:** YOLO es un modelo de detección de objetos que divide la imagen en una cuadrícula y asigna una caja delimitadora (bounding box) y una etiqueta de clase a cada celda de la cuadrícula. Utiliza una única red neuronal para predecir todas las cajas delimitadoras y las etiquetas en una sola pasada. Esto lo hace eficiente y rápido.
- **Implementación:** Para implementar YOLO, se entrena el modelo en un conjunto de datos de entrenamiento que contiene imágenes etiquetadas con cajas delimitadoras y etiquetas de objetos. El modelo aprende a predecir las ubicaciones y etiquetas de objetos en nuevas imágenes.

2. SSD (Single Shot MultiBox Detector):

- **Funcionamiento:** SSD es otro modelo de detección de objetos que también predice cajas delimitadoras y etiquetas de objetos en una sola pasada. A diferencia de YOLO, utiliza múltiples escalas de características para detectar objetos de diferentes tamaños en la imagen, lo que mejora la precisión.

- **Implementación:** Para utilizar SSD, se sigue un proceso similar de entrenamiento en un conjunto de datos de entrenamiento que contiene imágenes etiquetadas con cajas delimitadoras y etiquetas de objetos. El modelo se entrena para predecir ubicaciones y etiquetas en nuevas imágenes.

Beneficios de los Modelos de Localización de Objetos:

- **Eficiencia:** YOLO y SSD son modelos eficientes que pueden detectar objetos en tiempo real, lo que es fundamental en aplicaciones como vehículos autónomos y sistemas de vigilancia.
- **Ubicación precisa:** Estos modelos proporcionan ubicaciones precisas de los objetos detectados en la imagen, lo que es esencial en aplicaciones de seguimiento y análisis.
- **Detección de múltiples objetos:** Ambos modelos son capaces de detectar múltiples objetos en una sola imagen, lo que los hace versátiles.

Sin embargo, es importante tener en cuenta que la elección entre YOLO y SSD (u otros modelos) depende de la tarea específica y los recursos disponibles. Además, estos modelos deben entrenarse en conjuntos de datos etiquetados, lo que puede requerir una cantidad significativa de datos y recursos computacionales. En general, YOLO y SSD son opciones sólidas para implementar sistemas de detección de objetos precisos y eficientes.

La detección de objetos es un proceso fundamental en el campo de la visión por computadora que aborda la identificación y localización precisa de entidades específicas dentro de imágenes o videos. En contraste con el reconocimiento de objetos, que se centra únicamente en la clasificación de objetos presentes en una imagen, la detección de objetos va un paso más allá al proporcionar información detallada sobre la posición exacta de cada objeto dentro del contexto visual.

Este proceso implica una serie de pasos complejos, desde la extracción de características relevantes de la imagen hasta la aplicación de algoritmos de aprendizaje automático para reconocer patrones y formas que representan objetos de interés. La detección de objetos es esencial en una amplia gama de aplicaciones tecnológicas, desde el desarrollo de vehículos autónomos hasta la vigilancia de seguridad y el etiquetado automático de imágenes en plataformas digitales.

En el ámbito de los vehículos autónomos, la detección de objetos permite a los sistemas de conducción automatizada identificar y clasificar elementos como peatones, vehículos, señales de tráfico y obstáculos en la carretera, contribuyendo así a la toma de decisiones seguras y eficientes durante la navegación. En el contexto de la vigilancia de seguridad, esta tecnología facilita la identificación rápida de eventos sospechosos o intrusos en áreas monitoreadas, mejorando la capacidad de respuesta y la eficacia de los sistemas de seguridad.

La detección de objetos tiene aplicaciones en el etiquetado automático de imágenes en entornos digitales, como redes sociales y plataformas de comercio electrónico, donde permite identificar automáticamente elementos relevantes en las imágenes cargadas, facilitando la organización y la búsqueda de contenido visual.

La detección de objetos desempeña un papel crucial en la interpretación y comprensión de contenido visual, impulsando avances significativos en campos tan diversos como la tecnología de vehículos autónomos, la seguridad y la gestión de datos visuales en entornos digitales.

Extracción de características: Este paso implica la identificación y extracción de características relevantes de la imagen que puedan ayudar a distinguir diferentes objetos. Las características pueden incluir bordes, formas, texturas o patrones visuales distintivos. Métodos como el filtro de características de Haar, el Histograma de Gradientes Orientados (HOG) y las características obtenidas mediante redes neuronales convolucionales (CNN) son comúnmente utilizados para este propósito.

Modelos de aprendizaje automático: Una vez que se han extraído las características, se utilizan algoritmos de aprendizaje automático para entrenar modelos capaces de reconocer y localizar objetos en nuevas imágenes. Entre los modelos más utilizados para la detección de objetos se encuentran Faster R-CNN, YOLO (You Only Look Once), SSD (Single Shot Multibox Detector) y Mask R-CNN. Estos modelos suelen entrenarse en conjuntos de datos etiquetados que contienen imágenes con anotaciones que indican la presencia y ubicación de los objetos de interés.

Localización y clasificación: Durante la inferencia, el modelo de detección de objetos realiza dos tareas principales: localización y clasificación. La localización implica la generación de cuadros delimitadores (bounding boxes) alrededor de los objetos detectados, indicando sus ubicaciones aproximadas en la imagen. La clasificación asigna una etiqueta o categoría a cada cuadro delimitador, identificando el tipo de objeto presente dentro de él.

Optimización y rendimiento en tiempo real: En aplicaciones prácticas, como vehículos autónomos o sistemas de vigilancia en tiempo real, la eficiencia computacional y el rendimiento en tiempo real son aspectos críticos. Por lo tanto, se emplean técnicas de optimización para acelerar la detección de objetos, como la optimización de modelos de aprendizaje automático para inferencia rápida en hardware especializado, como GPU (Unidad de Procesamiento Gráfico) o TPU (Unidad de Procesamiento Tensorial).

Evaluación y métricas de rendimiento: Para evaluar la calidad y precisión de los modelos de detección de objetos, se utilizan métricas como la precisión, el recall, la precisión promedio (mAP), entre otras. Estas métricas ayudan a cuantificar la capacidad del modelo para detectar correctamente objetos y evitar falsos positivos o negativos.

En resumen, la detección de objetos combina una variedad de técnicas y algoritmos avanzados para identificar y localizar objetos específicos en imágenes o videos, con aplicaciones que van desde la conducción autónoma hasta la seguridad y la organización de datos visuales en entornos digitales.

Escalabilidad y eficiencia computacional: Con el aumento en la resolución de las imágenes y la demanda de detección en tiempo real en aplicaciones prácticas, como la vigilancia de seguridad o la navegación autónoma, la escalabilidad y la eficiencia computacional se vuelven críticas. Los investigadores están trabajando en técnicas para mejorar la eficiencia de los algoritmos de detección de objetos, como la compresión de modelos, la optimización de algoritmos y el desarrollo de arquitecturas especializadas.

Detección de múltiples objetos y solapamiento: En escenas complejas, puede haber múltiples objetos superpuestos o parcialmente ocultos, lo que dificulta la detección precisa. Los métodos de detección de objetos deben ser capaces de manejar este tipo de situaciones, ya sea mediante el uso de algoritmos de fusión de información, técnicas de agrupación de objetos o modelos que puedan detectar y segmentar objetos superpuestos.

Generalización y adaptabilidad: Los modelos de detección de objetos deben ser capaces de generalizar a una amplia variedad de escenas y contextos. Esto implica entrenar los modelos en conjuntos de datos diversos y asegurarse de que puedan adaptarse a nuevas situaciones con poca o ninguna pérdida de rendimiento. La transferencia de aprendizaje y el ajuste fino (fine-tuning) son técnicas comunes utilizadas para mejorar la generalización de los modelos.

Detección de objetos en tiempo real: En muchas aplicaciones, como la navegación de vehículos autónomos o la interacción humano-computadora en tiempo real, se requiere que los sistemas de detección de objetos operen con baja latencia y alta velocidad. Esto presenta desafíos adicionales en términos de diseño de algoritmos eficientes, optimización de códigos y selección de hardware adecuado para la implementación en tiempo real.

Robustez ante condiciones adversas: Los sistemas de detección de objetos deben ser robustos ante una variedad de condiciones adversas, como cambios en la iluminación, oclusiones parciales, variaciones en el fondo y distorsiones geométricas. Esto implica el desarrollo de técnicas de preprocesamiento de imágenes, aumento de datos y modelos de aprendizaje robustos que puedan manejar estas variaciones con eficacia.

En conclusión, la detección de objetos es un campo multidisciplinario que involucra una variedad de técnicas y desafíos técnicos, desde la extracción de características hasta la inferencia en tiempo real y la robustez ante condiciones adversas. El avance continuo en este campo es fundamental para el desarrollo de aplicaciones prácticas y sistemas inteligentes que puedan comprender y interactuar con el mundo visual de manera efectiva.

Detección de objetos en escenas dinámicas: En entornos donde los objetos están en constante movimiento, como intersecciones viales o áreas urbanas congestionadas, la detección de objetos se vuelve especialmente desafiante. Los algoritmos deben ser capaces de seguir y predecir la trayectoria de los objetos en movimiento, lo que requiere técnicas avanzadas de seguimiento de objetos y modelos predictivos basados en la física del movimiento.

Detección de objetos en tiempo adverso: Las condiciones climáticas adversas, como lluvia intensa, niebla o nieve, pueden degradar significativamente la calidad de las imágenes y dificultar la detección precisa de objetos. Los sistemas de detección de objetos deben ser capaces de operar de manera confiable en condiciones climáticas adversas, lo que puede requerir el desarrollo de modelos específicos entrenados en datos recopilados bajo diversas condiciones climáticas.

Detección de objetos de pequeño tamaño: La detección precisa de objetos pequeños, como señales de tráfico, peatones distantes o detalles finos en imágenes de alta resolución, presenta desafíos adicionales debido a la limitada información visual disponible. Los algoritmos de detección de objetos deben ser capaces de capturar y procesar características sutiles para identificar objetos pequeños con precisión.

Privacidad y ética: A medida que la detección de objetos se utiliza cada vez más en aplicaciones de vigilancia y monitoreo, surge la preocupación por la privacidad y la ética en el uso de esta tecnología. Es importante desarrollar políticas y prácticas que protejan los derechos individuales y mitiguen el riesgo de uso indebido de la detección de objetos para la vigilancia masiva o la invasión de la privacidad.

Interpretación semántica y comprensión del contexto: La detección de objetos no se trata solo de identificar objetos individuales, sino también de comprender el contexto y la relación entre los objetos dentro de una escena. Los avances en la interpretación semántica y la comprensión del contexto, mediante el uso de técnicas como la segmentación semántica y el modelado de relaciones entre objetos, pueden mejorar significativamente la precisión y la utilidad de los sistemas de detección de objetos.

En resumen, la detección de objetos es un campo en constante evolución que enfrenta una variedad de desafíos técnicos y éticos. Los avances en algoritmos, técnicas de aprendizaje automático y hardware están impulsando el desarrollo de sistemas de detección de objetos más robustos, eficientes y éticamente responsables, con aplicaciones en una amplia gama de áreas, desde la conducción autónoma hasta la seguridad pública y la gestión del tráfico.

Adaptabilidad a cambios de escala y orientación: Los objetos pueden aparecer en diferentes escalas y orientaciones dentro de una imagen, lo que dificulta su detección precisa. Los algoritmos de detección de objetos deben ser capaces de adaptarse y detectar objetos en una variedad de escalas y orientaciones, lo que puede requerir el uso de técnicas como pirámides de imágenes, detección multi-escala y rotación de características.

Detección de objetos en entornos 3D: La mayoría de los enfoques tradicionales de detección de objetos se centran en imágenes 2D, pero en aplicaciones como la robótica y la realidad aumentada, es crucial detectar objetos en entornos tridimensionales. Esto requiere el desarrollo de algoritmos y técnicas específicas que puedan operar en datos 3D, como nubes de puntos o mapas de profundidad, y que puedan detectar objetos en un espacio tridimensional.

Aprendizaje activo y adaptativo: En muchos escenarios, los datos disponibles para entrenar modelos de detección de objetos pueden ser limitados o sesgados. El aprendizaje activo y adaptativo es una técnica que permite que los modelos soliciten información adicional o se adapten continuamente a medida que se encuentran con nuevos datos, lo que mejora la capacidad del modelo para generalizar a diferentes escenarios y mejorar su rendimiento con el tiempo.

Integración con sistemas de procesamiento de lenguaje natural (NLP): La detección de objetos puede combinarse con el procesamiento de lenguaje natural para lograr una comprensión más profunda de la escena visual. Por ejemplo, los sistemas de detección de objetos podrían etiquetar objetos en una imagen y luego generar descripciones textuales de la escena utilizando técnicas de generación de lenguaje natural, lo que proporciona una representación más rica y semánticamente significativa de la información visual.

Detección de objetos en tiempo real en dispositivos móviles: Con el creciente poder computacional de los dispositivos móviles, hay un interés creciente en implementar algoritmos de detección de objetos en tiempo real en smartphones y tablets. Esto presenta desafíos únicos en términos de eficiencia computacional y optimización de recursos, pero también abre nuevas oportunidades para aplicaciones como la realidad aumentada, la navegación asistida y la fotografía computacional.

En resumen, la detección de objetos es un campo diverso y multidisciplinario que abarca una amplia gama de desafíos y aplicaciones. Los avances en algoritmos, técnicas de aprendizaje automático y hardware están impulsando continuamente la evolución de esta área, con el potencial de transformar industrias y mejorar nuestra interacción con el mundo visual que nos rodea.

Detección de objetos en condiciones de iluminación adversas: Las variaciones en la iluminación, como sombras intensas, cambios de luz natural o iluminación artificial, pueden dificultar la detección precisa de objetos. Los algoritmos de detección de objetos deben ser robustos ante estas condiciones, lo que puede implicar el uso de técnicas de normalización de iluminación, aumento de datos sintéticos para simular diferentes condiciones de iluminación y el diseño de modelos que puedan adaptarse a variaciones en la iluminación.

Comprensión del contexto temporal: En muchos casos, la detección de objetos se realiza en secuencias de video en lugar de imágenes estáticas. La comprensión del contexto temporal, como el movimiento de los objetos a lo largo del tiempo y la relación entre cuadros consecutivos, puede mejorar significativamente la precisión de la detección de objetos. Esto implica el desarrollo de algoritmos de seguimiento de objetos y el uso de modelos que puedan aprovechar la información temporal para mejorar la detección.

Detección de objetos con clases específicas o personalizadas: En algunas aplicaciones, puede ser necesario detectar objetos que no están presentes en conjuntos de datos estándar o que son de interés específico para un dominio particular. Esto puede incluir objetos personalizados en entornos industriales, herramientas médicas o equipos específicos. Los enfoques de detección de objetos deben ser capaces de adaptarse y detectar estas clases específicas, lo que puede requerir técnicas como el ajuste fino de modelos pre-entrenados o el entrenamiento de modelos desde cero con datos personalizados.

Interpretación semántica multi-modal: La detección de objetos a menudo se combina con otras tareas de visión por computadora, como la segmentación semántica, la detección de acciones humanas o la estimación de poses. La integración de múltiples modalidades de información visual puede proporcionar una comprensión más completa de la escena y mejorar la precisión de la detección de objetos al considerar el contexto más amplio en el que se encuentran los objetos.

Desafíos en la detección de objetos en objetos deformables o en evolución: Algunos objetos, como la ropa, los cuerpos humanos o las plantas, pueden ser deformables o tener una forma que cambia con el tiempo. La detección precisa de estos objetos presenta desafíos adicionales debido a su naturaleza dinámica. Los algoritmos de detección de objetos deben ser capaces de adaptarse a estas deformaciones y cambios en la forma, lo que puede requerir el desarrollo de modelos especializados y técnicas de seguimiento robustas.

En resumen, la detección de objetos es un campo en constante evolución que abarca una amplia gama de desafíos y aplicaciones. A medida que la tecnología continúa avanzando, se espera que los enfoques de detección de objetos se vuelvan más sofisticados, robustos y adaptables, lo que abre nuevas oportunidades para su aplicación en una variedad de campos, desde la conducción autónoma hasta la atención médica y la robótica.

Detección de objetos en entornos no estructurados: En entornos como la naturaleza salvaje o áreas industriales complejas, los objetos pueden aparecer en contextos no estructurados y desordenados, lo que dificulta su detección precisa. Los algoritmos de detección de objetos deben ser capaces de operar en entornos no estructurados y adaptarse a la variabilidad inherente de estas escenas, lo que puede requerir técnicas avanzadas de procesamiento de imágenes y aprendizaje automático.

Detección de objetos en tiempo real con restricciones de recursos: En dispositivos con recursos limitados, como sistemas embebidos o drones, la detección de objetos en tiempo real puede ser un desafío debido a las restricciones de memoria y procesamiento. Los algoritmos de detección de objetos deben ser eficientes en términos de uso de recursos y capaces de operar en tiempo real incluso con hardware limitado, lo que puede requerir técnicas de optimización específicas y la selección cuidadosa de algoritmos y modelos.

Fusión de datos multi-modales: Además de la información visual, la detección de objetos puede beneficiarse de la fusión de datos de diferentes modalidades, como datos lidar, radar o de sensores inerciales. La combinación de múltiples fuentes de datos puede proporcionar una representación más completa y precisa de la escena, mejorando la detección de objetos y reduciendo los falsos positivos y negativos.

Detección de objetos en aplicaciones de atención médica: En el campo de la atención médica, la detección de objetos juega un papel crucial en aplicaciones como la detección temprana de enfermedades, la asistencia quirúrgica y la interpretación de imágenes médicas. Los algoritmos de detección de objetos deben ser capaces de operar en imágenes médicas de alta resolución y adaptarse a la variabilidad anatómica de los pacientes, lo que puede requerir el desarrollo de modelos específicos y técnicas de procesamiento de imágenes médicas.

Evaluación y benchmarking de algoritmos de detección de objetos: Para evaluar y comparar el rendimiento de diferentes algoritmos de detección de objetos, se utilizan conjuntos de datos de referencia y métricas de evaluación estandarizadas. Estos conjuntos de datos contienen imágenes etiquetadas con la ubicación y la clase de los objetos presentes, lo que permite evaluar la precisión y el rendimiento de los algoritmos en una variedad de escenarios. El desarrollo de conjuntos de datos de referencia y métricas de evaluación precisas es fundamental para impulsar el avance en el campo de la detección de objetos.

En resumen, la detección de objetos es un área de investigación activa que abarca una amplia gama de desafíos y aplicaciones. Los avances en algoritmos, técnicas de aprendizaje automático y hardware están impulsando continuamente la evolución de esta área, con el potencial de impactar positivamente en una variedad de campos, desde la conducción autónoma hasta la atención médica y la robótica.

Detección de objetos en condiciones de baja visibilidad: En entornos como el fondo del mar, la oscuridad completa o la presencia de humo, la visibilidad puede ser extremadamente limitada. Los algoritmos de detección de objetos deben ser capaces de operar en estas condiciones adversas, lo que puede requerir el uso de sensores especializados, como cámaras infrarrojas o sonares, y técnicas avanzadas de procesamiento de señales.

Aprendizaje sin supervisión para la detección de objetos: Aunque muchos enfoques de detección de objetos se basan en conjuntos de datos etiquetados, también hay un interés creciente en el desarrollo de técnicas de aprendizaje sin supervisión para la detección de objetos. Estos enfoques buscan detectar objetos en imágenes sin la necesidad de anotaciones manuales, lo que puede permitir la detección de objetos en escenarios donde los datos etiquetados son escasos o costosos de obtener.

Detección de objetos en tiempo real para aplicaciones de realidad aumentada: En aplicaciones de realidad aumentada, como juegos móviles o aplicaciones de navegación asistida, la detección de objetos en tiempo real es fundamental para proporcionar una experiencia inmersiva y precisa. Los algoritmos de detección de objetos deben ser capaces de operar en tiempo real en dispositivos móviles y adaptarse a la variabilidad del entorno para garantizar una detección precisa y robusta de objetos virtuales.

Seguridad y privacidad en la detección de objetos: A medida que la detección de objetos se utiliza cada vez más en aplicaciones de seguridad y vigilancia, es importante abordar las preocupaciones relacionadas con la privacidad y la seguridad de los datos. Esto puede incluir el desarrollo de técnicas de encriptación para proteger los datos de imágenes sensibles, así como el diseño de algoritmos de detección de objetos que sean robustos ante ataques maliciosos, como la manipulación de imágenes o el spoofing.

Detección de objetos en tiempo real en sistemas autónomos: En sistemas autónomos, como vehículos no tripulados o robots móviles, la detección de objetos en tiempo real es esencial para garantizar un funcionamiento seguro y eficiente. Los algoritmos de detección de objetos deben ser capaces de operar con baja latencia y alta precisión, lo que puede requerir el uso de técnicas de procesamiento de imágenes eficientes y el diseño de hardware especializado para la implementación en tiempo real.

La detección de objetos es un campo amplio y diverso que abarca una variedad de desafíos y aplicaciones. Los avances en algoritmos, técnicas de aprendizaje automático y hardware están impulsando continuamente la evolución de esta área, con el potencial de transformar industrias y mejorar nuestra interacción con el mundo visual que nos rodea.

18- La segmentación semántica y cómo se puede implementar con modelos de etiquetado de píxeles como U-Net o Mask R-CNN

La segmentación semántica es una tarea avanzada de visión por computadora que se centra en etiquetar cada píxel de una imagen con una categoría o clase específica, lo que permite comprender la estructura y el contenido de la imagen en un nivel detallado. A diferencia de la detección de objetos, donde se identifican y delimitan las ubicaciones de objetos específicos, la segmentación semántica proporciona una comprensión precisa de la ubicación de cada píxel en relación con las clases de objetos a las que pertenecen. Esta tarea es fundamental en una amplia gama de aplicaciones, como la conducción autónoma, la robótica, la detección de anomalías médicas y la supervisión de video.

Implementación con Modelos de Etiquetado de Píxeles como U-Net o Mask R-CNN:

La implementación de la segmentación semántica se puede lograr utilizando modelos de etiquetado de píxeles, que son redes neuronales diseñadas específicamente para asignar una etiqueta a cada píxel en una imagen. Dos de los modelos más populares y efectivos para la segmentación semántica son U-Net y Mask R-CNN:

1. U-Net:
- **Funcionamiento:** U-Net es un modelo de segmentación semántica que consta de un codificador (encoder) y un decodificador (decoder) simétrico. El codificador se encarga de extraer características de nivel superior de la imagen, mientras que el decodificador realiza una upsampling de las características para crear una máscara de segmentación de píxeles a partir de las características extraídas.
- **Implementación:** Para implementar U-Net en la segmentación semántica, se entrena el modelo en un conjunto de datos de entrenamiento que contiene imágenes etiquetadas con máscaras de segmentación correspondientes. El modelo aprende a asignar clases a cada píxel de la imagen.

2. Mask R-CNN:
- **Funcionamiento:** Mask R-CNN es una extensión de la arquitectura R-CNN que agrega una etapa adicional para la segmentación de píxeles. Además de detectar objetos y delimitarlos con bounding

boxes, Mask R-CNN genera máscaras de segmentación precisas para cada objeto detectado.

- **Implementación:** La implementación de Mask R-CNN también requiere un conjunto de datos de entrenamiento que incluya imágenes etiquetadas con bounding boxes y máscaras de segmentación. El modelo se entrena para realizar tanto la detección de objetos como la segmentación de píxeles.

-

Beneficios de los Modelos de Etiquetado de Píxeles:

- **Precisión:** Estos modelos proporcionan una precisión excepcional en la segmentación semántica, lo que es esencial en aplicaciones de alta demanda de precisión, como la conducción autónoma y la medicina.
- **Detalle:** Al etiquetar cada píxel con una categoría, estos modelos capturan el detalle más fino en la imagen, lo que permite una comprensión completa de la escena.
- **Polivalencia:** Los modelos de etiquetado de píxeles se pueden utilizar para una variedad de tareas de segmentación semántica, desde el etiquetado de objetos en imágenes médicas hasta la segmentación de carreteras en imágenes de conducción autónoma.

Sin embargo, estos modelos pueden requerir recursos computacionales significativos para entrenar y aplicar en tiempo real, y su entrenamiento suele necesitar grandes conjuntos de datos etiquetados. La elección entre U-Net, Mask R-CNN u otros modelos depende de la tarea específica y los recursos disponibles. En general, estos modelos son herramientas poderosas para la implementación de sistemas de segmentación semántica de alto rendimiento.

Contexto contextual y de contexto global: Para mejorar la precisión de la segmentación, los modelos a menudo incorporan información contextual tanto local como global. Esto significa que no solo consideran los píxeles vecinos al segmentar un píxel en particular, sino que también tienen en cuenta el contexto más amplio de la imagen. Esto puede lograrse mediante el uso de arquitecturas de redes neuronales que incorporen mecanismos de atención o módulos de contexto, que permiten al modelo "mirar" más allá de regiones locales para comprender mejor las relaciones entre diferentes partes de la imagen.

Aprendizaje jerárquico de características: Las arquitecturas de redes neuronales para segmentación semántica suelen estar compuestas por múltiples capas que aprenden representaciones de características en diferentes niveles de abstracción. Estas redes pueden aprovechar características de bajo nivel, como bordes y texturas, en las capas iniciales, y luego combinar estas características para reconocer objetos y contextos más complejos en capas posteriores. Este enfoque jerárquico permite una segmentación más precisa y robusta al capturar tanto detalles finos como estructuras de alto nivel en las imágenes.

Regularización y técnicas de aumento de datos: Dado que la segmentación semántica a menudo se realiza en conjuntos de datos relativamente pequeños y etiquetados de manera costosa, es crucial utilizar técnicas de regularización y aumento de datos para mejorar el rendimiento del modelo y prevenir el sobreajuste. Esto puede incluir técnicas como la regularización L2, la regularización por abandono (dropout) y la normalización por lotes, así como la generación de imágenes sintéticas mediante transformaciones geométricas y de color para aumentar la diversidad del conjunto de datos de entrenamiento.

Inferencia eficiente: Dado que la segmentación semántica puede ser computacionalmente intensiva, especialmente cuando se aplica a imágenes de alta resolución en tiempo real, se han desarrollado técnicas para mejorar la eficiencia de inferencia de los modelos. Esto puede incluir la cuantificación de modelos para reducir el tamaño y la complejidad computacional, el uso de técnicas de poda de redes neuronales para eliminar conexiones redundantes y el diseño de arquitecturas de redes neuronales especializadas para la ejecución en dispositivos con recursos limitados, como sistemas embebidos y móviles.

En conjunto, estos enfoques avanzados y desafíos técnicos contribuyen a mejorar continuamente la precisión, la eficiencia y la capacidad de aplicación de la segmentación semántica en una amplia variedad de escenarios y aplicaciones de visión por computadora.

Transferencia de aprendizaje y pre-entrenamiento: Dado que el etiquetado manual de grandes conjuntos de datos para segmentación semántica puede ser costoso y laborioso, se utilizan enfoques de transferencia de aprendizaje y pre-entrenamiento para aprovechar modelos previamente entrenados en conjuntos de datos masivos, como ImageNet. Estos modelos pre-entrenados se ajustan luego a conjuntos de datos específicos para segmentación semántica mediante técnicas como el ajuste fino (fine-tuning) o el entrenamiento adversarial, lo que permite lograr un rendimiento óptimo con menos datos anotados.

Segmentación a múltiples escalas: Para capturar objetos de diferentes tamaños y contextos espaciales en una imagen, muchos enfoques de segmentación semántica utilizan técnicas de segmentación a múltiples escalas. Esto implica procesar la imagen original y sus versiones reducidas o ampliadas (mediante pirámides de imágenes o técnicas de convolución a diferentes escalas) para capturar objetos a diferentes niveles de detalle y contexto. Estos enfoques multi-escala ayudan a mejorar la robustez del modelo al segmentar objetos en diversas condiciones y escalas.

Segmentación de instancias: Además de asignar una etiqueta semántica a cada píxel, la segmentación de instancias implica identificar y segmentar objetos individuales dentro de una imagen, incluso cuando se superponen. Esto implica no solo distinguir entre diferentes clases de objetos, sino también agrupar píxeles que pertenecen al mismo objeto específico. Los enfoques de segmentación de instancias suelen combinar técnicas de segmentación semántica con métodos de agrupación y seguimiento de objetos, como máscaras de instancia y regiones de interés (ROIs), para lograr una segmentación precisa a nivel de objeto.

Adaptación de dominio y escasez de datos: Cuando se aplica la segmentación semántica en entornos o dominios diferentes a aquellos en los que se entrenó el modelo, puede producirse un desajuste de dominio que afecta el rendimiento del modelo. Para abordar este problema, se utilizan técnicas de adaptación de dominio, como la normalización de dominio, el aprendizaje adversarial o el entrenamiento con datos sintéticos, para mejorar la generalización del modelo a nuevos entornos. Además, en escenarios donde los datos anotados son escasos, se exploran enfoques de aprendizaje semi-supervisado, de transferencia de conocimiento y de generación de datos sintéticos para mitigar la escasez de datos y mejorar el rendimiento del modelo.

Estos aspectos técnicos y desafíos adicionales ilustran la complejidad y la diversidad de enfoques utilizados en la segmentación semántica, así como las áreas de investigación activa para mejorar aún más la precisión, la eficiencia y la capacidad de generalización de los modelos en una variedad de aplicaciones prácticas.

Segmentación a nivel de píxeles y superpíxeles: Además de la segmentación semántica a nivel de píxeles, donde cada píxel se asigna a una clase específica, existen enfoques que operan a un nivel más alto de abstracción utilizando superpíxeles. Los superpíxeles son regiones compactas y homogéneas de píxeles que comparten características similares, lo que simplifica la segmentación al reducir el número de elementos a clasificar. Esta técnica puede mejorar la eficiencia computacional y la coherencia espacial de la segmentación, especialmente en imágenes de alta resolución.

Segmentación de video: Extender la segmentación semántica a secuencias de video presenta desafíos únicos debido a la variabilidad temporal y espacial de las imágenes. Los enfoques de segmentación de video deben considerar la coherencia temporal entre fotogramas sucesivos para mejorar la precisión y la consistencia de la segmentación a lo largo del tiempo. Esto puede lograrse mediante técnicas de propagación de etiquetas, modelado de movimiento y fusión de información temporal, lo que permite una segmentación semántica dinámica y precisa en aplicaciones como la detección de objetos en video y la vigilancia inteligente.

Segmentación de objetos en 3D: En entornos tridimensionales, como la percepción robótica y la realidad aumentada, la segmentación semántica se extiende a la tercera dimensión para identificar y segmentar objetos en el espacio 3D. Esto implica el uso de datos de sensores 3D, como nubes de puntos obtenidas mediante cámaras RGB-D o LIDAR, y técnicas específicas de procesamiento de datos 3D, como convoluciones volumétricas y redes neuronales volumétricas, para realizar una segmentación precisa y detallada de objetos en entornos tridimensionales.

Interpretación y comprensión del contexto: Más allá de la asignación de etiquetas a los píxeles, la segmentación semántica puede beneficiarse de una comprensión más profunda del contexto y la semántica de la escena. Esto puede implicar el análisis de relaciones semánticas entre objetos, la inferencia de escenas y acciones a partir de la segmentación, y la integración de información contextual, como conocimiento previo sobre el entorno y el comportamiento humano, para mejorar la interpretación y comprensión de las imágenes segmentadas.

Al abordar estos aspectos técnicos y desafíos adicionales, la segmentación semántica continúa evolucionando como una herramienta fundamental en visión por computadora, con aplicaciones en una amplia gama de campos, desde la conducción autónoma y la robótica hasta la realidad virtual y la atención médica.

Segmentación semántica a nivel de subclases: En muchos casos, es necesario segmentar objetos en subclases para un análisis más detallado y específico de la escena. Por ejemplo, en la detección de peatones en sistemas de asistencia al conductor, es útil distinguir entre peatones adultos y niños. Los enfoques recientes de segmentación semántica se han centrado en la segmentación a nivel de subclases, lo que requiere modelos más complejos capaces de capturar diferencias sutiles en las características visuales entre las subclases.

Segmentación semántica en tiempo real: La segmentación semántica en tiempo real es esencial para aplicaciones como la conducción autónoma, donde la velocidad de procesamiento es crítica. Se han realizado avances significativos en el desarrollo de modelos y algoritmos optimizados para realizar segmentación semántica en tiempo real, incluso en dispositivos con recursos limitados, como vehículos autónomos y drones.

Segmentación semántica débilmente supervisada y autoetiquetado: Etiquetar manualmente conjuntos de datos para segmentación semántica puede ser costoso y laborioso. En respuesta, se están desarrollando enfoques de segmentación semántica débilmente supervisada y autoetiquetado que pueden aprovechar datos no etiquetados o etiquetados de manera débil para entrenar modelos de segmentación. Estos enfoques pueden incluir técnicas de agrupamiento, aprendizaje semi-supervisado y generación de etiquetas automáticas para mejorar la eficiencia del etiquetado y el rendimiento del modelo.

Segmentación semántica multimodal: Integrar información de múltiples fuentes sensoriales, como imágenes RGB, datos de profundidad y datos de sensor inercial, puede mejorar la precisión y la robustez de la segmentación semántica en entornos complejos y cambiantes. Los enfoques multimodales de segmentación semántica aprovechan la información complementaria de diferentes modalidades sensoriales para realizar una segmentación más precisa y completa de la escena.

Segmentación semántica robusta a perturbaciones: Los modelos de segmentación semántica deben ser robustos a una variedad de perturbaciones, como cambios en la iluminación, oclusiones parciales y variaciones en la apariencia de los objetos. Se están desarrollando enfoques de segmentación semántica robusta que utilizan técnicas de regularización, aumentación de datos y adversarial training para mejorar la capacidad del modelo para generalizar a condiciones adversas y desconocidas.

En conjunto, estos desarrollos recientes y áreas de investigación activa están llevando la segmentación semántica a nuevos niveles de precisión, eficiencia y aplicabilidad en una amplia gama de aplicaciones y escenarios del mundo real.

Segmentación semántica en entornos dinámicos: La segmentación semántica en entornos dinámicos, como áreas urbanas o entornos industriales, presenta desafíos adicionales debido a la presencia de objetos en movimiento, cambios de iluminación y otras condiciones cambiantes. Los enfoques recientes han abordado estos desafíos mediante el uso de técnicas de seguimiento de objetos, modelado de movimiento y fusión de información temporal para mantener una segmentación precisa a lo largo del tiempo, incluso en entornos altamente dinámicos.

Segmentación semántica en condiciones adversas: La segmentación semántica debe funcionar de manera confiable en una variedad de condiciones adversas, como mal tiempo, condiciones de iluminación difíciles o escenas altamente complejas. Se están desarrollando enfoques robustos de segmentación semántica que utilizan técnicas de aprendizaje robusto, como el aprendizaje auto-supervisado, la adaptación de dominio y la generación de datos sintéticos, para mejorar la capacidad del modelo para generalizar a condiciones desafiantes y desconocidas.

Segmentación semántica con atención a la incertidumbre: Reconocer y cuantificar la incertidumbre en la segmentación semántica es crucial para aplicaciones críticas en las que se requiere una toma de decisiones precisa y segura. Los enfoques recientes de segmentación semántica están incorporando técnicas de estimación de incertidumbre, como la propagación de incertidumbre en redes neuronales y la modelización de distribuciones de probabilidad, para proporcionar medidas cuantitativas de confianza y incertidumbre en las predicciones del modelo.

Segmentación semántica auto-supervisada y por aprendizaje por refuerzo: En lugar de depender únicamente de conjuntos de datos etiquetados, se están desarrollando enfoques de segmentación semántica auto-supervisada y por aprendizaje por refuerzo que pueden aprender de interacciones autónomas con el entorno. Esto puede implicar técnicas de auto-etiquetado, donde el modelo genera sus propias etiquetas a partir de datos no etiquetados, o enfoques de aprendizaje por refuerzo, donde el modelo interactúa con el entorno y recibe retroalimentación para mejorar su segmentación semántica con el tiempo.

Segmentación semántica en escenarios de múltiples dominios y transferencia de conocimiento: La segmentación semántica debe generalizar a una variedad de escenarios y dominios, desde entornos urbanos hasta entornos naturales, con diferentes distribuciones de datos y características visuales. Los enfoques de transferencia de conocimiento y adaptación de dominio están siendo ampliamente investigados para mejorar la capacidad del modelo para generalizar a nuevos entornos mediante el aprovechamiento de conocimientos previamente adquiridos en dominios relacionados.

Estos desarrollos recientes muestran cómo la segmentación semántica está evolucionando para abordar desafíos cada vez más complejos y exigentes, permitiendo aplicaciones más sofisticadas y robustas en una variedad de campos, desde la conducción autónoma hasta la robótica y la realidad aumentada.

Segmentación semántica a nivel de detalle y bordes: La precisión en la segmentación semántica puede mejorarse mediante la incorporación de información a nivel de detalle y bordes en el proceso de segmentación. Esto implica capturar características finas y sutiles en las imágenes que pueden ser críticas para una segmentación precisa, como la distinción entre objetos adyacentes con bordes difusos o la identificación de detalles intrincados en la textura de los objetos. Los enfoques recientes han explorado técnicas avanzadas de procesamiento de imágenes y redes neuronales especializadas para mejorar la capacidad del modelo para capturar detalles finos y bordes nítidos en la segmentación semántica.

Segmentación semántica basada en grafos y modelos probabilísticos: En lugar de tratar la segmentación semántica como un problema puramente de aprendizaje supervisado, se están desarrollando enfoques basados en grafos y modelos probabilísticos que pueden capturar relaciones espaciales y contextuales entre los píxeles en una imagen. Estos enfoques pueden modelar la segmentación semántica como un problema de inferencia en un grafo de pixel o como un proceso de asignación de etiquetas probabilísticas, lo que permite una segmentación más coherente y estructurada que incorpora información contextual a través de múltiples escalas y niveles de abstracción.

Segmentación semántica robusta a la variabilidad de datos: Los modelos de segmentación semántica deben ser robustos a la variabilidad inherente en los datos de entrada, como cambios en la iluminación, variaciones en la apariencia de los objetos y la presencia de ruido o artefactos en las imágenes. Se están desarrollando enfoques robustos de segmentación semántica que utilizan técnicas de regularización, aumento de datos y aprendizaje adversarial para mejorar la capacidad del modelo para generalizar a condiciones de datos variadas y desconocidas, lo que resulta en una segmentación más confiable y consistente en una variedad de escenarios del mundo real.

Segmentación semántica multi-modal y multi-escala: Integrar información de múltiples modalidades sensoriales, como imágenes RGB, datos de profundidad y datos de sensores inerciales, puede mejorar la precisión y la robustez de la segmentación semántica en entornos complejos y desafiantes. Los enfoques multi-modales de segmentación semántica aprovechan la información complementaria de diferentes fuentes sensoriales para realizar una segmentación más precisa y completa de la escena. Del mismo modo, los enfoques multi-escalares consideran información a diferentes resoluciones y niveles de abstracción para capturar tanto detalles finos como estructuras de alto nivel en la segmentación semántica.

Segmentación semántica con consideraciones éticas y de privacidad: A medida que la segmentación semántica se aplica en una variedad de aplicaciones en la vida cotidiana, es importante considerar las implicaciones éticas y de privacidad asociadas con el análisis y la interpretación de datos visuales. Los enfoques recientes están abordando estas preocupaciones mediante el diseño de modelos y algoritmos que protegen la privacidad y la seguridad de los datos de los usuarios, así como la implementación de políticas y regulaciones para garantizar un uso ético y responsable de la segmentación semántica en diferentes contextos y aplicaciones.

Estos desarrollos recientes muestran cómo la segmentación semántica continúa avanzando hacia aplicaciones más diversas, precisas y éticas en una amplia variedad de campos, desde la visión por computadora y la inteligencia artificial hasta la salud, la seguridad y más allá.

19- La síntesis de imágenes y cómo se puede implementar con modelos de generación de imágenes como StyleGAN o CycleGAN

La síntesis de imágenes se refiere al proceso de generar imágenes digitales de manera automatizada mediante el uso de algoritmos y modelos de generación. Esta tarea es fundamental en la generación de contenido visual, la creación de gráficos por computadora, la producción de efectos visuales en películas y la creación de imágenes de simulaciones. La síntesis de imágenes se puede lograr mediante varios enfoques, y dos de los modelos populares para esta tarea son StyleGAN y CycleGAN:

1. StyleGAN (Generative Adversarial Network con Estilo):

- **Funcionamiento:** StyleGAN es un tipo de Generative Adversarial Network (GAN) que se utiliza para generar imágenes realistas de alta resolución. Utiliza un generador que aprende a crear imágenes desde cero y un discriminador que evalúa la autenticidad de las imágenes generadas. Lo que hace que StyleGAN sea único es su capacidad para controlar el estilo y las características de las imágenes generadas.
- **Implementación:** Para implementar StyleGAN, primero se entrena el modelo en un gran conjunto de datos de imágenes etiquetadas. Durante el entrenamiento, el generador intenta mejorar la calidad de las imágenes generadas, mientras que el discriminador intenta distinguir las imágenes reales de las generadas. Después de entrenar el modelo, se puede utilizar para generar imágenes con diferentes estilos y características al ajustar los vectores latentes de entrada.
-

2. CycleGAN (Generative Adversarial Network Ciclo-Consistente):

- **Funcionamiento:** CycleGAN es otro tipo de GAN que se utiliza para la traducción de estilo entre dos dominios de imágenes diferentes, como convertir imágenes de caballos en cebras o paisajes de verano en invierno. Este modelo se basa en la idea de la consistencia cíclica, que garantiza que la traducción sea bidireccional y conserve las características esenciales de las imágenes.
- **Implementación:** Para implementar CycleGAN, se necesitan conjuntos de datos emparejados de dos dominios de imágenes. El modelo se entrena para aprender la relación entre los dos dominios y, una vez entrenado, puede realizar traducciones de estilo entre ellos.

•

Beneficios de los Modelos de Generación de Imágenes:

- **Creatividad:** Estos modelos permiten generar contenido visual diverso y creativo de manera automatizada.
- **Control de Estilo:** En el caso de StyleGAN, se puede controlar el estilo y las características específicas de las imágenes generadas.
- **Traducción de Estilo:** CycleGAN permite la traducción de estilo entre dos dominios de imágenes diferentes, lo que puede ser útil en aplicaciones de procesamiento de imágenes y efectos visuales.
- **Reducción de Costos:** La síntesis de imágenes automatizada puede reducir la necesidad de crear manualmente contenido visual, lo que ahorra tiempo y recursos.

Es importante tener en cuenta que la implementación exitosa de estos modelos requiere un conjunto de datos de entrenamiento adecuado y, en algunos casos, recursos computacionales significativos, especialmente para modelos de alta resolución como StyleGAN. La elección entre StyleGAN, CycleGAN u otros modelos depende de la tarea específica y los resultados deseados en la síntesis de imágenes. Estos modelos están en constante evolución y continúan desempeñando un papel importante en la generación de contenido visual de alta calidad.

La síntesis de imágenes es un campo fascinante que combina la creatividad humana con el poder de la computación para generar nuevas imágenes de manera automatizada. En este proceso, se utilizan algoritmos y modelos de inteligencia artificial para crear imágenes realistas o estilizadas a partir de datos de entrada, como imágenes existentes o descripciones textuales.

Dos modelos destacados en este ámbito son StyleGAN y CycleGAN. Estos modelos representan enfoques distintos pero igualmente poderosos para la síntesis de imágenes.

StyleGAN es conocido por su capacidad para generar imágenes fotorrealistas de alta calidad. Utiliza una arquitectura basada en redes neuronales generativas adversariales (GANs), que consiste en dos redes neuronales compitiendo entre sí: un generador, que crea imágenes, y un discriminador, que intenta distinguir entre imágenes reales y generadas. Lo que hace que StyleGAN sea particularmente notable es su capacidad para controlar aspectos específicos de las imágenes generadas, como el estilo, la resolución y otros atributos visuales. Esto permite a los usuarios influir en la apariencia de las imágenes generadas de formas sorprendentes y altamente personalizadas.

CycleGAN es un modelo diseñado para aprender las correspondencias entre dos conjuntos de imágenes diferentes en dominios distintos, sin necesidad de una correspondencia uno a uno entre las imágenes de entrada y salida. Esto significa que puede realizar traducciones de estilo entre diferentes dominios de imágenes, como convertir paisajes urbanos en pinturas al óleo o transformar fotografías de caballos en imágenes de cebras. CycleGAN utiliza dos generadores y dos discriminadores que trabajan en conjunto para realizar estas traducciones de manera bidireccional, lo que permite una amplia gama de aplicaciones creativas y prácticas.

La implementación de estos modelos de generación de imágenes, ya sea StyleGAN, CycleGAN u otros, generalmente implica entrenar el modelo con un conjunto de datos relevante para la tarea deseada. Este proceso de entrenamiento implica alimentar al modelo con un gran número de ejemplos de imágenes del dominio de interés y ajustar sus parámetros para que aprenda a generar imágenes similares a las del conjunto de datos de entrenamiento. Una vez entrenado, el modelo puede generar nuevas imágenes por sí solo, simplemente alimentándolo con datos de entrada adecuados.

La síntesis de imágenes utilizando modelos como StyleGAN y CycleGAN representa un emocionante cruce entre arte y tecnología, que ofrece una amplia gama de aplicaciones en campos como el diseño gráfico, la fotografía, la moda, la cinematografía y más. Estos modelos continúan avanzando rápidamente, abriendo nuevas posibilidades creativas y desafiando nuestra comprensión de lo que es posible con la inteligencia artificial y la generación de imágenes.

Empecemos con StyleGAN. Este modelo fue desarrollado por NVIDIA y representa una evolución significativa en la generación de imágenes realistas. Utiliza una arquitectura GAN, pero con varias mejoras clave. Una de las innovaciones más destacadas es la introducción de la normalización por grupos estilizados (Style-based Group Normalization), que permite un control más preciso sobre los estilos de las imágenes generadas. Además, StyleGAN opera en una arquitectura de espacio latente de alta dimensionalidad, lo que significa que puede manipular características de las imágenes en un espacio de características abstractas, lo que facilita la interpolación suave entre diferentes estilos y la generación de imágenes completamente nuevas.

En cuanto a CycleGAN, este modelo se centra en el aprendizaje de las correspondencias entre dos dominios de imágenes diferentes. Utiliza una arquitectura basada en dos redes generativas y dos discriminativas, además de introducir el concepto de pérdida ciclica, que asegura que la traducción de una imagen de un dominio a otro y viceversa sea lo más fiel posible a la imagen original. Esto permite que CycleGAN aprenda a realizar traducciones entre dominios de manera no supervisada, es decir, sin la necesidad de pares de imágenes correspondientes en los dos dominios.

En términos de datos técnicos adicionales, ambos modelos requieren grandes conjuntos de datos para su entrenamiento. Por ejemplo, StyleGAN se ha entrenado en conjuntos de datos masivos como el conjunto de datos de rostros de Flickr (FFHQ), que contiene decenas de miles de imágenes de alta resolución de rostros humanos. Por otro lado, CycleGAN puede entrenarse en conjuntos de datos que contienen imágenes de dos dominios diferentes, como paisajes urbanos y pinturas al óleo, o imágenes de caballos y cebras.

El entrenamiento de estos modelos puede ser intensivo en recursos computacionales y requiere hardware potente, como unidades de procesamiento gráfico (GPU) de alto rendimiento. Además, el proceso de entrenamiento puede llevar varios días o incluso semanas, dependiendo del tamaño del conjunto de datos y de la complejidad de la tarea de síntesis de imágenes.

Tanto StyleGAN como CycleGAN representan avances significativos en la síntesis de imágenes mediante el uso de modelos de inteligencia artificial. Su implementación requiere una comprensión profunda de los principios subyacentes de la inteligencia artificial y el aprendizaje profundo, así como recursos computacionales significativos para el entrenamiento y la ejecución de los modelos. Sin embargo, los resultados que estos modelos pueden lograr son impresionantes y abren nuevas posibilidades en campos como el diseño, el arte digital, la fotografía y más.

Es importante destacar que tanto StyleGAN como CycleGAN se basan en arquitecturas de redes neuronales profundas, lo que les permite aprender representaciones complejas de datos visuales. Estas arquitecturas están compuestas por múltiples capas de neuronas interconectadas, donde cada capa procesa y transforma la información de entrada de manera progresiva y jerárquica.

En el caso de StyleGAN, una de sus características más impresionantes es su capacidad para controlar aspectos específicos de las imágenes generadas mediante la manipulación de vectores latentes. Estos vectores latentes representan puntos en un espacio abstracto donde cada dimensión corresponde a una característica visual diferente. Por ejemplo, una dimensión podría representar la edad de una persona en una imagen de retrato, mientras que otra dimensión podría representar el color de cabello. Al manipular estos vectores latentes de manera controlada, los usuarios pueden influir en la apariencia de las imágenes generadas, lo que permite un grado excepcional de personalización y creatividad.

CycleGAN es conocido por su capacidad para realizar traducciones entre diferentes dominios de imágenes de manera no supervisada. Esto significa que el modelo puede aprender las correspondencias entre dos conjuntos de imágenes sin la necesidad de pares de imágenes correspondientes en ambos dominios. Por ejemplo, CycleGAN puede ser entrenado con imágenes de paisajes urbanos y paisajes rurales, aprendiendo a convertir imágenes de un tipo de paisaje en el otro de manera creíble. Esta capacidad tiene aplicaciones en campos como la fotografía, donde puede utilizarse para retocar imágenes o aplicar estilos artísticos de manera automática.

En términos de aplicaciones prácticas, estos modelos tienen un gran potencial en campos como el diseño de videojuegos, la creación de contenido visual para películas y animación, la síntesis de imágenes médicas para diagnóstico por imágenes y la generación de arte digital. Por ejemplo, StyleGAN ha sido utilizado para crear retratos realistas de personas que no existen, mientras que CycleGAN ha sido aplicado en la transferencia de estilos de arte entre diferentes dominios de imágenes.

Tanto StyleGAN como CycleGAN representan avances significativos en el campo de la síntesis de imágenes mediante el uso de técnicas de aprendizaje profundo. Su capacidad para generar imágenes realistas y estilizadas abre nuevas posibilidades en una amplia gama de aplicaciones, desde el arte y el diseño hasta la medicina y la industria del entretenimiento. A medida que estos modelos continúan evolucionando y mejorando, es emocionante imaginar las nuevas fronteras que explorarán y las innovaciones que impulsarán en el futuro.

En el campo del diseño de moda y belleza, por ejemplo, StyleGAN está siendo utilizado para generar imágenes de modelos virtuales que muestran prendas de vestir y accesorios de manera realista. Esto permite a los diseñadores visualizar sus creaciones antes de producirlas físicamente, lo que puede ahorrar tiempo y recursos en el proceso de diseño. Además, StyleGAN puede utilizarse para crear campañas publicitarias y editoriales de moda con modelos digitales que representen una diversidad de estilos y características físicas.

En el ámbito de la medicina, la síntesis de imágenes también está desempeñando un papel importante. Por ejemplo, CycleGAN se ha utilizado para generar imágenes de resonancia magnética (RM) a partir de imágenes de tomografía computarizada (TC) y viceversa. Esto puede ayudar a los médicos a obtener información adicional sobre la anatomía de un paciente sin la necesidad de realizar pruebas adicionales, lo que podría mejorar el diagnóstico y el tratamiento de enfermedades.

En el sector del entretenimiento, estos modelos están siendo utilizados para crear efectos visuales impresionantes en películas, series de televisión y videojuegos. Por ejemplo, StyleGAN se ha utilizado para generar rostros de personajes no jugadores (NPCs) en videojuegos, lo que permite una mayor variabilidad y realismo en los entornos virtuales. Además, CycleGAN puede utilizarse para aplicar estilos artísticos específicos a escenas de películas o animaciones, creando efectos visuales únicos y memorables.

En el círculo de la seguridad y la privacidad, la síntesis de imágenes plantea desafíos y oportunidades. Por un lado, estos modelos pueden utilizarse para generar imágenes de personas que no existen, lo que plantea preocupaciones éticas sobre el uso indebido de imágenes generadas. Por otro lado, también pueden utilizarse para proteger la privacidad de las personas al generar imágenes de caras borrosas o distorsionadas que aún conservan cierta información visual pero no son identificables.

La síntesis de imágenes con modelos como StyleGAN y CycleGAN está transformando una amplia gama de industrias y campos, desde el diseño y la medicina hasta el entretenimiento y la seguridad. A medida que estas tecnologías continúan avanzando, es probable que veamos aún más aplicaciones innovadoras y emocionantes en el futuro.

En el campo del diseño arquitectónico y la planificación urbana, estos modelos pueden ser herramientas poderosas para visualizar proyectos antes de su construcción. Por ejemplo, StyleGAN puede generar imágenes realistas de edificios y paisajes urbanos, lo que permite a arquitectos y urbanistas explorar diferentes diseños y escenarios de desarrollo urbano. Además, CycleGAN puede utilizarse para simular cómo se verían los cambios en el entorno urbano, como la adición de nuevos edificios o la renovación de espacios públicos, lo que facilita la toma de decisiones informadas por parte de los planificadores.

En el campo de la realidad aumentada (RA) y la realidad virtual (RV), la síntesis de imágenes también desempeña un papel importante. Estos modelos pueden utilizarse para generar contenido visual realista que se superponga al mundo real en aplicaciones de RA, como juegos móviles y aplicaciones de navegación. Además, en el ámbito de la RV, pueden utilizarse para crear entornos virtuales inmersivos y experiencias interactivas que sean indistinguibles de la realidad.

A medida que estas tecnologías avanzan, también surgen desafíos importantes en áreas como la ética y la privacidad. Por ejemplo, la capacidad de generar imágenes de personas que no existen plantea preocupaciones sobre el uso indebido de la tecnología, como la creación de noticias falsas o la suplantación de identidad. Además, la generación de imágenes realistas puede dificultar la distinción entre lo real y lo falso, lo que plantea desafíos en la verificación de la autenticidad de las imágenes en línea.

La síntesis de imágenes también plantea desafíos técnicos, como la generación de imágenes de alta resolución y la mejora de la diversidad y la calidad de las imágenes generadas. Estos desafíos requieren avances en áreas como el procesamiento de imágenes, la comprensión del lenguaje natural y el aprendizaje automático.

La síntesis de imágenes utilizando modelos como StyleGAN y CycleGAN tiene el potencial de transformar una amplia gama de industrias y campos, desde el diseño y la medicina hasta el entretenimiento y la planificación urbana. Sin embargo, también plantea desafíos importantes que deben abordarse, tanto en términos éticos y de privacidad como técnicos. A medida que estas tecnologías continúan evolucionando, es crucial abordar estos desafíos de manera proactiva para garantizar un uso ético y responsable de la síntesis de imágenes en el futuro.

Otro aspecto importante a considerar es la aplicación de estos modelos en la industria creativa y artística. La síntesis de imágenes con modelos como StyleGAN y CycleGAN está revolucionando la forma en que los artistas crean y experimentan con el arte digital.

En el mundo del arte digital, estos modelos pueden ser utilizados como herramientas para la exploración creativa y la generación de obras de arte innovadoras. Por ejemplo, los artistas pueden entrenar modelos GAN con conjuntos de datos de su propio trabajo artístico para explorar nuevas variaciones y estilos basados en su estilo único. Además, pueden utilizar modelos preentrenados, como StyleGAN, para generar imágenes que sirvan como inspiración o punto de partida para nuevas obras de arte.

La síntesis de imágenes también está democratizando el acceso al arte y la creatividad. Estos modelos permiten a cualquier persona, independientemente de su experiencia artística, crear imágenes impresionantes y estilizadas con solo unos pocos clics. Por ejemplo, herramientas basadas en GAN, como aplicaciones móviles y plataformas en línea, permiten a los usuarios generar arte digital personalizado de manera rápida y sencilla, lo que amplía el alcance del arte digital a una audiencia más amplia y diversa.

La síntesis de imágenes también plantea preguntas interesantes sobre la naturaleza misma del arte y la creatividad. ¿Es una imagen generada por una máquina considerada arte? ¿Qué papel juega el artista en el proceso de generación de imágenes? Estas son preguntas que los artistas y teóricos del arte están explorando a medida que la tecnología continúa avanzando y cambiando nuestra comprensión de la creatividad y la expresión artística.

La síntesis de imágenes con modelos como StyleGAN y CycleGAN está teniendo un impacto significativo en la industria creativa y artística, ofreciendo nuevas herramientas y posibilidades para los artistas y ampliando el acceso al arte digital a una audiencia más amplia. A medida que estas tecnologías continúan evolucionando, es emocionante imaginar cómo seguirán transformando el paisaje del arte digital en el futuro.

La síntesis de imágenes con modelos como StyleGAN y CycleGAN también está encontrando aplicaciones en campos como la investigación científica y la educación.

En investigación científica, estos modelos pueden ser utilizados para generar datos sintéticos que ayuden a entrenar y validar algoritmos de análisis de imágenes médicas, por ejemplo. La capacidad de generar imágenes realistas y variadas puede ser invaluable en el desarrollo de nuevas técnicas de diagnóstico y tratamiento médico. Además, en campos como la astronomía y la biología, donde la visualización de datos es crucial, estos modelos pueden ayudar a generar representaciones visuales de conjuntos de datos complejos y abstractos.

En el aspecto de la educación, la síntesis de imágenes puede utilizarse para crear materiales de aprendizaje interactivos y atractivos. Por ejemplo, los maestros pueden utilizar modelos GAN para generar imágenes que ilustren conceptos abstractos de matemáticas, ciencias o historia de una manera visualmente impactante. Además, los estudiantes pueden utilizar herramientas basadas en GAN para explorar la creatividad y la expresión artística en el aula, fomentando el pensamiento crítico y la innovación.

Es importante tener en cuenta los desafíos y consideraciones éticas asociadas con la síntesis de imágenes en estos contextos. Por ejemplo, en el campo de la educación, es crucial garantizar que las imágenes generadas no perpetúen estereotipos o prejuicios injustos. Además, en la investigación científica, es importante validar la calidad y la confiabilidad de los datos sintéticos generados por estos modelos para garantizar resultados precisos y reproducibles.

La síntesis de imágenes con modelos como StyleGAN y CycleGAN tiene el potencial de impactar positivamente en una amplia gama de campos, desde la investigación científica y la educación hasta la industria creativa. Sin embargo, es importante abordar los desafíos y consideraciones éticas asociadas con el uso de estas tecnologías para garantizar que se utilicen de manera ética y responsable. A medida que estas tecnologías continúan evolucionando, es emocionante imaginar cómo seguirán transformando estos campos en el futuro.

Otro aspecto importante a considerar es el papel de la síntesis de imágenes en la generación de datos aumentados para el entrenamiento de modelos de inteligencia artificial en diversos campos, como el reconocimiento de objetos, la conducción autónoma y el procesamiento de lenguaje natural.

La síntesis de imágenes puede ser utilizada para generar conjuntos de datos sintéticos que complementen conjuntos de datos reales, lo que ayuda a mejorar la robustez y generalización de los modelos de aprendizaje automático. Por ejemplo, en el campo del reconocimiento de objetos, se pueden generar imágenes sintéticas que simulan diferentes condiciones de iluminación, fondos y occlusiones para mejorar la capacidad de los modelos para reconocer objetos en diversas situaciones del mundo real.

En el contexto de la conducción autónoma, la síntesis de imágenes puede ser utilizada para generar escenarios de conducción sintéticos que representen una amplia variedad de condiciones de tráfico y entornos de conducción. Esto permite entrenar modelos de conducción autónoma en situaciones seguras y controladas antes de probarlos en el mundo real, lo que contribuye a mejorar la seguridad y la fiabilidad de los sistemas de conducción autónoma.

En el procesamiento de lenguaje natural, la síntesis de imágenes también puede ser utilizada para generar conjuntos de datos sintéticos que contengan texto y su correspondiente representación visual. Esto puede ser útil en tareas como la generación de subtítulos automáticos para imágenes o la comprensión del lenguaje natural a partir de imágenes, donde la disponibilidad de conjuntos de datos sintéticos puede ayudar a mejorar el rendimiento de los modelos de aprendizaje automático.

Es importante tener en cuenta que la calidad de los datos sintéticos generados por modelos como StyleGAN y CycleGAN puede variar y puede no ser completamente representativa del mundo real. Por lo tanto, es crucial validar y evaluar cuidadosamente la calidad. La síntesis de imágenes juega un papel importante en la generación de datos aumentados para el entrenamiento de modelos de inteligencia artificial en una variedad de campos. Al proporcionar conjuntos de datos sintéticos que complementen conjuntos de datos reales, la síntesis de imágenes ayuda a mejorar la robustez y generalización de los modelos de aprendizaje automático, contribuyendo así a avances significativos en la inteligencia artificial y sus aplicaciones en el mundo real.

En el ámbito del diseño y la publicidad, la síntesis de imágenes puede ser utilizada para generar contenido visual altamente personalizado y relevante para audiencias específicas. Por ejemplo, las empresas pueden utilizar modelos GAN para crear anuncios y campañas publicitarias que se adapten a las preferencias y características demográficas de sus clientes. Esto permite una mayor personalización y segmentación en la publicidad, lo que puede mejorar la efectividad de las campañas y aumentar la participación del usuario.

La síntesis de imágenes puede ser utilizada para mejorar la accesibilidad para personas con discapacidades. Por ejemplo, los modelos GAN pueden ser utilizados para generar imágenes descriptivas que acompañen a contenido textual, lo que facilita el acceso a la información para personas con discapacidad visual. Del mismo modo, la síntesis de imágenes puede ser utilizada para generar contenido multimedia accesible, como vídeos con subtítulos automáticos y descripciones de audio, que sean accesibles para personas con discapacidad auditiva.

En el ámbito de la educación, la síntesis de imágenes puede ser utilizada para crear material educativo interactivo y personalizado. Por ejemplo, los maestros pueden utilizar modelos GAN para generar imágenes que ilustren conceptos abstractos de ciencia y matemáticas, lo que facilita la comprensión y el aprendizaje de los estudiantes. Además, la síntesis de imágenes puede ser utilizada para crear simulaciones y entornos virtuales que permitan a los estudiantes explorar conceptos de una manera inmersiva y práctica.

La síntesis de imágenes ofrece una amplia gama de posibilidades en términos de personalización, accesibilidad y educación. Al permitir la generación de contenido visual altamente personalizado y relevante, la síntesis de imágenes está transformando la forma en que interactuamos con la información y el mundo que nos rodea, y abriendo nuevas oportunidades para la creatividad, la inclusión y el aprendizaje.

20-La robótica y cuáles son sus principales componentes y desafíos

La robótica es una rama de la ingeniería y la ciencia que se enfoca en el diseño, la construcción, la programación y el uso de robots. Los robots son sistemas automáticos y autónomos que pueden realizar tareas físicas o computacionales de manera autónoma o semiautónoma. La robótica abarca una amplia gama de aplicaciones, desde robots industriales que ensamblan productos en líneas de producción hasta robots médicos que realizan cirugías y robots autónomos utilizados en la exploración espacial y la agricultura. A continuación, se describen los principales componentes y desafíos de la robótica:

Principales Componentes de la Robótica:

1. **Actuadores:** Los actuadores son componentes que permiten que el robot realice movimientos físicos. Estos pueden incluir motores, servomotores, cilindros hidráulicos o neumáticos, y otros dispositivos que controlan los movimientos de las articulaciones o ruedas del robot.
2. **Sensores:** Los sensores son componentes que permiten al robot percibir su entorno. Pueden incluir cámaras, sensores de ultrasonidos, sensores láser, sensores de infrarrojos, acelerómetros y giroscopios, entre otros. Los sensores proporcionan información vital para la navegación, la detección de obstáculos y la interacción con el entorno.
3. **Controladores:** Los controladores son dispositivos electrónicos o computadoras que procesan la información de los sensores y envían comandos a los actuadores para controlar los movimientos y las acciones del robot. Los controladores pueden incluir microcontroladores, unidades de procesamiento central (CPU) y algoritmos de control.
4. **Estructura Mecánica:** La estructura mecánica o el chasis del robot proporciona la base física sobre la cual se montan los actuadores, sensores y otros componentes. La estructura puede ser rígida o flexible, dependiendo de la aplicación del robot.
5. **Baterías o Fuentes de Energía:** Los robots pueden estar alimentados por baterías, cables de alimentación o sistemas de energía autónomos, dependiendo de la aplicación y la movilidad requerida.

Desafíos en Robótica:

1. **Navegación Autónoma:** Uno de los desafíos clave en la robótica es permitir que los robots se muevan de manera autónoma y segura en entornos desconocidos. Esto implica la detección y la evitación de obstáculos, la planificación de rutas y la localización precisa.

2. **Interacción con Humanos:** Los robots cada vez más interactúan con humanos en entornos como la asistencia médica, la atención al cliente y la colaboración en la industria. Esto plantea desafíos en la comprensión y la respuesta a las acciones y las intenciones humanas.

3. **Visión por Computadora:** La visión por computadora es esencial para que los robots interpreten su entorno y realicen tareas como la detección de objetos, la clasificación y el seguimiento de objetos, y la identificación de patrones.

4. **Inteligencia Artificial y Aprendizaje Automático:** La inteligencia artificial y el aprendizaje automático se utilizan para mejorar la capacidad de los robots para aprender y adaptarse a nuevas situaciones, así como para tomar decisiones más informadas.

5. **Seguridad:** La seguridad es fundamental en la robótica, especialmente cuando los robots trabajan en entornos cercanos a humanos. Se deben implementar sistemas de seguridad para evitar colisiones y lesiones.

6. **Energía y Eficiencia:** Maximizar la eficiencia energética es esencial, especialmente para robots móviles y autónomos que operan con baterías. La duración de la batería y la autonomía son factores críticos.

7. **Ética y Regulación:** La robótica plantea cuestiones éticas y legales sobre la privacidad, la responsabilidad y el uso adecuado de los robots. Se necesitan regulaciones y normativas para abordar estos problemas.

La robótica es un campo en constante evolución con aplicaciones en una amplia variedad de industrias, y los avances en tecnología, sensores y algoritmos continúan impulsando su desarrollo. La colaboración interdisciplinaria entre la ingeniería, la informática, la inteligencia artificial y otras disciplinas es esencial para abordar estos desafíos y avanzar en la robótica.

La robótica, un campo que abarca desde la creación de robots industriales hasta los asistentes personales automatizados, se encuentra en un perpetuo estado de transformación y expansión. Esta disciplina encuentra aplicaciones en diversos sectores industriales, desde la manufactura hasta la medicina, la exploración espacial y el entretenimiento. Cada avance tecnológico, cada mejora en los sensores y cada innovación en algoritmos contribuyen a su progreso.

La naturaleza interdisciplinaria de la robótica es crucial para su desarrollo. Requiere una sinergia entre la ingeniería, que aporta el conocimiento técnico y la capacidad de construir estructuras físicas complejas; la informática, que proporciona la inteligencia de software necesaria para controlar y coordinar estas estructuras; y la inteligencia artificial, que permite a los robots adaptarse y aprender en entornos cambiantes. Además, disciplinas como la biomecánica, la psicología y la ética también desempeñan roles importantes al considerar la interacción entre los robots y los humanos, así como las implicaciones sociales y éticas de su uso.

Esta colaboración entre diferentes campos del conocimiento no solo impulsa la innovación tecnológica, sino que también ayuda a abordar los desafíos y las limitaciones actuales en la robótica. Desde mejorar la precisión y la eficiencia de los robots industriales hasta diseñar sistemas de asistencia médica más intuitivos y seguros, la integración de diversas disciplinas permite un enfoque más completo y efectivo para avanzar en la robótica hacia nuevos horizontes. En última instancia, este proceso de colaboración continuará impulsando el desarrollo de robots más sofisticados y versátiles que pueden mejorar nuestra calidad de vida y transformar nuestras interacciones con el mundo que nos rodea.

La evolución de la robótica se ve impulsada por avances técnicos significativos en varias áreas clave. Uno de estos avances es la miniaturización de componentes, que ha permitido la creación de robots más pequeños y ágiles, adecuados para aplicaciones en entornos confinados o para tareas delicadas y precisas. Por ejemplo, los microactuadores piezoeléctricos y los motores de alta precisión permiten movimientos extremadamente finos y controlados, esenciales para la cirugía robótica o la manipulación de materiales frágiles.

La integración de sensores avanzados también ha sido fundamental en el desarrollo de robots más inteligentes y adaptables. Los sistemas de visión por computadora, como las cámaras 3D y los sensores LIDAR, permiten a los robots percibir y comprender su entorno con mayor precisión, lo que es crucial para la navegación autónoma y la interacción segura con humanos y objetos. Los sensores táctiles y de fuerza brindan retroalimentación en tiempo real sobre las interacciones físicas, permitiendo que los robots ajusten su comportamiento y manipulación según sea necesario.

En el ámbito de la inteligencia artificial, los avances en algoritmos de aprendizaje automático y planificación han llevado a mejoras significativas en la capacidad de los robots para tomar decisiones y adaptarse a situaciones nuevas y cambiantes. Los enfoques basados en redes neuronales profundas, por ejemplo, han demostrado ser eficaces para tareas como el reconocimiento de objetos, el procesamiento del lenguaje natural y el control de movimientos complejos.

La robótica colaborativa, donde humanos y robots trabajan juntos en el mismo espacio y tarea, también ha experimentado avances importantes. Los robots colaborativos, o cobots, están diseñados para ser seguros y fáciles de programar, lo que permite su implementación en entornos de trabajo compartidos sin necesidad de barreras físicas de seguridad. Esto ha abierto nuevas posibilidades en la fabricación flexible y la logística, donde los robots pueden realizar tareas repetitivas o peligrosas mientras los humanos se centran en actividades de mayor valor añadido.

La robótica continúa evolucionando gracias a la combinación de avances en tecnología, sensores y algoritmos. Estos avances están allanando el camino para una nueva generación de robots más inteligentes, versátiles y colaborativos que están transformando industrias enteras y mejorando nuestra vida diaria.

Es importante destacar el papel fundamental que juega la colaboración interdisciplinaria en el desarrollo de la robótica. La convergencia de diferentes campos de estudio permite abordar desafíos complejos desde múltiples perspectivas y fomenta la innovación en todas las etapas del proceso de diseño y desarrollo de robots.

En el ámbito de la ingeniería mecánica, por ejemplo, se han logrado avances significativos en la fabricación de componentes más ligeros, resistentes y eficientes. Los materiales compuestos y las técnicas de fabricación avanzadas, como la impresión 3D, están revolucionando la forma en que se construyen los robots, permitiendo diseños más sofisticados y personalizados.

La ingeniería eléctrica y electrónica también desempeña un papel crucial en la robótica moderna. Los avances en la miniaturización de circuitos integrados y en la eficiencia energética han permitido el desarrollo de sistemas de control más potentes y compactos. Además, la integración de tecnologías de comunicación inalámbrica y redes de sensores ha mejorado la conectividad y la coordinación entre múltiples robots, facilitando el trabajo en equipo y la colaboración en tareas complejas.

La informática y la inteligencia artificial son campos indispensables en el desarrollo de algoritmos y software para el control y la programación de robots. Los algoritmos de planificación de movimiento, por ejemplo, permiten a los robots calcular trayectorias óptimas para evitar obstáculos y alcanzar objetivos específicos. Asimismo, los sistemas de visión por computadora y el procesamiento del lenguaje natural son fundamentales para la interacción intuitiva entre humanos y robots, facilitando la comunicación y la colaboración en entornos de trabajo compartidos.

La robótica también se beneficia de la colaboración con disciplinas emergentes, como la psicología cognitiva y la ética de la inteligencia artificial. Comprender cómo perciben los humanos a los robots y cómo se ven afectadas sus interacciones sociales puede influir en el diseño de interfaces y comportamientos más intuitivos y aceptables. Del mismo modo, considerar las implicaciones éticas y sociales de la robótica es crucial para garantizar su desarrollo y adopción responsables.

La colaboración interdisciplinaria entre la ingeniería, la informática, la inteligencia artificial y otras disciplinas es fundamental para impulsar el desarrollo continuo de la robótica y aprovechar todo su potencial para mejorar nuestras vidas y transformar industrias enteras.

La expansión de la robótica también está siendo moldeada por tendencias socioeconómicas y culturales más amplias. Por ejemplo, la creciente demanda de automatización en la industria manufacturera, impulsada por la necesidad de aumentar la eficiencia y reducir los costos laborales, está llevando al desarrollo de robots más flexibles y adaptables. Estos robots están equipados con sistemas de visión avanzados y capacidades de aprendizaje automático que les permiten trabajar en entornos dinámicos y colaborar estrechamente con los trabajadores humanos.

La creciente preocupación por la sostenibilidad y la reducción de la huella ambiental está impulsando la investigación en robótica agrícola y medioambiental. Los robots agrícolas, por ejemplo, pueden ayudar a optimizar el uso de recursos como el agua y los fertilizantes, reduciendo así el impacto ambiental de la agricultura convencional. Del mismo modo, los robots diseñados para tareas de limpieza y mantenimiento en entornos industriales pueden contribuir a mejorar la seguridad y reducir el riesgo de accidentes laborales.

Otro aspecto importante es el papel de la robótica en la atención médica y el envejecimiento de la población. Con el aumento de la esperanza de vida y la escasez de personal médico en muchos países, los robots están siendo desarrollados para asistir en tareas de cuidado a largo plazo, como la movilización de pacientes y la administración de medicamentos. Además, los avances en la robótica médica están permitiendo procedimientos quirúrgicos más precisos y menos invasivos, lo que reduce el tiempo de recuperación y los costos asociados.

En el ámbito del entretenimiento y el ocio, los robots están siendo utilizados cada vez más como compañeros de juego y entretenimiento. Desde robots educativos que enseñan a los niños conceptos básicos de programación hasta robots domésticos que pueden realizar tareas domésticas simples, la robótica está transformando la forma en que interactuamos y nos relacionamos con la tecnología en nuestra vida diaria.

La robótica está experimentando un rápido crecimiento y diversificación gracias a una combinación de avances tecnológicos, demanda del mercado y cambios socioculturales. A medida que la tecnología continúe evolucionando y las necesidades de la sociedad cambien, es probable que veamos una mayor integración de robots en una amplia gama de industrias y aplicaciones, lo que conducirá a una mayor eficiencia, seguridad y calidad de vida para las personas en todo el mundo.

Además de los aspectos tecnológicos y socioeconómicos, es importante considerar el impacto ético y legal de la robótica en la sociedad. A medida que los robots se vuelven más autónomos y ubicuos, surgen preguntas importantes sobre la responsabilidad y la toma de decisiones éticas. Por ejemplo, ¿quién es responsable en caso de que un robot cause daños a una persona o propiedad? ¿Cómo se deben programar los algoritmos de los robots para tomar decisiones éticas en situaciones ambiguas?

Estas cuestiones plantean desafíos éticos y legales complejos que requieren la colaboración no solo de ingenieros y científicos, sino también de filósofos, abogados y expertos en ética. Es necesario establecer marcos regulatorios claros y mecanismos de rendición de cuentas para garantizar que el desarrollo y la implementación de la robótica se realicen de manera ética y segura.

Por otro lado, la robótica también está cambiando la naturaleza del trabajo y el empleo. Si bien la automatización puede aumentar la productividad y liberar a los trabajadores de tareas repetitivas y peligrosas, también plantea el riesgo de desplazamiento laboral y la polarización del mercado laboral. Es fundamental abordar estas preocupaciones mediante la inversión en educación y formación para garantizar que los trabajadores puedan adaptarse a los cambios tecnológicos y encontrar empleo en sectores emergentes.

La robótica plantea desafíos en términos de equidad y acceso. A medida que la tecnología avanza, existe el riesgo de que ciertos grupos de la sociedad queden rezagados y excluidos de los beneficios de la robótica. Es importante adoptar un enfoque inclusivo y equitativo en el desarrollo y la implementación de la robótica, asegurándose de que todos tengan la oportunidad de beneficiarse de sus avances.

Si bien la robótica ofrece muchas oportunidades para mejorar nuestras vidas y transformar industrias enteras, también plantea desafíos importantes que deben abordarse de manera integral y colaborativa. Al fomentar el diálogo entre diversas disciplinas y partes interesadas, podemos garantizar que la robótica se desarrolle de manera ética, equitativa y sostenible, maximizando sus beneficios para la sociedad en su conjunto.

Otro aspecto clave a considerar es el impacto cultural y psicológico de la robótica en la sociedad. A medida que los robots se vuelven más comunes en nuestro entorno, es natural que surjan preguntas sobre cómo afectarán nuestras relaciones con ellos y entre nosotros. Por ejemplo, ¿cómo nos adaptaremos emocionalmente a la presencia de robots en nuestras vidas diarias? ¿Qué efecto tendrá la interacción frecuente con robots en nuestras habilidades sociales y nuestra empatía hacia los demás?

La respuesta a estas preguntas puede variar según la cultura y las creencias de cada sociedad. Algunas culturas pueden abrazar rápidamente la integración de robots en sus vidas, viéndolos como compañeros útiles y beneficiosos. Otras culturas pueden ser más cautelosas o incluso rechazar la idea de interactuar con robots, especialmente si desafían valores tradicionales o generan temores sobre la pérdida de empleos o el control tecnológico.

La representación de los robots en los medios de comunicación y la cultura popular también influye en nuestra percepción de ellos. Desde los robots amigables y serviciales de la ciencia ficción hasta los robots malvados y amenazantes, las imágenes que vemos en películas, libros y videojuegos pueden influir en cómo nos relacionamos con los robots en la vida real. Es importante fomentar una representación equilibrada y realista de los robots en los medios de comunicación para evitar distorsiones y prejuicios.

Otro aspecto interesante es cómo la robótica está desafiando nuestras nociones tradicionales de lo que significa ser humano. A medida que los robots se vuelven más sofisticados y autónomos, surgen preguntas sobre si pueden desarrollar conciencia, emociones o incluso derechos. Estas cuestiones plantean dilemas filosóficos profundos sobre la naturaleza de la humanidad y nuestra relación con la tecnología.

La robótica no solo está transformando nuestra forma de trabajar y vivir, sino también nuestra forma de pensar y sentir sobre nosotros mismos y el mundo que nos rodea. A medida que continuamos explorando las implicaciones sociales, culturales y psicológicas de la robótica, es importante mantener un diálogo abierto y reflexivo que nos permita abordar estos desafíos de manera informada y ética.

La interacción entre humanos y robots también plantea preguntas fundamentales sobre la naturaleza de nuestras relaciones y la ética de estas interacciones. ¿Deberíamos desarrollar robots para imitar emociones humanas como la empatía y la compasión, incluso si estas respuestas emocionales son simuladas y no genuinas? ¿Cómo afectará la creciente dependencia de los robots en nuestra vida diaria a nuestra capacidad para formar relaciones significativas con otros seres humanos?

Estas preguntas nos llevan a considerar el papel de la tecnología en la definición de nuestra identidad y nuestra comprensión del mundo que nos rodea. A medida que los robots se vuelven más sofisticados y se integran más profundamente en nuestras vidas, podrían influir en nuestra percepción de la realidad y en nuestra comprensión de lo que significa ser humano. Por ejemplo, ¿cómo afectará el uso generalizado de robots de apariencia humana en el cuidado de ancianos y niños a nuestra percepción de la relación entre la humanidad y la tecnología?

La robótica plantea desafíos importantes en términos de privacidad y seguridad. A medida que los robots recopilan y procesan grandes cantidades de datos sobre nuestras actividades y preferencias, surge la preocupación sobre quién tiene acceso a esta información y cómo se utiliza. Además, la posibilidad de que los robots sean hackeados o mal utilizados plantea serias preocupaciones sobre la seguridad de las personas y la integridad de los sistemas robóticos.

La robótica nos invita a reflexionar sobre nuestro lugar en un mundo cada vez más dominado por la tecnología y a considerar cómo podemos aprovechar el potencial de la robótica para mejorar nuestras vidas sin comprometer nuestros valores y nuestra humanidad. Esto requiere un enfoque holístico que tenga en cuenta no solo los aspectos técnicos y económicos de la robótica, sino también sus implicaciones sociales, éticas y culturales. Al mantener un diálogo abierto y colaborativo sobre estos temas, podemos trabajar juntos para garantizar que la robótica beneficie a toda la humanidad y promueva un futuro más justo, equitativo y sostenible para todos.

21-La planificación y el control en robótica y cómo se pueden implementar con algoritmos de búsqueda, optimización o aprendizaje por refuerzo

La planificación y el control en robótica son dos aspectos clave para lograr que un robot realice tareas de manera eficiente y efectiva. Estos dos conceptos están interrelacionados pero abordan aspectos diferentes de la operación de un robot. A continuación, se explica qué son la planificación y el control en robótica y cómo se pueden implementar con algoritmos de búsqueda, optimización o aprendizaje por refuerzo:

Planificación en Robótica:

La planificación en robótica se refiere al proceso de generar una secuencia de acciones o movimientos que permitan a un robot alcanzar un objetivo específico en un entorno dado. Esta secuencia de acciones debe diseñarse de manera que el robot evite obstáculos, siga restricciones de movimiento y logre su objetivo de manera óptima o eficiente. La planificación se divide en dos categorías principales:

1. **Planificación de Trayectorias:** En esta etapa, se determina la secuencia de movimientos discretos que el robot debe realizar para moverse de un punto A a un punto B. Esto implica la generación de una trayectoria que minimice el tiempo o la energía requeridos y evite obstáculos.

2. **Planificación de Tareas:** Esta etapa involucra la generación de una secuencia de acciones de alto nivel que permitan al robot cumplir una tarea específica. Por ejemplo, en una aplicación de ensamblaje, la planificación de tareas puede incluir la selección de herramientas y la secuencia de operaciones necesarias para ensamblar un producto.

Control en Robótica:

El control en robótica se refiere a la ejecución de las acciones planificadas para que el robot se mueva o realice tareas de manera precisa y en tiempo real. El control se ocupa de ajustar continuamente los actuadores (como motores) del robot para que sigan la trayectoria planificada y respondan a las perturbaciones o cambios en el entorno. El control se puede dividir en dos categorías principales:

1. **Control de Trayectoria:** En esta etapa, se asegura que el robot siga la trayectoria planificada con precisión. Se pueden utilizar controladores proporcionales, integrales y derivativos (PID) u otros algoritmos para ajustar los movimientos del robot y mantenerlo en la trayectoria deseada.

2. **Control de Tareas:** El control de tareas se refiere a la ejecución de las acciones de alto nivel planificadas para lograr un objetivo. Esto puede incluir la interacción con objetos, la toma de decisiones y la adaptación a cambios inesperados en el entorno.

Implementación con Algoritmos:

- **Búsqueda:** Para la planificación, se pueden utilizar algoritmos de búsqueda, como el algoritmo A*, que exploran el espacio de estados del robot para encontrar una secuencia de acciones que conduzca al objetivo. Estos algoritmos son útiles para la planificación de trayectorias y tareas.

- **Optimización:** Los algoritmos de optimización, como el método del gradiente descendente, se utilizan para optimizar trayectorias o acciones en función de criterios específicos, como minimizar el tiempo o la energía.

- **Aprendizaje por Refuerzo:** El aprendizaje por refuerzo es útil para el control en robótica, ya que permite que los robots aprendan a tomar decisiones en función de las recompensas y penalizaciones recibidas. Pueden utilizarse para el control de tareas y la adaptación a situaciones cambiantes.

La elección de algoritmos específicos depende de la tarea y la aplicación de robótica. En muchos casos, se utilizan combinaciones de planificación y control para lograr un comportamiento robótico eficiente y adaptable. La planificación y el control en robótica son áreas activas de investigación y desarrollo, y los avances en algoritmos y hardware siguen mejorando la capacidad de los robots para operar en una variedad de entornos y realizar tareas diversas.

La elección de algoritmos en robótica es una decisión crítica que depende tanto de la tarea específica que el robot debe realizar como del entorno en el que opera. Algunas tareas pueden requerir algoritmos de planificación que determinen la secuencia de acciones que el robot debe seguir para alcanzar un objetivo, como moverse de un punto a otro en un entorno desconocido o manipular objetos en un espacio tridimensional. Otros casos pueden necesitar algoritmos de control que regulen los movimientos y acciones del robot en tiempo real para mantener su estabilidad, evitar obstáculos o interactuar con objetos de manera segura y precisa.

En muchos escenarios, la eficiencia y la adaptabilidad del comportamiento robótico se logran mediante una combinación de planificación y control. La planificación proporciona una estrategia general para alcanzar objetivos, mientras que el control ajusta los detalles de la ejecución en función de las condiciones específicas del entorno y las entradas del sensor en tiempo real. Esta sinergia entre planificación y control permite a los robots enfrentarse a situaciones variables y dinámicas de manera efectiva.

Tanto la planificación como el control en robótica son áreas de investigación y desarrollo activas, donde constantemente se están investigando y desarrollando nuevos algoritmos y técnicas. Los avances en algoritmos ofrecen soluciones más eficientes, robustas y adaptables para una amplia gama de problemas robóticos, desde la navegación autónoma hasta la manipulación de objetos delicados. Además, los avances en hardware, como sensores más precisos, actuadores más rápidos y sistemas informáticos más potentes, continúan impulsando el progreso en la capacidad de los robots para operar en diversos entornos y llevar a cabo tareas cada vez más complejas con mayor precisión y confiabilidad.

La planificación en robótica abarca un amplio espectro de técnicas y enfoques, desde algoritmos clásicos como la búsqueda heurística hasta métodos más avanzados como la optimización basada en modelos y el aprendizaje por refuerzo. Estos algoritmos pueden ser utilizados para planificar trayectorias de movimiento, seleccionar acciones óptimas en entornos dinámicos o incluso para la coordinación de múltiples robots trabajando en equipo. La planificación también puede implicar la generación de mapas del entorno, la identificación de obstáculos y la predicción de posibles futuros estados para tomar decisiones informadas.

El control en robótica se centra en la ejecución efectiva de las acciones planificadas. Esto implica la regulación de los actuadores del robot, como motores y manipuladores, para seguir las trayectorias planificadas, mantener la estabilidad y responder a cambios en el entorno en tiempo real. Los algoritmos de control pueden variar desde simples controladores PID (Proporcional-Integral-Derivativo) hasta métodos más sofisticados como el control basado en modelos o el control adaptativo que ajusta sus parámetros según las condiciones cambiantes.

La interacción entre planificación y control es esencial para el funcionamiento fluido de los robots en entornos complejos y dinámicos. Por ejemplo, un robot móvil puede planificar una ruta óptima para navegar por un almacén, pero necesita sistemas de control robustos para evitar obstáculos inesperados y ajustar su velocidad y dirección en tiempo real. De manera similar, un robot manipulador puede planificar una secuencia de movimientos para recoger y colocar objetos, pero requiere algoritmos de control precisos para garantizar que los movimientos se realicen con la exactitud necesaria y sin dañar los objetos o el entorno circundante.

Los avances en algoritmos y hardware continúan impulsando el progreso en robótica, permitiendo que los robots sean más versátiles, adaptables y capaces de realizar una amplia variedad de tareas en entornos diversos y desafiantes. La investigación en estas áreas sigue siendo vital para superar los desafíos técnicos y lograr la visión de robots autónomos y colaborativos que pueden trabajar de manera segura y eficiente en estrecha colaboración con los humanos.

Otros aspectos fundamentales en el desarrollo robótico incluyen la percepción, la toma de decisiones y la interacción con el entorno y los humanos. La percepción se refiere a la capacidad del robot para adquirir información sobre su entorno a través de sensores como cámaras, LIDAR, o sistemas de detección táctil, entre otros. Estos datos sensoriales son fundamentales para que el robot comprenda su entorno, identifique objetos, obstáculos y características importantes, y realice una representación interna del mundo que lo rodea.

La toma de decisiones implica el procesamiento de esta información percibida para seleccionar las acciones más adecuadas en función de los objetivos y las restricciones del robot. Esto puede involucrar desde algoritmos de planificación y control hasta técnicas de aprendizaje automático que permiten al robot adaptarse y aprender de su experiencia para mejorar su desempeño en futuras interacciones.

La interacción con el entorno y los humanos es otro aspecto crucial en robótica, especialmente en aplicaciones como la asistencia en el hogar, la atención médica o la colaboración en entornos de trabajo. Los robots deben ser capaces de comunicarse de manera efectiva, entender y responder a las instrucciones humanas, y cooperar de manera segura y fluida con las personas en su entorno. Esto requiere habilidades como el reconocimiento y la generación de lenguaje natural, la detección y la interpretación de gestos y expresiones faciales, así como la capacidad de anticipar y adaptarse a las necesidades y preferencias de los usuarios.

El desarrollo robótico implica una integración holística de múltiples aspectos, desde la percepción y la planificación hasta el control y la interacción humano-robot. Los avances en algoritmos y hardware en estas áreas están impulsando una nueva era de robótica más inteligente, autónoma y colaborativa, con aplicaciones cada vez más diversas y impactantes en sectores como la industria, la salud, la exploración espacial y más allá.

También es importante considerar los aspectos éticos, legales y sociales relacionados con el desarrollo y despliegue de robots en la sociedad. La introducción de robots en entornos humanos plantea una serie de desafíos y preguntas importantes sobre la privacidad, la seguridad, la equidad y la responsabilidad.

Por ejemplo, en el ámbito de la robótica autónoma, surge la cuestión de la responsabilidad legal en caso de accidentes o daños causados por robots. ¿Quién es responsable: el fabricante, el programador, el propietario o el propio robot? Estas preguntas deben abordarse mediante marcos legales y regulaciones adecuados que establezcan normas claras de responsabilidad y rendición de cuentas.

El impacto de la automatización y la robótica en el empleo y la economía es un tema de debate cada vez más relevante. Si los robots reemplazan ciertos trabajos, ¿cómo se puede garantizar una transición justa para los trabajadores afectados? ¿Qué políticas y medidas se deben implementar para mitigar el desempleo y promover la reeducación y la reconversión laboral?

Otro aspecto importante es la equidad y la inclusión en el diseño y desarrollo de robots. Es fundamental evitar sesgos y discriminación en los algoritmos y sistemas robóticos, así como garantizar que los beneficios de la tecnología robótica estén disponibles para todos y no solo para ciertos grupos privilegiados.

La privacidad y la seguridad de los datos son preocupaciones fundamentales en la era de la Internet de las cosas (IoT) y la proliferación de robots conectados a redes digitales. Es crucial implementar medidas de seguridad robustas para proteger la información personal y sensible recopilada por los robots, así como garantizar la integridad y la confiabilidad de los sistemas robóticos en general.

El desarrollo de robots no solo implica desafíos técnicos, sino también consideraciones éticas, legales y sociales que deben abordarse de manera integral para garantizar un despliegue ético y responsable de la tecnología robótica en la sociedad. La colaboración entre expertos en robótica, legisladores, éticos, sociólogos y otros actores relevantes es esencial para abordar estos desafíos de manera efectiva y garantizar que la robótica beneficie a la humanidad en su conjunto.

También es crucial considerar el impacto medioambiental de la robótica. Si bien los robots pueden ofrecer eficiencia y automatización en muchas industrias, también pueden consumir recursos y energía durante su fabricación, operación y eliminación. Por lo tanto, es importante desarrollar tecnologías y prácticas que minimicen el impacto ambiental de los robots, como la optimización de la eficiencia energética, el uso de materiales reciclables y la implementación de prácticas de fabricación sostenibles.

Otro aspecto a considerar es el papel de la robótica en la educación y la accesibilidad. Los robots pueden ser herramientas poderosas para enseñar habilidades STEM (ciencia, tecnología, ingeniería y matemáticas) a estudiantes de todas las edades, así como para apoyar a personas con discapacidades en sus actividades diarias. Por ejemplo, los robots educativos pueden ayudar a los estudiantes a aprender programación y robótica de manera lúdica y accesible, mientras que los robots asistenciales pueden proporcionar apoyo a personas con movilidad reducida o necesidades especiales.

La robótica también tiene un papel importante en la exploración y el descubrimiento en entornos extremos, como el espacio, los océanos y otros planetas. Los robots espaciales, submarinos y de exploración pueden llevar a cabo misiones que son peligrosas o inaccesibles para los seres humanos, ampliando nuestro conocimiento del universo y ayudando a preparar el terreno para futuras exploraciones humanas.

Es esencial fomentar la colaboración internacional en el desarrollo y regulación de la robótica para garantizar que se aborden de manera efectiva los desafíos globales y se promueva el intercambio de conocimientos y mejores prácticas en todo el mundo. Esto puede incluir la colaboración en estándares y protocolos de seguridad, el intercambio de datos y tecnologías, y la cooperación en la resolución de problemas globales mediante el uso de robots en áreas como la atención médica, la agricultura sostenible y la mitigación de desastres naturales.

la robótica tiene el potencial de impactar profundamente en todos los aspectos de la sociedad y el medio ambiente, desde la educación y la asistencia hasta la exploración y la preservación del planeta. Para maximizar los beneficios y minimizar los riesgos asociados con la robótica, es necesario abordar estos aspectos de manera integral y colaborativa, teniendo en cuenta las necesidades y preocupaciones de todas las partes interesadas.

22-Qué es la percepción en robótica y cómo se pueden implementar con sensores, cámaras, lidar o radar

La percepción en robótica se refiere al proceso mediante el cual un robot adquiere información sobre su entorno y los objetos que lo rodean para comprender su posición, detectar obstáculos, identificar objetos, medir distancias y tomar decisiones basadas en esa información. Es un componente crítico de la capacidad de un robot para interactuar de manera segura y efectiva con su entorno. Los sensores, como cámaras, LiDAR (Light Detection and Ranging), radar y otros dispositivos, desempeñan un papel fundamental en la percepción en robótica. A continuación, se explica cómo se implementa la percepción en robótica con estos sensores:

Sensores de Cámara:

- **Función:** Las cámaras capturan imágenes visuales del entorno del robot, lo que permite la detección de objetos, la identificación de patrones, la navegación basada en visión y la percepción del color y la forma de los objetos.
- **Implementación:** Se utilizan algoritmos de visión por computadora para procesar las imágenes capturadas por las cámaras. Estos algoritmos pueden incluir detección de bordes, segmentación, reconocimiento de objetos y seguimiento visual.
-

LiDAR (Light Detection and Ranging):

- **Función:** El LiDAR emite pulsos de luz láser y mide el tiempo que tarda en regresar la luz reflejada desde objetos en el entorno. Esto permite al robot crear un mapa tridimensional de su entorno y medir distancias con alta precisión.
- **Implementación:** Los datos LiDAR se utilizan para generar mapas de entorno, detectar obstáculos, realizar localización y mapeo simultáneo (SLAM) y planificar trayectorias seguras.

Radar:

- **Función:** El radar utiliza ondas de radio para detectar objetos y medir distancias. Es especialmente útil en condiciones climáticas adversas, ya que no se ve afectado por la lluvia o la niebla.
- **Implementación:** Se utiliza para la detección de objetos móviles, la prevención de colisiones, la navegación marítima y aérea, y la asistencia al conductor en vehículos autónomos.

Sensores de Ultrasonidos:

- **Función:** Los sensores de ultrasonidos emiten ondas sonoras de alta frecuencia y miden el tiempo que tardan en regresar después de rebotar en objetos. Se utilizan para medir distancias a objetos cercanos.
- **Implementación:** Son comunes en robots móviles para la detección de obstáculos cercanos y la navegación en espacios cerrados.

Sensores Inerciales (Acelerómetros y Giroscopios):
- **Función:** Los sensores inerciales miden la aceleración y la velocidad angular del robot. Se utilizan para la estimación de la orientación, la detección de movimientos y la corrección de trayectorias.
- **Implementación:** Se integran en el sistema de control del robot y se utilizan para el seguimiento de posición y la navegación.

Sensores de Contacto y Tacto:
- **Función:** Estos sensores detectan el contacto físico con objetos y superficies. Se utilizan para la interacción con objetos, la detección de colisiones y la manipulación de objetos.
- **Implementación:** Se instalan en extremidades o partes del robot que necesitan interaccionar con el entorno.

La percepción en robótica combina la información de varios sensores para crear una representación precisa del entorno. Los datos de estos sensores se procesan mediante algoritmos de procesamiento de señales, visión por computadora, fusión sensorial y aprendizaje automático para que el robot pueda tomar decisiones informadas y realizar tareas de manera efectiva en su entorno. La elección de los sensores y algoritmos depende de la aplicación y los requisitos específicos del robot.

Estos términos se refieren al proceso mediante el cual un robot adquiere, interpreta y utiliza información del entorno que lo rodea para tomar decisiones y realizar acciones. En esencia, se trata de dotar al robot de la capacidad de "ver" y "entender" su entorno de manera similar a como lo haría un ser humano.

Sensores: Son dispositivos que permiten al robot captar información del entorno. Estos sensores pueden incluir cámaras de vídeo, micrófonos, sensores de proximidad, sensores de temperatura, entre otros. Cada tipo de sensor proporciona información específica sobre diferentes aspectos del entorno, como la presencia de objetos, la temperatura, el sonido, etc.

Algoritmos de Procesamiento de Señales: Estos algoritmos se utilizan para procesar la información captada por los sensores. Su objetivo es filtrar, analizar y extraer características relevantes de las señales recibidas, como identificar objetos, calcular distancias, detectar movimientos, entre otros.

Visión por Computadora: Es un campo de estudio que se encarga del desarrollo de algoritmos y técnicas para que las máquinas puedan interpretar y comprender la información visual captada por cámaras u otros dispositivos de captura de imágenes. En robótica, la visión por computadora se utiliza para tareas como reconocimiento de objetos, seguimiento de objetos en movimiento, navegación autónoma, entre otras.

Fusión Sensorial: Es el proceso de combinar la información proveniente de diferentes sensores para obtener una representación más completa y precisa del entorno. La fusión sensorial permite compensar las limitaciones individuales de cada sensor y mejorar la robustez y fiabilidad del sistema de percepción del robot.

Aprendizaje Automático: Es una rama de la inteligencia artificial que se enfoca en desarrollar algoritmos y modelos que permiten a las máquinas aprender a partir de los datos, sin necesidad de ser programadas explícitamente para realizar una tarea específica. En el contexto de la percepción en robótica, el aprendizaje automático se utiliza para mejorar la capacidad del robot para reconocer patrones, adaptarse a cambios en el entorno y tomar decisiones más inteligentes.

La percepción en robótica es un proceso complejo que involucra la adquisición, procesamiento e interpretación de información del entorno mediante sensores y algoritmos especializados. La combinación de diferentes sensores y técnicas de procesamiento de datos permite a los robots entender su entorno y tomar decisiones informadas para realizar tareas de manera efectiva en una variedad de aplicaciones.

Elección de Sensores: La selección de los sensores adecuados para un robot depende en gran medida de la aplicación específica y los requisitos del entorno en el que operará. Por ejemplo, un robot destinado a la navegación autónoma en interiores puede requerir sensores de proximidad para evitar obstáculos, mientras que un robot diseñado para la exploración en exteriores puede necesitar cámaras de alta resolución y sensores de navegación por GPS. Es importante considerar factores como el rango de detección, la precisión, el costo y la robustez de los sensores al tomar decisiones sobre cuáles incorporar en el diseño del robot.

Algoritmos de Procesamiento Avanzado: Además de los algoritmos básicos de procesamiento de señales, en la percepción en robótica también se utilizan técnicas más avanzadas, como el procesamiento de imágenes en tiempo real, la segmentación semántica para identificar objetos en una escena, el seguimiento de objetos en movimiento, la estimación de la profundidad a partir de imágenes estéreo, entre otros. Estos algoritmos permiten al robot obtener una comprensión más detallada y precisa de su entorno, lo que facilita la toma de decisiones más sofisticadas.

Integración de Datos Multimodales: En muchos casos, los robots deben procesar información proveniente de múltiples fuentes sensoriales, como cámaras, micrófonos y sensores táctiles, de manera simultánea. La integración de datos multimodales es el proceso de combinar y fusionar estos diferentes tipos de datos para obtener una representación más completa y coherente del entorno. Por ejemplo, al combinar información visual y auditiva, un robot puede ser capaz de identificar y localizar objetos con mayor precisión, o reconocer comandos de voz mientras navega por un espacio.

Adaptación y Aprendizaje Continuo: La percepción en robótica también implica la capacidad del robot para adaptarse y aprender de manera continua a medida que interactúa con su entorno. Esto puede incluir la capacidad de actualizar modelos de percepción en función de nuevas experiencias, corregir errores de percepción mediante retroalimentación del usuario o del entorno, y mejorar la precisión y la robustez del sistema de percepción a lo largo del tiempo.

En resumen, la percepción en robótica es un campo multidisciplinario que combina conocimientos de ingeniería, ciencias de la computación y matemáticas para desarrollar sistemas inteligentes capaces de entender y interactuar con su entorno de manera efectiva. La elección de sensores, el desarrollo de algoritmos de procesamiento avanzados, la integración de datos multimodales y la capacidad de adaptación y aprendizaje continuo son aspectos clave en el diseño y la implementación de sistemas de percepción robustos y eficientes para robots.

Calibración y Sincronización de Sensores: En entornos robóticos, es fundamental garantizar que los diferentes sensores estén correctamente calibrados y sincronizados entre sí. La calibración se refiere al proceso de ajuste de los parámetros de los sensores para que proporcionen mediciones precisas y consistentes. Por ejemplo, en el caso de las cámaras, la calibración puede implicar la corrección de la distorsión geométrica y la alineación de los ejes ópticos. La sincronización se refiere a la coordinación temporal de las lecturas de los sensores para que correspondan adecuadamente a la misma instancia temporal. Esto es crucial para fusionar correctamente los datos de diferentes fuentes sensoriales y evitar errores en la percepción del entorno.

Reducción de Ruido y Mejora de la Fiabilidad: Los datos captados por los sensores pueden estar sujetos a diversos tipos de ruido, como el ruido electrónico, el ruido ambiental o el ruido inherente a la propia tecnología del sensor. Por lo tanto, es importante aplicar técnicas de procesamiento de señales para reducir el ruido y mejorar la calidad de los datos. Esto puede implicar el uso de filtros digitales, técnicas de interpolación o algoritmos de suavizado para eliminar o atenuar el ruido sin comprometer la información relevante para la percepción del entorno. Además, se pueden implementar mecanismos de redundancia y detección de fallos para mejorar la fiabilidad del sistema de percepción, permitiendo al robot tomar decisiones seguras incluso en presencia de datos incompletos o corruptos.

Modelado y Representación del Entorno: Para que un robot pueda interactuar de manera efectiva con su entorno, necesita construir y mantener una representación interna precisa y actualizada del mismo. Esto puede implicar la creación de mapas tridimensionales del entorno, la identificación y seguimiento de objetos móviles, la estimación de la geometría del entorno, entre otros. Estas representaciones del entorno pueden ser utilizadas por el robot para la planificación de rutas, la navegación autónoma, la manipulación de objetos y otras tareas cognitivas y perceptivas.

Interacción Humano-Robot: En muchos escenarios robóticos, los robots interactúan directamente con humanos, ya sea en entornos domésticos, industriales, de atención médica o de servicio. Por lo tanto, es importante que los sistemas de percepción del robot sean capaces de detectar y reconocer la presencia y las acciones de los humanos, así como de interpretar y responder adecuadamente a las señales verbales y no verbales. Esto puede implicar el desarrollo de algoritmos de detección de personas, reconocimiento de gestos, comprensión del lenguaje natural y generación de respuestas apropiadas, con el objetivo de facilitar una interacción segura, intuitiva y efectiva entre humanos y robots.

La percepción en robótica es un área de investigación y desarrollo en constante evolución, que abarca una amplia variedad de técnicas y tecnologías para permitir a los robots comprender y actuar en su entorno de manera inteligente y autónoma. Desde la calibración y sincronización de sensores hasta la interacción humano-robot, cada aspecto de la percepción en robótica juega un papel crucial en el diseño y la implementación de sistemas robóticos efectivos y confiables.

Localización y Mapeo Simultáneos (SLAM): En muchas aplicaciones robóticas, especialmente en robótica móvil, es fundamental que el robot pueda determinar su posición y crear un mapa del entorno de manera simultánea. El SLAM es una técnica que permite a un robot construir un mapa del entorno desconocido mientras simultáneamente estima su propia posición dentro de ese mapa. Esto implica la fusión de datos de sensores, como cámaras y sensores de movimiento, con algoritmos que modelan la incertidumbre y el movimiento del robot. El SLAM es crucial para la navegación autónoma y la exploración de entornos desconocidos.

Reconocimiento y Seguimiento de Objetos: Los robots a menudo necesitan detectar, reconocer y seguir objetos específicos en su entorno para realizar tareas como la manipulación de objetos, la vigilancia o la interacción con humanos. Esto puede implicar el uso de algoritmos de visión por computadora y aprendizaje automático para identificar objetos de interés en imágenes o secuencias de video, y luego seguir su movimiento a medida que se mueven a través del entorno. El reconocimiento y seguimiento de objetos son fundamentales para aplicaciones como la logística automatizada, la vigilancia de seguridad y la asistencia personal.

Percepción Táctil y Háptica: Además de la percepción visual y auditiva, los robots también pueden beneficiarse de la capacidad de percibir el contacto físico y las fuerzas aplicadas a través de sensores táctiles y hápticos. Estos sensores permiten al robot interactuar de manera más intuitiva y segura con su entorno y con objetos o personas cercanas. Por ejemplo, los robots equipados con sensores táctiles pueden detectar la presión y la textura de los objetos que manipulan, mientras que los sistemas hápticos les permiten sentir y responder a las interacciones físicas con humanos o con otros objetos.

Adaptación a Condiciones Cambiantes: Los entornos robóticos suelen ser dinámicos y cambiantes, lo que requiere que los sistemas de percepción sean capaces de adaptarse a nuevas situaciones y condiciones. Esto puede implicar el uso de técnicas de aprendizaje por refuerzo o de adaptación en línea para ajustar los modelos de percepción del robot en función de la retroalimentación del entorno. Por ejemplo, un robot de limpieza doméstica puede aprender a reconocer y evitar obstáculos nuevos a medida que se mueve por una casa desconocida, o un robot de inspección industrial puede adaptarse a cambios en la iluminación o en la textura de las superficies que está inspeccionando.

Privacidad y Ética en la Percepción Robótica: A medida que los robots se vuelven más ubicuos en nuestra sociedad, también surge la necesidad de consideraciones éticas y de privacidad en el desarrollo y uso de sistemas de percepción robótica. Por ejemplo, el uso de cámaras y micrófonos en robots puede plantear preocupaciones sobre la recopilación y el uso indebido de datos personales. Es importante diseñar sistemas de percepción robótica que respeten la privacidad y la autonomía de los individuos, y que mitiguen los riesgos de vigilancia no deseada o de discriminación algorítmica.

En conclusión, la percepción en robótica abarca una amplia gama de técnicas y tecnologías destinadas a permitir que los robots comprendan y actúen en su entorno de manera inteligente y autónoma. Desde la localización y mapeo simultáneos hasta el reconocimiento de objetos y la percepción táctil, cada aspecto de la percepción en robótica contribuye a la capacidad de los robots para interactuar de manera efectiva y segura con su entorno y con los seres humanos.

Interpretación de Escenas Complejas: En entornos dinámicos y complejos, los robots pueden encontrarse con escenas que contienen múltiples objetos en interacción y situaciones ambiguas. La interpretación de escenas complejas implica la capacidad del robot para comprender la relación espacial entre los objetos, identificar eventos relevantes y predecir posibles futuros estados del entorno. Esto puede requerir el uso de técnicas avanzadas de procesamiento de imágenes y aprendizaje automático, así como modelos probabilísticos para manejar la incertidumbre y la variabilidad en la percepción del entorno.

Percepción 3D y Reconstrucción de Escenas: La percepción en tres dimensiones (3D) es fundamental para que los robots comprendan la estructura y la geometría del entorno en el que operan. Esto implica la captura y el procesamiento de información tridimensional a partir de sensores como cámaras estéreo, cámaras RGB-D (que proporcionan información de profundidad), o sensores láser. Con esta información, los robots pueden construir modelos tridimensionales del entorno, identificar objetos en 3D y calcular distancias y posiciones con mayor precisión.

Robustez y Tolerancia a Fallos: Los sistemas de percepción en robótica deben ser robustos y capaces de funcionar de manera confiable incluso en condiciones adversas o en presencia de errores en los datos de los sensores. Esto implica el desarrollo de algoritmos y técnicas que puedan manejar la variabilidad y la incertidumbre en los datos de entrada, así como mecanismos de detección y recuperación de fallos para mantener la operación segura del robot en situaciones imprevistas.

Percepción Distribuida y Colaborativa: En entornos donde múltiples robots trabajan juntos o en colaboración con humanos, puede ser beneficioso que los sistemas de percepción sean distribuidos y compartan información entre sí. Esto puede permitir una mejor coordinación y planificación de tareas, así como una percepción más completa y precisa del entorno a través de la fusión de datos de múltiples fuentes. La percepción distribuida también puede mejorar la escalabilidad y la robustez del sistema, al permitir que los robots compartan la carga computacional y la responsabilidad de la percepción.

Adaptación Cultural y Contextual: En aplicaciones donde los robots interactúan con humanos de diferentes culturas o contextos sociales, es importante que los sistemas de percepción sean capaces de adaptarse a las normas culturales y contextuales específicas. Esto puede incluir el desarrollo de algoritmos de reconocimiento de gestos y expresiones faciales que sean sensibles a las diferencias culturales en la comunicación no verbal, así como la personalización de las respuestas del robot para que sean culturalmente apropiadas y respetuosas.

En resumen, la percepción en robótica es un campo multidisciplinario que abarca una amplia gama de técnicas y tecnologías para permitir que los robots comprendan y actúen en su entorno de manera inteligente y autónoma. Desde la interpretación de escenas complejas hasta la percepción distribuida y la adaptación cultural, cada aspecto de la percepción en robótica contribuye a la capacidad de los robots para interactuar de manera efectiva y segura con su entorno y con los seres humanos.

Interacción Multimodal: La percepción en robótica no se limita únicamente a la captura y análisis de datos de sensores individuales, sino que también abarca la integración de información proveniente de múltiples modalidades sensoriales, como la visión, el sonido y el tacto. La interacción multimodal permite al robot obtener una comprensión más rica y completa de su entorno, ya que puede combinar diferentes tipos de información para tomar decisiones más informadas y adaptarse a una variedad de situaciones.

Contextualización de la Percepción: Además de capturar datos sensoriales, los robots también necesitan entender el contexto en el que se encuentran para interpretar correctamente la información percibida. Esto implica tener en cuenta factores como la ubicación del robot, el tiempo, el estado del entorno y la actividad en curso. Por ejemplo, un robot puede interpretar de manera diferente un objeto detectado dependiendo de si está en una cocina o en un entorno de oficina, y esta contextualización influye en sus acciones subsiguientes.

Adaptación a la Variabilidad Ambiental: Los entornos en los que operan los robots pueden ser altamente variables y dinámicos, con cambios en la iluminación, las condiciones climáticas, la presencia de personas y objetos, entre otros factores. Por lo tanto, los sistemas de percepción deben ser capaces de adaptarse a esta variabilidad ambiental para mantener un rendimiento óptimo. Esto puede requerir algoritmos y técnicas que sean robustos frente a cambios en las condiciones ambientales y que puedan ajustarse automáticamente para garantizar una percepción confiable en diferentes situaciones.

Modelado de la Incertidumbre: Dado que los datos capturados por los sensores pueden contener errores o ser incompletos, es importante que los sistemas de percepción en robótica sean capaces de modelar y gestionar la incertidumbre asociada con la información percibida. Esto implica el uso de técnicas probabilísticas y de estimación de estados para representar la confiabilidad de las mediciones sensoriales y para tomar decisiones que sean robustas frente a la incertidumbre.

Feedback Sensorial y Acción Perceptiva: Además de simplemente percibir el entorno, los robots también pueden utilizar la retroalimentación sensorial para guiar sus acciones y mejorar su comprensión del entorno. Por ejemplo, un robot móvil puede utilizar sensores de proximidad para evitar obstáculos mientras navega, o un robot manipulador puede utilizar sensores táctiles para ajustar la fuerza aplicada al interactuar con objetos. Esta acción perceptiva permite a los robots adaptarse dinámicamente a cambios en su entorno y mejorar la eficacia de sus tareas.

Evaluación y Mejora Continua: Finalmente, la percepción en robótica implica un proceso continuo de evaluación y mejora de los sistemas de percepción para garantizar un rendimiento óptimo. Esto puede implicar la recopilación de datos de evaluación en entornos reales o simulados, el análisis de métricas de rendimiento y la retroalimentación de los usuarios para identificar áreas de mejora y ajustar los algoritmos y técnicas de percepción en consecuencia.

En resumen, la percepción en robótica es un campo amplio y multifacético que abarca una variedad de aspectos relacionados con la captura, interpretación y utilización de información sensorial para permitir a los robots comprender y actuar en su entorno. Desde la integración de modalidades sensoriales hasta la adaptación a la variabilidad ambiental y la mejora continua, cada aspecto de la percepción en robótica contribuye a la capacidad de los robots para interactuar de manera inteligente y autónoma con el mundo que los rodea.

Percepción Espacio-Temporal: En algunos casos, la percepción en robótica requiere comprender no solo el entorno estático en un momento dado, sino también cómo cambia con el tiempo. Esto implica capturar y analizar información sobre la dinámica del entorno, como el movimiento de objetos, cambios en la iluminación, y la evolución de las condiciones climáticas. La percepción espacio-temporal permite a los robots entender no solo la configuración actual del entorno, sino también su evolución a lo largo del tiempo, lo que es fundamental para tareas como la predicción de trayectorias y la planificación de acciones futuras.

Representación del Conocimiento: Además de capturar información sensorial directa, los robots también pueden beneficiarse de la construcción de representaciones internas del conocimiento del mundo que los rodea. Estas representaciones del conocimiento pueden incluir modelos conceptuales de objetos, relaciones espaciales, reglas del dominio y conceptos abstractos. Al integrar esta información en su sistema de percepción, los robots pueden adquirir una comprensión más profunda y abstracta de su entorno, lo que les permite razonar y tomar decisiones de manera más sofisticada.

Interacción con Sistemas Externos: En algunos casos, los robots necesitan interactuar con sistemas externos para obtener información adicional sobre su entorno o para completar tareas específicas. Esto puede implicar el uso de interfaces de programación de aplicaciones (API) o protocolos de comunicación estándar para intercambiar datos con otros dispositivos o sistemas, como sistemas de control de edificios, bases de datos geoespaciales, o servicios en la nube. La integración de sistemas externos en el proceso de percepción puede ampliar la capacidad del robot para obtener información contextualizada y enriquecer su comprensión del entorno.

Consideraciones de Consumo de Energía: En aplicaciones robóticas, especialmente en robots autónomos o móviles con recursos limitados, es importante tener en cuenta el consumo de energía al diseñar sistemas de percepción. Algunos algoritmos de procesamiento de señales y técnicas de percepción pueden ser computacionalmente intensivos y requerir un alto consumo de energía, lo que puede ser problemático en entornos con restricciones de energía. Por lo tanto, es importante optimizar los algoritmos de percepción para minimizar el consumo de energía, por ejemplo, mediante técnicas de procesamiento eficiente o el uso de hardware especializado de bajo consumo.

Seguridad y Confianza en la Percepción: Dada la importancia crítica de la percepción para la seguridad de los robots y las personas que los rodean, es fundamental que los sistemas de percepción sean robustos y confiables en una variedad de condiciones. Esto puede implicar la incorporación de mecanismos de redundancia y detección de fallos para garantizar una percepción confiable, así como el desarrollo de técnicas de verificación y validación para evaluar la precisión y la robustez de los sistemas de percepción en diferentes escenarios y condiciones operativas.

La percepción en robótica es un campo diverso y en constante evolución que abarca una amplia variedad de aspectos relacionados con la adquisición, interpretación y utilización de información sensorial para permitir a los robots entender y actuar en su entorno de manera inteligente y autónoma. Desde la percepción espacio-temporal hasta la interacción con sistemas externos y las consideraciones de consumo de energía, cada aspecto de la percepción en robótica contribuye a la capacidad de los robots para interactuar de manera segura, eficiente y efectiva con el mundo que los rodea.

Percepción Social: Los avances en robótica han llevado al desarrollo de robots que interactúan con humanos en entornos sociales, como hogares, entornos de atención médica y espacios públicos. La percepción social implica que los robots no solo entiendan el entorno físico, sino también las interacciones sociales y las señales sociales de los humanos. Esto puede incluir el reconocimiento de emociones faciales, el seguimiento de la atención y la intención de los humanos, y la interpretación de gestos y expresiones no verbales. La percepción social es crucial para facilitar una interacción natural y efectiva entre humanos y robots.

Resolución de Conflictos Sensoriales: En ocasiones, los datos capturados por diferentes sensores pueden entrar en conflicto o ser inconsistentes entre sí. Por ejemplo, un sensor de visión puede detectar un objeto en una ubicación específica, mientras que un sensor de proximidad indica que no hay nada en esa área. En estos casos, los sistemas de percepción deben ser capaces de resolver estos conflictos sensoriales y tomar decisiones informadas sobre cuál es la percepción más precisa y confiable en función de la situación específica.

Autoevaluación y Autocalibración: Los sistemas de percepción en robótica pueden beneficiarse de la capacidad de autoevaluación y autocalibración, lo que permite a los robots detectar y corregir errores en sus sistemas de percepción sin intervención humana. Esto puede implicar el uso de algoritmos de diagnóstico para identificar problemas en los sensores o en los algoritmos de procesamiento de datos, así como técnicas de autocalibración para ajustar automáticamente los parámetros de los sensores en función de la retroalimentación del entorno.

Percepción de Riesgos y Seguridad: Los robots autónomos deben ser capaces de percibir y evaluar los riesgos en su entorno para evitar situaciones peligrosas y garantizar la seguridad de sí mismos y de las personas que los rodean. Esto puede implicar la detección de obstáculos, la evaluación de la estabilidad del terreno, la identificación de zonas peligrosas, y la predicción de posibles colisiones o accidentes. La percepción de riesgos y seguridad es fundamental para aplicaciones como la navegación autónoma, la conducción robótica y la operación segura de robots en entornos compartidos con humanos.

Interacción con el Entorno Dinámico: Los entornos en los que operan los robots pueden ser dinámicos y cambiantes, con la presencia de objetos móviles, cambios en la iluminación, y la interacción con humanos u otros agentes móviles. La percepción en entornos dinámicos implica la capacidad de los robots para adaptarse y responder a cambios en su entorno de manera rápida y eficiente. Esto puede requerir algoritmos y técnicas de percepción que sean capaces de seguir y predecir la evolución del entorno, así como de planificar y ejecutar acciones en consecuencia para lograr sus objetivos de manera segura y efectiva.

La percepción en robótica es un campo multidisciplinario y en constante evolución que abarca una amplia gama de aspectos relacionados con la adquisición, interpretación y utilización de información sensorial para permitir a los robots entender y actuar en su entorno de manera inteligente y autónoma. Desde la percepción social hasta la resolución de conflictos sensoriales y la percepción de riesgos y seguridad, cada aspecto de la percepción en robótica contribuye a la capacidad de los robots para interactuar de manera segura, eficiente y efectiva con el mundo que los rodea.

23-la manipulación en robótica y cómo se pueden implementar con brazos, pinzas, ruedas o patas

La manipulación en robótica se refiere a la capacidad de un robot para interactuar físicamente con objetos en su entorno, ya sea para agarrar, mover, ensamblar, levantar, soltar u operar con ellos de alguna manera. Es una de las funciones más importantes y versátiles de los robots, y tiene aplicaciones en una amplia variedad de industrias, desde la manufactura y la logística hasta la atención médica y la exploración espacial. La implementación de la manipulación en robótica puede involucrar diferentes tipos de componentes, dependiendo de la tarea y la aplicación. Algunos de los componentes más comunes son los brazos, las pinzas, las ruedas y las patas. A continuación, se describe cómo se pueden implementar estos componentes en la manipulación robótica:

1. Brazos Robóticos:

- **Función:** Los brazos robóticos son componentes mecánicos articulados que permiten al robot moverse en el espacio y alcanzar objetos en posiciones y ángulos específicos. Están diseñados para proporcionar una amplia gama de movimiento y precisión en la manipulación.
- **Implementación:** Los brazos robóticos suelen estar equipados con motores y sensores que permiten controlar su posición y orientación con precisión. Se utilizan en aplicaciones que requieren movimientos precisos, como la fabricación, la manipulación de objetos frágiles y la cirugía asistida por robots.

2. Pinzas o Garras:

- **Función:** Las pinzas o garras son dispositivos de agarre montados en los extremos de los brazos robóticos. Permiten al robot sujetar y manipular objetos de diferentes tamaños y formas.
- **Implementación:** Las pinzas pueden ser de diferentes tipos, como pinzas paralelas, pinzas de dedos flexibles o ventosas. Se utilizan en aplicaciones de recogida, ensamblaje, embalaje y manipulación de objetos delicados.

3. Ruedas:

- **Función:** Las ruedas son componentes de locomoción que permiten al robot desplazarse por el entorno. Pueden ser ruedas omnidireccionales para movimientos precisos o ruedas convencionales para desplazamientos a alta velocidad.

- **Implementación:** Las ruedas se utilizan en robots móviles, como vehículos autónomos y plataformas de transporte, para moverse por superficies planas o terrenos variados.

4. Patas:

- **Función:** Las patas son componentes de locomoción que permiten al robot moverse sobre terrenos irregulares o sortear obstáculos. Los robots con patas pueden adaptarse a entornos más desafiantes.
- **Implementación:** Las patas se utilizan en robots cuadrúpedos, hexápodos y otros tipos de robots con movimientos articulados en las extremidades. Estos robots son útiles en la exploración de terrenos difíciles, la búsqueda y rescate, y la navegación en exteriores.

La elección de los componentes de manipulación en robótica depende de la tarea y los requisitos específicos de la aplicación. Algunos robots utilizan una combinación de brazos, pinzas, ruedas y patas para lograr una manipulación versátil en una variedad de entornos. Además, la programación y el control son aspectos fundamentales en la implementación de la manipulación, ya que permiten al robot realizar movimientos precisos y coordinados para llevar a cabo tareas específicas de manipulación. La manipulación robótica sigue siendo un campo de investigación y desarrollo activo con numerosas aplicaciones en constante expansión.

La manipulación en robótica abarca un conjunto de habilidades y capacidades que permiten a un robot interactuar físicamente con objetos dentro de su entorno. Este proceso implica una serie de acciones que van desde agarrar y mover objetos hasta ensamblar, levantar, soltar y operar con ellos de diversas maneras.

En un sentido amplio, la manipulación implica la capacidad de un robot para ejercer control sobre los objetos físicos, ya sea para realizar tareas específicas o para adaptarse a cambios en el entorno. Esto puede implicar tanto movimientos simples, como agarrar un objeto y trasladarlo de un lugar a otro, como acciones más complejas, como ensamblar componentes o realizar tareas delicadas con precisión milimétrica.

La importancia de la manipulación en robótica radica en su versatilidad y su capacidad para automatizar una amplia gama de procesos en diversas industrias. En la fabricación, por ejemplo, los robots pueden manipular piezas en una línea de ensamblaje de manera eficiente y precisa, aumentando la velocidad y la calidad del proceso. En logística, los robots pueden ser utilizados para ordenar, empaquetar y transportar productos en almacenes y centros de distribución. En el campo de la atención médica, los robots pueden asistir en cirugías, manipulando instrumentos con precisión y minimizando el riesgo de errores. Incluso en la exploración espacial, los robots pueden ser enviados a entornos extremos para manipular muestras o realizar tareas de mantenimiento en estaciones espaciales.

La manipulación en robótica es una capacidad fundamental que permite a los robots interactuar de manera efectiva con el mundo físico que los rodea, abriendo un amplio abanico de aplicaciones en diversas industrias y campos de estudio.

Sensores: Los robots necesitan información precisa sobre su entorno para manipular objetos de manera efectiva. Para esto, pueden estar equipados con una variedad de sensores, como cámaras, sensores de profundidad, sensores táctiles y de fuerza, que les permiten percibir la posición, la forma, la textura y otras características de los objetos.

Planificación de trayectorias: Para realizar movimientos precisos y seguros, los robots deben planificar las trayectorias de sus manipuladores teniendo en cuenta la geometría del entorno y las restricciones físicas y cinemáticas del robot. Esto implica resolver problemas de cinemática inversa y planificación de movimiento, que pueden ser bastante complejos, especialmente en entornos dinámicos o desconocidos.

Control de movimiento: Una vez que se ha planificado una trayectoria, el robot necesita ejecutar los movimientos de sus actuadores de manera precisa y coordinada. Esto implica el diseño de algoritmos de control que permitan al robot seguir la trayectoria deseada mientras se ajusta a perturbaciones externas y evita colisiones con obstáculos.

Manipuladores robóticos: Los manipuladores son los brazos mecánicos que permiten a los robots interactuar físicamente con los objetos. La elección del diseño del manipulador (como el número y tipo de articulaciones, la longitud de los eslabones y la capacidad de carga) depende de las tareas específicas que el robot deba realizar.

Grippers y herramientas: Los grippers son los dispositivos que permiten al robot agarrar y manipular objetos. Pueden variar desde simples pinzas hasta manos robóticas altamente dexterous, dependiendo de los requisitos de la aplicación. Además, en algunas aplicaciones, los robots pueden estar equipados con herramientas especializadas, como soldadores, taladros o cámaras de inspección.

Aprendizaje automático y visión por computadora: El aprendizaje automático y la visión por computadora juegan un papel crucial en la manipulación robótica, permitiendo a los robots adaptarse a nuevos objetos y entornos, identificar objetos de interés, estimar sus poses y planificar acciones adecuadas.

En cuanto a datos técnicos, podríamos mencionar cifras específicas sobre la velocidad de movimiento, precisión en la manipulación, capacidad de carga de los robots, entre otros. Por ejemplo, un robot industrial típico puede ser capaz de moverse a velocidades de varios metros por segundo y manipular objetos con una precisión de milímetros o incluso micrómetros, dependiendo de la aplicación. La capacidad de carga de un robot puede variar desde unos pocos kilogramos hasta varias toneladas en aplicaciones industriales pesadas. Estas cifras pueden variar significativamente según el diseño y la configuración específicos del robot.

Detección y clasificación de objetos: Antes de manipular un objeto, el robot debe ser capaz de detectarlo y reconocer su tipo y posición en el entorno. Esto implica el desarrollo de algoritmos de visión por computadora que puedan analizar las imágenes capturadas por las cámaras del robot y realizar tareas como detección de objetos, segmentación semántica y clasificación de objetos.

Manipulación háptica: La manipulación háptica se refiere a la capacidad de un robot para sentir y responder a las fuerzas y el contacto físico con objetos en su entorno. Esto puede ser importante en aplicaciones donde se requiere una interacción delicada y precisa con objetos sensibles, como en la cirugía robótica o la manipulación de objetos frágiles.

Coordinación y colaboración: En entornos donde múltiples robots trabajan juntos o en colaboración con humanos, es necesario coordinar sus acciones para evitar colisiones y maximizar la eficiencia. Esto puede implicar el desarrollo de algoritmos de planificación de movimiento y control distribuido que permitan a los robots trabajar de manera segura y coordinada.

Seguridad: La seguridad es una consideración crítica en la manipulación robótica, especialmente en entornos donde los robots interactúan con humanos o realizan tareas en entornos dinámicos y no estructurados. Se deben implementar medidas de seguridad como sensores de proximidad, sistemas de parada de emergencia y técnicas de control seguro para garantizar que los robots operen de manera segura en todo momento.

Optimización de tareas: Además de realizar tareas de manipulación de manera efectiva, los robots también pueden optimizar el proceso en función de criterios específicos, como minimizar el tiempo de ciclo, maximizar la eficiencia energética o reducir los costos operativos. Esto puede implicar la aplicación de técnicas de optimización y planificación de tareas para encontrar la mejor secuencia de acciones para lograr un objetivo dado.

Integración con sistemas de información: En muchos casos, los sistemas robóticos de manipulación deben integrarse con otros sistemas de información, como sistemas de gestión de almacenes o sistemas de planificación de recursos empresariales (ERP), para coordinar eficientemente las operaciones en toda la empresa. Esto puede requerir el desarrollo de interfaces de comunicación y protocolos de intercambio de datos estandarizados.

En resumen, la manipulación en robótica es un campo multidisciplinario que combina conocimientos de mecánica, electrónica, informática, inteligencia artificial y otras disciplinas para desarrollar sistemas robóticos capaces de interactuar de manera efectiva con objetos en su entorno. La continua investigación y desarrollo en este campo están ampliando constantemente las capacidades de los robots y abriendo nuevas oportunidades en una variedad de aplicaciones industriales y de investigación.

Adaptabilidad y aprendizaje continuo: Los entornos reales pueden ser impredecibles y dinámicos, lo que requiere que los robots sean capaces de adaptarse y aprender en tiempo real. Esto implica el desarrollo de algoritmos de aprendizaje continuo que les permitan mejorar su desempeño a lo largo del tiempo y adaptarse a cambios en el entorno o en las tareas que realizan.

Robótica móvil y manipulación en entornos no estructurados: Mientras que la manipulación tradicional se ha centrado principalmente en entornos controlados como fábricas, hay un creciente interés en la manipulación robótica en entornos no estructurados y dinámicos, como hogares, almacenes no estructurados y exteriores. Esto presenta desafíos únicos en términos de navegación, percepción y manipulación en entornos complejos y cambiantes.

Manipulación de objetos deformables y blandos: La manipulación de objetos deformables, como tejidos biológicos o materiales blandos, es particularmente desafiante debido a su naturaleza variable y difícil de predecir. Esto requiere el desarrollo de nuevas técnicas de planificación y control que puedan manejar la deformación y la incertidumbre asociadas con estos materiales.

Manipulación en micro y nanorobótica: En escalas mucho más pequeñas, como en aplicaciones de micro y nanorobótica, los desafíos son diferentes debido a fenómenos como la escala de la superficie y las fuerzas de adhesión. La manipulación precisa de objetos a esta escala requiere enfoques innovadores en diseño mecánico, actuación y control.

Robótica colaborativa humano-robot: La creciente adopción de robots en entornos colaborativos con humanos plantea desafíos en términos de seguridad, comunicación y coordinación entre humanos y robots. Esto implica el desarrollo de interfaces de usuario intuitivas, algoritmos de percepción de personas y técnicas de control que permitan a los robots trabajar de manera segura y eficiente junto con los humanos.

Aspectos éticos y sociales: A medida que los robots se vuelven más ubicuos en nuestra sociedad, también surgen preguntas importantes sobre sus implicaciones éticas y sociales. Esto incluye preocupaciones sobre la pérdida de empleos, la privacidad, la seguridad y el impacto en la calidad de vida de las personas. Abordar estos problemas requiere un enfoque interdisciplinario que tenga en cuenta consideraciones éticas, legales y psicosociales.

En conjunto, estos aspectos muestran que la manipulación en robótica es un campo en constante evolución, impulsado por avances en una variedad de disciplinas científicas y tecnológicas. A medida que la tecnología continúa avanzando, se espera que los robots sean capaces de realizar tareas cada vez más complejas en una variedad de entornos, lo que promete transformar profundamente la forma en que interactuamos con el mundo que nos rodea.

Interacción háptica avanzada: La capacidad de un robot para sentir y manipular objetos con sensibilidad y precisión es crucial en numerosas aplicaciones, desde la cirugía asistida por robots hasta la manipulación de materiales delicados en la industria manufacturera. El desarrollo de sistemas hápticos avanzados, que pueden proporcionar retroalimentación táctil detallada y permitir una manipulación más intuitiva y precisa, es un área de investigación en constante evolución.

Robótica subacuática y de alta presión: La manipulación robótica en entornos submarinos o de alta presión presenta desafíos únicos debido a las condiciones extremas y la limitada disponibilidad de energía y comunicación. Los robots submarinos deben ser capaces de manipular objetos en entornos acuáticos adversos, realizar reparaciones en plataformas submarinas y explorar regiones profundas del océano, lo que requiere el desarrollo de sistemas robustos y autónomos.

Manipulación de objetos en gravedad cero: En entornos como la exploración espacial, donde la gravedad es mínima o nula, los robots deben adaptarse a condiciones de microgravedad para realizar tareas como la manipulación de objetos, la reparación de equipos y la construcción de estructuras. Esto requiere tecnologías específicas, como sistemas de sujeción y fijación, que funcionen de manera efectiva en ausencia de gravedad.

Manipulación autónoma en entornos no estructurados: La capacidad de los robots para operar de manera autónoma en entornos no estructurados, como entornos naturales o desastres, es fundamental en aplicaciones como la búsqueda y rescate, la exploración planetaria y la agricultura de precisión. Esto implica el desarrollo de algoritmos de percepción y planificación robustos que puedan adaptarse a entornos desconocidos y dinámicos.

Efectos secundarios y riesgos asociados: A medida que los robots realizan tareas de manipulación cada vez más complejas y delicadas, es importante considerar los posibles efectos secundarios y riesgos asociados. Por ejemplo, en aplicaciones médicas, como la cirugía robótica, se deben minimizar los riesgos de daño tisular y otros efectos adversos. Del mismo modo, en aplicaciones industriales, es crucial prevenir accidentes y lesiones al personal humano.

Robótica bioinspirada: Inspirados por la naturaleza, los investigadores están explorando enfoques bioinspirados para la manipulación robótica, que imitan los principios y estrategias observados en organismos vivos. Por ejemplo, el desarrollo de robots blandos y flexibles, que imitan la morfología y el comportamiento de los organismos biológicos, puede permitir nuevas formas de manipulación en entornos complejos y dinámicos.

Estas áreas adicionales resaltan la diversidad de desafíos y oportunidades en el campo de la manipulación robótica, que continúa evolucionando a medida que avanzan la investigación y la tecnología. El desarrollo de soluciones innovadoras en estas áreas promete mejorar la capacidad de los robots para interactuar de manera efectiva con el mundo que los rodea, abriendo nuevas posibilidades en una variedad de aplicaciones industriales, científicas y sociales.

Manipulación en entornos extremos: Los robots a menudo se utilizan en entornos extremos donde los humanos no pueden operar fácilmente, como en la exploración espacial, la investigación polar o la inspección de estructuras en alta mar. Estos entornos presentan desafíos únicos, como temperaturas extremas, altas radiaciones o condiciones atmosféricas adversas, que requieren diseños especiales y sistemas robustos de manipulación.

Manipulación bajo incertidumbre: En muchos entornos, la información disponible para los robots puede ser incompleta o incierta, lo que dificulta la toma de decisiones precisas. Los robots deben ser capaces de manejar esta incertidumbre y tomar decisiones robustas en tiempo real, adaptando su comportamiento según cambien las condiciones del entorno.

Manipulación en tiempo real: Para muchas aplicaciones, especialmente en entornos dinámicos o interactivos, los robots deben ser capaces de realizar manipulaciones en tiempo real, respondiendo rápidamente a cambios en el entorno o en las condiciones de la tarea. Esto requiere sistemas de percepción y control de baja latencia, así como algoritmos eficientes de planificación y ejecución de tareas.

Manipulación socialmente aceptable: A medida que los robots se vuelven más integrados en la sociedad, es importante considerar cómo sus acciones de manipulación son percibidas por los humanos. Esto incluye aspectos como el diseño de movimientos naturales y no amenazantes, así como el respeto por las normas sociales y culturales en diferentes contextos.

Robótica ética y responsabilidad: La manipulación robótica plantea una serie de cuestiones éticas, como la responsabilidad por daños causados por acciones robóticas, la equidad en el acceso a tecnologías robóticas avanzadas y el impacto en el empleo y la economía. Es importante abordar estas preocupaciones desde una perspectiva ética y socialmente responsable en el diseño y desarrollo de sistemas robóticos.

Manipulación multimodal: Los robots pueden interactuar con objetos y entornos de múltiples maneras, utilizando una variedad de sensores y actuadores. Integrar múltiples modalidades de manipulación, como la visión, el tacto y la audición, puede permitir a los robots realizar tareas más complejas y adaptarse a una variedad más amplia de escenarios.

Desarrollo de estándares y regulaciones: Con el aumento en la adopción de robots en una variedad de aplicaciones, se necesita un marco regulatorio claro y estándares de seguridad para garantizar el uso seguro y ético de la manipulación robótica. Esto incluye el desarrollo de normas para la interoperabilidad entre robots y la certificación de seguridad para diferentes tipos de aplicaciones y entornos.

Estas áreas de desarrollo y desafíos muestran la amplitud y la complejidad del campo de la manipulación robótica, que continúa evolucionando rápidamente con avances en tecnología, investigación y aplicaciones prácticas. Abordar estos desafíos requiere una combinación de enfoques multidisciplinarios, que van desde la ingeniería mecánica y eléctrica hasta la inteligencia artificial y la ética.

Interacción hábil con el entorno: La manipulación robótica no se limita solo a interactuar con objetos físicos, sino que también implica una interacción hábil con el entorno circundante. Esto incluye acciones como abrir puertas, manipular interruptores, o incluso desplazarse por terrenos difíciles. Estas habilidades son fundamentales para la autonomía y la utilidad práctica de los robots en una variedad de aplicaciones.

Manipulación de objetos flexibles y heterogéneos: Los objetos en el mundo real pueden variar ampliamente en cuanto a forma, tamaño, material y peso. Los robots deben ser capaces de manipular una amplia gama de objetos, desde objetos rígidos y uniformes hasta objetos flexibles, deformables o heterogéneos. Esto requiere sistemas de manipulación adaptables y versátiles que puedan ajustarse a las características específicas de cada objeto.

Seguridad colaborativa y coexistencia con humanos: En entornos donde humanos y robots trabajan juntos, es crucial garantizar la seguridad y la confianza en la interacción entre ambos. Los robots deben ser capaces de detectar la presencia y el movimiento de los humanos y tomar medidas para evitar colisiones o causar lesiones. Esto implica el desarrollo de sistemas de percepción avanzados y algoritmos de control que puedan garantizar una interacción segura y colaborativa.

Manipulación en entornos dinámicos y adversos: Los robots pueden encontrarse con una variedad de desafíos en entornos dinámicos y adversos, como cambios repentinos en el entorno, presencia de obstáculos móviles o condiciones climáticas adversas. Los sistemas de manipulación deben ser capaces de adaptarse a estos cambios y mantener un rendimiento óptimo en condiciones desafiantes.

Robótica autónoma y semiautónoma: La autonomía es una característica clave en muchos sistemas robóticos, permitiendo a los robots tomar decisiones y realizar tareas de manera independiente sin intervención humana directa. Esto requiere el desarrollo de algoritmos de percepción, planificación y control robustos que puedan permitir a los robots funcionar de manera efectiva en una variedad de situaciones y entornos.

Manipulación en tiempo real y latencia baja: Para aplicaciones donde la respuesta rápida es crucial, como en la teleoperación remota o en aplicaciones de control quirúrgico, es importante minimizar la latencia entre la entrada del usuario y la respuesta del robot. Esto requiere el desarrollo de sistemas de control de baja latencia y comunicación de alta velocidad que puedan garantizar una interacción fluida y precisa en tiempo real.

Aspectos económicos y comerciales: Además de los desafíos técnicos, también existen consideraciones económicas y comerciales en el desarrollo y despliegue de sistemas robóticos de manipulación. Esto incluye el costo de adquisición y mantenimiento de los robots, el retorno de la inversión esperado, así como consideraciones de mercado y competencia en diferentes sectores industriales.

Abordar estos desafíos requiere un enfoque integral que combine conocimientos técnicos, habilidades de diseño y desarrollo de sistemas, así como una comprensión profunda de las necesidades y requerimientos del usuario final. La manipulación robótica sigue siendo un área emocionante y en constante evolución, con el potencial de transformar radicalmente una amplia gama de industrias y aplicaciones.

24-La interacción en robótica y cómo se pueden implementar con interfaces, voz, gestos o emociones

La interacción en robótica se refiere a la capacidad de un robot para comunicarse y colaborar de manera efectiva con humanos u otros robots en un entorno compartido. Esta interacción puede involucrar la comunicación de información, la ejecución de acciones cooperativas, la comprensión de comandos o gestos humanos, y la respuesta a estímulos emocionales. La implementación de la interacción en robótica a menudo se realiza a través de interfaces de usuario, reconocimiento de voz, gestos y la capacidad de comprender y responder a las emociones humanas. A continuación, se describen cómo se pueden implementar estos aspectos en la interacción robótica:

1. Interfaces de Usuario:

- **Función:** Las interfaces de usuario permiten a los humanos interactuar con el robot de manera intuitiva y efectiva. Estas interfaces pueden ser aplicaciones de software en dispositivos móviles, paneles táctiles, pantallas de visualización o interfaces web.
- **Implementación:** Los usuarios pueden controlar el robot y enviar comandos utilizando interfaces gráficas, controles táctiles, joysticks, teclados o dispositivos de puntero, dependiendo de la aplicación y la plataforma utilizada.

2. Reconocimiento de Voz:

- **Función:** El reconocimiento de voz permite que los robots comprendan comandos y conversaciones habladas por humanos. Puede ser utilizado para tareas como control de voz, asistencia al usuario y procesamiento de órdenes.
- **Implementación:** Los sistemas de reconocimiento de voz utilizan algoritmos de procesamiento de señales de audio y modelos de lenguaje para identificar palabras y frases habladas. Los robots pueden utilizar asistentes virtuales como Siri, Alexa o Google Assistant para realizar el reconocimiento de voz.

3. Reconocimiento de Gestos:

- **Función:** El reconocimiento de gestos permite que los robots comprendan los movimientos y gestos humanos. Esto es útil para la comunicación no verbal y la interacción intuitiva.
- **Implementación:** Los sistemas de reconocimiento de gestos utilizan sensores de cámaras o sensores de profundidad para detectar y rastrear gestos y movimientos del cuerpo humano. Los algoritmos de

visión por computadora interpretan estos gestos y los convierten en comandos o acciones.

4. Reconocimiento de Emociones:

- **Función:** La capacidad de reconocer las emociones humanas permite que los robots adapten sus respuestas y comportamientos en función del estado emocional de las personas con las que interactúan.

- **Implementación:** Los sistemas de reconocimiento de emociones pueden utilizar análisis de expresiones faciales, detección de tono de voz o sensores de pulso y temperatura para inferir el estado emocional de las personas. Los algoritmos de aprendizaje automático se utilizan para clasificar las emociones detectadas.

La interacción en robótica es esencial para aplicaciones como la asistencia al usuario, la atención médica, la educación, el entretenimiento y la colaboración en entornos industriales. La implementación exitosa de la interacción robótica implica una combinación de hardware y software, incluyendo sensores, actuadores, algoritmos de procesamiento de datos y modelos de aprendizaje automático. Los avances en inteligencia artificial y aprendizaje automático han mejorado significativamente la capacidad de los robots para comprender y responder a las interacciones humanas de manera más natural y efectiva.

La interacción en robótica es un término que abarca una variedad de aspectos clave que permiten a los robots relacionarse de manera efectiva con humanos y otros robots en un entorno compartido. Este proceso no se limita simplemente a la comunicación de información, sino que implica una gama más amplia de habilidades y capacidades. Aquí hay una ampliación de los conceptos mencionados:

Comunicación de información: Esta es la capacidad del robot para transmitir y recibir datos relevantes de manera clara y comprensible. Puede incluir el uso de diferentes modalidades de comunicación, como voz, texto, gestos, expresiones faciales o incluso señales táctiles.

Ejecución de acciones cooperativas: Los robots deben poder colaborar con humanos u otros robots para lograr objetivos comunes. Esto implica la coordinación de movimientos, la asignación de tareas y la adaptación a las acciones de los demás agentes en el entorno.

Comprensión de comandos o gestos humanos: La capacidad de interpretar y responder a las instrucciones verbales, gestuales o incluso emocionales de los humanos es fundamental para una interacción fluida. Esto puede implicar el procesamiento del lenguaje natural, el reconocimiento de patrones gestuales o la interpretación de emociones a través de señales faciales y tono de voz.

Respuesta a estímulos emocionales: Los avances en robótica están llevando a una mayor atención hacia la capacidad de los robots para reconocer y responder a las emociones humanas. Esto puede implicar la capacidad de adaptar su comportamiento en función del estado emocional de los humanos con los que interactúan, ya sea brindando apoyo emocional o ajustando su comportamiento para evitar generar estrés o incomodidad.

En conjunto, la interacción en robótica no solo se trata de comunicación bidireccional, sino también de cooperación, comprensión contextual y adaptación emocional, lo que permite a los robots integrarse de manera más efectiva en entornos humanos y colaborar en una variedad de tareas y situaciones.

Adaptación a entornos dinámicos: Los entornos en los que operan los robots pueden ser altamente dinámicos y cambiantes. La interacción efectiva requiere que los robots sean capaces de adaptarse rápidamente a nuevas situaciones, como cambios en el entorno físico, la presencia de obstáculos o la introducción de nuevos elementos o actores.

Aprendizaje interactivo: Los robots pueden mejorar su capacidad de interactuar mediante el aprendizaje continuo de la experiencia. Esto implica la capacidad de recopilar datos durante la interacción, aprender de esos datos y mejorar su desempeño en consecuencia. El aprendizaje interactivo puede incluir técnicas de aprendizaje automático y de inteligencia artificial que permiten a los robots mejorar su comprensión y respuesta a lo largo del tiempo.

Empatía y percepción social: A medida que los robots se vuelven más integrados en entornos sociales, la capacidad de mostrar empatía y comprender las señales sociales humanas se vuelve crucial. Esto implica no solo reconocer emociones humanas, sino también poder expresar empatía de manera apropiada y adaptarse a las normas sociales y culturales para una interacción efectiva.

Seguridad y ética: La interacción en robótica también implica consideraciones de seguridad y ética. Los robots deben ser capaces de interactuar de manera segura con humanos y otros agentes, minimizando el riesgo de lesiones o daños. Además, deben ser programados y diseñados con principios éticos en mente, asegurando que sus acciones sean moralmente aceptables y respetuosas de los derechos humanos y los valores culturales.

Feedback y corrección de errores: La interacción efectiva requiere un ciclo continuo de retroalimentación y corrección de errores. Los robots deben ser capaces de recibir retroalimentación de los humanos y otros robots con los que interactúan, ya sea a través de señales verbales, gestuales o de otro tipo, y ajustar su comportamiento en consecuencia para mejorar la calidad de la interacción.

En resumen, la interacción en robótica es un campo multidisciplinario que abarca una variedad de habilidades y capacidades, que van desde la comunicación y la cooperación hasta la adaptación emocional y la consideración ética. A medida que los robots se vuelven más integrados en la sociedad y en nuestras vidas diarias, la capacidad de interactuar de manera efectiva se vuelve cada vez más importante para su aceptación y utilidad.

Personalización y adaptación individual: Los robots pueden mejorar la calidad de la interacción al adaptarse a las preferencias y necesidades individuales de los usuarios. Esto puede implicar la personalización de la forma en que el robot se comunica, la velocidad a la que realiza tareas o la manera en que brinda asistencia, lo que permite una experiencia más satisfactoria y eficiente para cada usuario.

Colaboración en equipo: La interacción en robótica no se limita solo a la interacción entre humanos y robots, sino que también incluye la colaboración entre múltiples robots. Esto implica la coordinación de acciones, la comunicación de información relevante y la distribución de tareas entre los miembros del equipo robótico para lograr objetivos comunes de manera eficiente.

Interacción multimodal: Los robots pueden aprovechar múltiples modalidades de entrada y salida para mejorar la comunicación y la interacción. Esto puede incluir el uso simultáneo de voz, gestos, expresiones faciales y pantallas táctiles para proporcionar una experiencia de interacción más rica y natural para los usuarios.

Transparencia y explicabilidad: Los robots deben ser capaces de comunicar de manera clara y comprensible sus acciones y decisiones a los humanos con los que interactúan. Esto implica la capacidad de proporcionar explicaciones sobre su comportamiento, mostrar su proceso de toma de decisiones y revelar cualquier limitación o incertidumbre en su funcionamiento.

Desarrollo de relaciones a largo plazo: En entornos donde los robots interactúan de manera recurrente con los mismos usuarios, como en el cuidado de la salud o la asistencia domiciliaria, es importante desarrollar relaciones a largo plazo basadas en la confianza y la familiaridad. Esto implica la capacidad de recordar interacciones pasadas, adaptarse a las preferencias individuales y mantener una comunicación coherente y empática a lo largo del tiempo.

Diseño centrado en el usuario: La efectividad de la interacción en robótica depende en gran medida del diseño del robot y de su capacidad para satisfacer las necesidades y expectativas de los usuarios. Por lo tanto, es crucial adoptar un enfoque centrado en el usuario en el diseño y desarrollo de robots, involucrando a los usuarios desde las primeras etapas del proceso para garantizar que el producto final sea intuitivo, accesible y fácil de usar.

En resumen, la interacción en robótica abarca una amplia gama de aspectos que van desde la personalización y la colaboración en equipo hasta la transparencia y el diseño centrado en el usuario. Al abordar estos aspectos de manera integral, los robots pueden integrarse de manera más efectiva en una variedad de entornos y realizar una amplia gama de tareas de manera colaborativa y segura.

Interacción social y emocionalmente inteligente: Los avances en la robótica están llevando a una mayor atención en el desarrollo de robots capaces de interactuar de manera socialmente inteligente. Esto implica la capacidad de reconocer y responder adecuadamente a las señales sociales y emocionales de los humanos, como el contacto visual, la entonación vocal y las expresiones faciales. Los robots socialmente inteligentes pueden establecer conexiones más profundas con los humanos y ser más efectivos en roles que requieren empatía y comprensión emocional, como la terapia asistida por robots o la educación.

Interacción basada en contexto: Para una interacción efectiva, los robots deben ser sensibles al contexto en el que se encuentran. Esto implica considerar factores como el entorno físico, el estado emocional de los usuarios, el propósito de la interacción y las preferencias individuales. Los robots deben ser capaces de adaptar su comportamiento y sus respuestas en función de estos contextos cambiantes para proporcionar una experiencia de usuario más personalizada y relevante.

Facilitación del aprendizaje humano: Los robots pueden desempeñar un papel importante en la facilitación del aprendizaje humano al proporcionar retroalimentación, guía y asistencia durante actividades educativas. Esto puede implicar la creación de entornos de aprendizaje interactivos, donde los robots actúan como tutores o compañeros de estudio, adaptando su nivel de ayuda y dificultad según las necesidades individuales del estudiante.

Integración de sistemas de inteligencia artificial: La interacción efectiva en robótica a menudo requiere la integración de sistemas de inteligencia artificial avanzados, como el procesamiento del lenguaje natural, el reconocimiento de patrones y el aprendizaje automático. Estos sistemas permiten a los robots comprender y generar respuestas más sofisticadas a las entradas humanas, así como aprender y mejorar su desempeño a lo largo del tiempo.

Ética y responsabilidad en la interacción robótica: A medida que los robots se vuelven más integrados en nuestras vidas, es crucial abordar cuestiones éticas y de responsabilidad relacionadas con su interacción con los humanos. Esto incluye consideraciones sobre el uso apropiado de los datos del usuario, la equidad en el acceso a la tecnología robótica y la responsabilidad por las acciones de los robots en entornos compartidos con humanos.

En resumen, la interacción en robótica es un campo multifacético que abarca desde la inteligencia emocional y la sensibilidad contextual hasta la ética y la responsabilidad. Al desarrollar robots con capacidades de interacción más avanzadas y éticamente responsables, podemos aprovechar todo su potencial para mejorar nuestras vidas y colaborar de manera efectiva en una amplia gama de contextos.

Adaptabilidad cultural y lingüística: En entornos multiculturales, los robots deben ser sensibles a las diferencias culturales y lingüísticas para facilitar una comunicación efectiva. Esto implica la capacidad de reconocer y adaptarse a diferentes normas sociales, expresiones lingüísticas y sensibilidades culturales para evitar malentendidos y promover una interacción más fluida y respetuosa.

Conciencia situacional: Los robots pueden mejorar su capacidad de interactuar de manera efectiva al desarrollar una conciencia situacional robusta. Esto implica la capacidad de comprender y reaccionar adecuadamente a los cambios en el entorno, las acciones de los usuarios y otros eventos relevantes para la tarea en cuestión. Una conciencia situacional sólida permite a los robots tomar decisiones más informadas y responder de manera más apropiada a las necesidades y circunstancias cambiantes.

Colaboración en tiempo real: En entornos dinámicos y complejos, la colaboración en tiempo real entre humanos y robots puede ser esencial para lograr objetivos comunes de manera eficiente. Esto implica la capacidad de compartir información, coordinar acciones y ajustar estrategias de manera rápida y eficaz en respuesta a las demandas del entorno y las necesidades de los usuarios.

Interacción afectiva y emocional: Además de reconocer y responder a las emociones humanas, los robots pueden mejorar la calidad de la interacción al expresar sus propias emociones de manera apropiada. Esto puede incluir la capacidad de mostrar empatía, simpatía o preocupación en respuesta a las emociones humanas, lo que puede fortalecer el vínculo emocional entre humanos y robots y mejorar la experiencia de interacción en general.

Integración de la retroalimentación del usuario: La retroalimentación del usuario es fundamental para mejorar la interacción en robótica. Los robots deben ser capaces de recopilar, interpretar y utilizar la retroalimentación de los usuarios para adaptar su comportamiento y mejorar su desempeño con el tiempo. Esto puede implicar la realización de encuestas de satisfacción, el seguimiento de las preferencias del usuario o la observación del comportamiento del usuario para identificar áreas de mejora.

Al considerar estos aspectos adicionales, podemos apreciar mejor la complejidad y la riqueza de la interacción en robótica y cómo los avances en este campo pueden conducir a una colaboración más efectiva y significativa entre humanos y robots en una amplia variedad de contextos y aplicaciones.

Interacción proactiva: Los robots pueden ir más allá de simplemente responder a las solicitudes humanas y anticipar las necesidades de los usuarios, ofreciendo asistencia proactiva. Esto implica la capacidad de reconocer patrones de comportamiento, predecir las necesidades futuras del usuario y ofrecer sugerencias o asistencia antes de que se solicite explícitamente.

Respeto por la autonomía del usuario: Aunque los robots pueden ofrecer asistencia y sugerencias, es crucial respetar la autonomía del usuario y permitirle tomar decisiones informadas. Los robots deben ser capaces de ofrecer ayuda sin imponerse y permitir que los usuarios mantengan el control sobre sus acciones y decisiones.

Gestión de la atención: En entornos donde múltiples robots compiten por la atención de los usuarios, la gestión efectiva de la atención se vuelve crucial. Los robots deben ser capaces de coordinar sus acciones y comunicaciones para evitar sobrecargar al usuario con información innecesaria o causar confusiones debido a mensajes contradictorios.

Adaptación al estado emocional del usuario: Los robots pueden mejorar la calidad de la interacción al adaptar su comportamiento al estado emocional del usuario. Esto implica la capacidad de reconocer señales emocionales, como el estrés o la frustración, y ajustar su tono de voz, expresiones faciales y respuestas para proporcionar un apoyo emocional adecuado.

Interacción ética y responsable: A medida que los robots desempeñan un papel cada vez más importante en nuestras vidas, es fundamental que su interacción sea ética y responsable. Esto implica respetar la privacidad y la confidencialidad de los usuarios, evitar sesgos y discriminaciones injustas, y garantizar que las acciones del robot estén alineadas con principios éticos y valores humanos fundamentales.

Desarrollo de relaciones a largo plazo: En entornos donde los robots interactúan de manera recurrente con los mismos usuarios, como en la asistencia domiciliaria o el cuidado de la salud, es importante desarrollar relaciones a largo plazo basadas en la confianza y la familiaridad. Esto implica recordar interacciones pasadas, adaptarse a las preferencias individuales del usuario y mantener una comunicación coherente y empática a lo largo del tiempo.

Al considerar estos aspectos adicionales, podemos comprender mejor la complejidad y la importancia de la interacción en robótica y cómo los avances en este campo pueden mejorar significativamente nuestra capacidad para colaborar y trabajar junto con los robots en una variedad de entornos y situaciones.

Resolución de problemas colaborativa: La interacción efectiva en robótica implica la capacidad de colaborar con los humanos en la resolución de problemas complejos. Los robots pueden trabajar junto a los humanos para identificar soluciones, generar ideas y evaluar opciones, aprovechando las fortalezas de cada parte para alcanzar resultados óptimos.

Comunicación no verbal: Además de la comunicación verbal, los robots pueden utilizar una variedad de señales no verbales, como gestos, posturas corporales y expresiones faciales, para enriquecer la interacción con los humanos. Estas señales pueden ayudar a transmitir emociones, intenciones y estados mentales de manera más completa y precisa.

Detección y adaptación al cambio: Los entornos en los que operan los robots pueden ser dinámicos y cambiantes. La interacción efectiva requiere la capacidad de detectar y adaptarse rápidamente a cambios en el entorno, como la presencia de nuevos obstáculos, la llegada de nuevos usuarios o la modificación de las condiciones ambientales.

Apoyo a la diversidad funcional: Los robots pueden desempeñar un papel importante en el apoyo a personas con diversidad funcional, proporcionando asistencia en actividades cotidianas, terapias de rehabilitación o interacción social. La interacción efectiva en este contexto requiere sensibilidad a las necesidades y preferencias individuales, así como la capacidad de adaptarse a una variedad de capacidades y limitaciones.

Feedback adaptativo y aprendizaje continuo: Los robots pueden mejorar su capacidad de interactuar de manera efectiva al recibir feedback adaptativo de los usuarios y utilizarlo para mejorar su rendimiento a lo largo del tiempo. Esto implica la capacidad de aprender de la experiencia, ajustar sus acciones en función de los resultados pasados y adaptarse a las preferencias y necesidades cambiantes de los usuarios.

Ética en la toma de decisiones: Los robots pueden enfrentarse a situaciones éticamente complejas en las que deben tomar decisiones que afectan a los humanos. La interacción efectiva en robótica implica la capacidad de tomar decisiones éticas y responsables, respetando los valores y derechos humanos fundamentales y minimizando el riesgo de causar daño o injusticia.

Apertura a la retroalimentación y mejora continua: Los robots deben estar abiertos a la retroalimentación de los usuarios y dispuestos a mejorar en función de ella. Esto implica la capacidad de aceptar críticas constructivas, reconocer errores y realizar ajustes para mejorar la calidad de la interacción y la satisfacción del usuario.

Al considerar estos aspectos adicionales, podemos apreciar mejor la amplitud y la complejidad de la interacción en robótica y cómo los avances en este campo pueden llevar a una colaboración más efectiva y significativa entre humanos y robots en una variedad de contextos y aplicaciones.

Integración con sistemas de inteligencia artificial: La interacción en robótica puede beneficiarse de la integración con sistemas de inteligencia artificial (IA) avanzados. Estos sistemas pueden mejorar la capacidad del robot para comprender el lenguaje natural, reconocer patrones y contextos, y tomar decisiones informadas en tiempo real, lo que contribuye a una interacción más fluida y efectiva con los humanos.

Flexibilidad y adaptabilidad en la interacción: Los robots deben ser flexibles y adaptables en su capacidad para interactuar con una variedad de usuarios y entornos. Esto implica la capacidad de ajustar su comportamiento, nivel de asistencia y estilo de comunicación según las preferencias individuales de los usuarios, así como la capacidad de operar en diferentes entornos físicos y sociales con facilidad.

Gestión de la incertidumbre: La interacción en robótica a menudo se enfrenta a situaciones de incertidumbre, donde la información disponible puede ser limitada o ambigua. Los robots deben ser capaces de manejar esta incertidumbre de manera efectiva, tomando decisiones racionales y adaptándose a medida que se obtiene más información para garantizar resultados satisfactorios.

Transparencia en la toma de decisiones: Es importante que los robots sean transparentes en su toma de decisiones, especialmente cuando estas decisiones afectan a los usuarios. Los usuarios deben poder comprender cómo y por qué el robot tomó una decisión particular, lo que ayuda a construir confianza y mejorar la satisfacción del usuario en la interacción.

Respeto por la privacidad y la seguridad de los datos: La interacción en robótica debe llevarse a cabo de manera que respete la privacidad y la seguridad de los datos de los usuarios. Los robots deben ser capaces de manejar la información de manera segura y proteger la privacidad de los usuarios, cumpliendo con los estándares éticos y legales pertinentes.

Interacción en entornos colaborativos mixtos: En entornos donde humanos y robots trabajan juntos, la interacción puede ser más efectiva si los robots son capaces de colaborar de manera transparente con los humanos y otros robots. Esto implica la capacidad de compartir información de manera eficiente, coordinar acciones y adaptarse a las decisiones y comportamientos de otros agentes en el entorno.

Sostenibilidad y responsabilidad social: Los robots deben interactuar de manera sostenible y socialmente responsable, minimizando su impacto ambiental y respetando los valores éticos y sociales de la comunidad en la que operan. Esto implica considerar los aspectos de sostenibilidad en el diseño y funcionamiento de los robots, así como garantizar que sus acciones beneficien a la sociedad en general.

25-La ética en inteligencia artificial y por qué es importante para el desarrollo responsable de esta tecnología

La ética en inteligencia artificial (IA) se refiere a los principios, valores y directrices morales que guían el desarrollo, la implementación y el uso de sistemas de IA. Es un campo interdisciplinario que busca asegurar que la IA se utilice de manera ética y responsable, teniendo en cuenta sus posibles implicaciones sociales, legales y éticas. A continuación, se amplía y explica por qué la ética en inteligencia artificial es esencial para el desarrollo responsable de esta tecnología:

1. Impacto en la Sociedad: La IA tiene un impacto significativo en la sociedad, desde la automatización de tareas hasta la toma de decisiones en áreas críticas como la atención médica, el empleo, la justicia y la privacidad. La ética en IA es fundamental para garantizar que esta tecnología no cause daño a las personas y las comunidades.

2. Sesgo y Discriminación: Los algoritmos de IA pueden heredar sesgos presentes en los datos de entrenamiento, lo que puede llevar a decisiones discriminatorias. La ética en IA se enfoca en abordar y mitigar estos sesgos para garantizar que los sistemas sean equitativos y justos.

3. Transparencia y Rendición de Cuentas: La ética en IA aboga por la transparencia en el diseño de algoritmos y modelos. Las organizaciones y los desarrolladores deben ser transparentes sobre cómo se toman las decisiones de la IA y deben ser responsables de sus consecuencias.

4. Privacidad y Seguridad: La IA a menudo involucra la recopilación y el procesamiento de datos personales. La ética en IA exige el respeto a la privacidad de los individuos y la implementación de medidas de seguridad para proteger los datos.

5. Responsabilidad Legal y Ética: Los sistemas de IA plantean preguntas sobre quién es responsable en caso de que ocurra un error o daño. La ética en IA busca definir responsabilidades legales y éticas claras para los desarrolladores y usuarios de la tecnología.

6. Autonomía y Toma de Decisiones: Con la creciente autonomía de los sistemas de IA, surge la preocupación sobre quién es responsable de las decisiones tomadas por estos sistemas. La ética en IA aborda la cuestión de cómo se deben equilibrar las decisiones autónomas con la supervisión humana.

7. Participación Pública: La ética en IA promueve la participación pública y el debate sobre el desarrollo y el uso de la tecnología. Se busca involucrar a una amplia gama de partes interesadas, incluyendo a la sociedad civil y expertos en ética, para garantizar decisiones informadas y equitativas.

8. Normas Globales: La ética en IA también se relaciona con la creación de estándares y normas globales para el desarrollo ético de la tecnología. Esto es importante para garantizar que los principios éticos se apliquen en todo el mundo y que la IA no sea utilizada de manera perjudicial o abusiva.

9. Confianza Pública: La ética en IA es esencial para ganar y mantener la confianza del público en esta tecnología. La confianza es fundamental para la adopción y el éxito continuo de la IA en la sociedad.

La ética en inteligencia artificial es esencial para garantizar que esta tecnología se desarrolle y utilice de manera responsable, ética y segura. Aborda preocupaciones importantes relacionadas con el impacto social, la equidad, la privacidad, la seguridad y la toma de decisiones, y busca crear un marco ético sólido que guíe el desarrollo y la implementación de sistemas de IA en beneficio de la humanidad.

La ética en inteligencia artificial abarca un conjunto de principios y normas que guían el desarrollo, implementación y uso de la IA de manera responsable y ética. Este enfoque se fundamenta en la necesidad de garantizar que las decisiones y acciones impulsadas por la IA no solo sean efectivas en términos técnicos, sino también consideradas desde una perspectiva moral y social.

En primer lugar, implica la consideración de los valores humanos fundamentales, como la justicia, la equidad, la transparencia y el respeto a los derechos individuales y colectivos. Esto significa que los sistemas de IA deben ser diseñados y utilizados de manera que promuevan estos valores y eviten la discriminación, el sesgo injusto y otras formas de perjuicio hacia grupos específicos de personas.

La ética en IA también involucra la reflexión sobre las implicaciones éticas de las decisiones automatizadas. A medida que la IA asume un papel más prominente en diversos aspectos de la vida humana, desde la atención médica hasta la toma de decisiones gubernamentales, es crucial evaluar cómo estas decisiones afectan a las personas y a la sociedad en general. Esto incluye considerar cuestiones como la privacidad, la autonomía individual, la responsabilidad y la distribución justa de los beneficios y riesgos asociados con la IA.

Otro aspecto importante de la ética en IA es la transparencia y la rendición de cuentas. Los sistemas de IA deben ser comprensibles y explicables para que los usuarios y las partes interesadas puedan entender cómo funcionan y por qué toman ciertas decisiones. Asimismo, los desarrolladores y los responsables de tomar decisiones deben ser responsables de las consecuencias de sus acciones y estar dispuestos a rendir cuentas por cualquier daño o injusticia causada por el uso de la IA.

La ética en inteligencia artificial es esencial para garantizar que esta tecnología se desarrolle y utilice de manera responsable, ética y segura, protegiendo los valores humanos fundamentales y promoviendo el bienestar individual y social.

La ética en inteligencia artificial también implica la necesidad de considerar el impacto a largo plazo de esta tecnología en la sociedad y en el medio ambiente. Esto implica evaluar cómo la IA puede afectar el empleo, la economía y la distribución de la riqueza, así como su potencial para perpetuar o incluso exacerbar las desigualdades existentes. Es crucial garantizar que el desarrollo y la implementación de la IA no conduzcan a la exclusión de ciertos grupos de personas o a la ampliación de la brecha digital.

La ética en IA requiere un enfoque interdisciplinario que incorpore no solo consideraciones técnicas y éticas, sino también perspectivas filosóficas, legales, sociológicas y psicológicas. Esto significa que los expertos en ética deben trabajar en estrecha colaboración con ingenieros, científicos de datos, abogados, sociólogos y otros profesionales para abordar los desafíos éticos de la IA de manera integral y holística.

Otro aspecto importante de la ética en IA es la promoción de la colaboración y la participación pública en el desarrollo y la toma de decisiones relacionadas con la IA. Esto implica involucrar a una amplia gama de partes interesadas, incluidos ciudadanos, grupos comunitarios, organizaciones sin fines de lucro y gobiernos, en discusiones sobre los valores y prioridades que deben guiar el desarrollo y uso de la IA.

La ética en inteligencia artificial implica un compromiso continuo con la reflexión crítica y la mejora continua. Dado que la tecnología y la sociedad están en constante evolución, los estándares éticos en torno a la IA también deben evolucionar para abordar nuevos desafíos y dilemas éticos que puedan surgir. Esto requiere un diálogo abierto y una disposición a cuestionar suposiciones y prácticas existentes en busca de mejores enfoques éticos.

La ética en inteligencia artificial es un campo multifacético que aborda una variedad de preocupaciones éticas, sociales y técnicas relacionadas con el desarrollo y uso de la IA. Garantizar que la IA se desarrolle y utilice de manera ética y responsable requiere un enfoque integral que considere una amplia gama de factores y perspectivas, y que promueva la participación pública, la transparencia y la rendición de cuentas.

Uno de los aspectos fundamentales es la seguridad y la mitigación de riesgos asociados con la IA. A medida que la IA se vuelve más sofisticada y autónoma, surgen preocupaciones sobre su potencial para causar daño, ya sea de forma accidental o intencional. Esto incluye riesgos como el mal uso de la IA para propagar desinformación, manipulación de opiniones públicas, ciberataques impulsados por IA y el desarrollo de armas autónomas letales. La ética en IA implica abordar estos riesgos mediante la implementación de medidas de seguridad robustas, la evaluación y gestión de riesgos de manera proactiva, y el fomento de la investigación ética en seguridad de la IA.

La ética en IA también aborda cuestiones relacionadas con la responsabilidad y la atribución de responsabilidad. A medida que la IA se vuelve más autónoma, surge la pregunta de quién es responsable cuando las decisiones de la IA causan daño o injusticia. Esto puede implicar desafíos legales y éticos en la determinación de la responsabilidad entre los desarrolladores de sistemas de IA, los propietarios de datos, los usuarios finales y otros actores involucrados en el ciclo de vida de la IA. La ética en IA busca establecer mecanismos claros de responsabilidad y rendición de cuentas para garantizar que aquellos que contribuyen al desarrollo y uso de la IA asuman la responsabilidad por sus acciones.

Otro aspecto importante es la equidad y la inclusión en el desarrollo y uso de la IA. Dado que los datos utilizados para entrenar y alimentar los sistemas de IA a menudo reflejan y amplifican sesgos existentes en la sociedad, es crucial abordar la equidad y la inclusión desde las etapas iniciales de diseño y desarrollo de la IA. Esto implica tomar medidas para identificar y mitigar sesgos y discriminación en los datos y algoritmos de la IA, así como promover la diversidad y la representación en los equipos de desarrollo de la IA para garantizar que se consideren una variedad de perspectivas y experiencias.

La ética en inteligencia artificial es un campo amplio y complejo que aborda una variedad de preocupaciones éticas, sociales, técnicas y legales relacionadas con el desarrollo y uso de la IA. Garantizar que la IA se desarrolle y utilice de manera ética y responsable requiere un enfoque integral que considere una amplia gama de factores, desde la seguridad y la responsabilidad hasta la equidad y la inclusión.

Un tema crucial es el consentimiento y la autonomía de los individuos en el contexto de la IA. A medida que la IA se integra en diversos aspectos de nuestras vidas, desde la atención médica hasta las decisiones financieras y legales, surge la pregunta de cómo garantizar que las personas tengan un control adecuado sobre cómo se utiliza su información y cómo se toman decisiones que les afectan. Esto implica la necesidad de políticas y regulaciones que protejan el derecho a la privacidad y la autodeterminación de los individuos, así como el diseño de sistemas de IA que permitan a las personas comprender y controlar cómo se utilizan sus datos y cómo se toman decisiones en su nombre.

Otro aspecto importante es la sostenibilidad y el impacto medioambiental de la IA. Si bien la IA tiene el potencial de mejorar la eficiencia y reducir el consumo de recursos en muchos ámbitos, también puede tener un impacto significativo en el medio ambiente debido al consumo de energía y recursos asociados con el entrenamiento y funcionamiento de modelos de IA, así como la producción y eliminación de hardware de computación especializado. La ética en IA implica considerar cómo minimizar este impacto mediante el desarrollo de algoritmos más eficientes, el uso de energías renovables en la infraestructura de computación, y la promoción de prácticas de reciclaje y reutilización en la industria de la IA.

La ética en IA también aborda cuestiones relacionadas con la colaboración internacional y la gobernanza global de la IA. Dado que la IA no conoce fronteras y tiene el potencial de afectar a personas y sociedades en todo el mundo, es crucial promover la cooperación internacional en torno a estándares éticos y regulaciones comunes que guíen el desarrollo y uso de la IA de manera responsable. Esto implica la participación activa de gobiernos, empresas, organizaciones internacionales y la sociedad civil en la creación de marcos éticos y legales que promuevan el bien común y protejan los derechos humanos en la era de la IA.

La ética en inteligencia artificial aborda una amplia gama de preocupaciones éticas, sociales, técnicas, legales y medioambientales relacionadas con el desarrollo y uso de la IA. Garantizar que la IA se desarrolle y utilice de manera ética y responsable requiere un enfoque integral que considere una variedad de factores, desde la protección de la privacidad y la autonomía individual hasta la mitigación del impacto medioambiental y la promoción de la cooperación internacional en la gobernanza de la IA.

Un aspecto esencial es la garantía de la transparencia y la explicabilidad en los sistemas de IA. A medida que los algoritmos de IA se vuelven más complejos y autónomos, es fundamental que podamos comprender cómo toman decisiones y por qué lo hacen de cierta manera. La transparencia implica que los procesos y algoritmos de la IA sean abiertos y accesibles para su revisión y escrutinio público, lo que permite detectar posibles sesgos o errores. La explicabilidad implica que los sistemas de IA puedan proporcionar razones claras y comprensibles para sus decisiones, lo que aumenta la confianza de los usuarios y permite corregir posibles sesgos o errores.

La ética en IA también implica consideraciones sobre la justicia y la equidad en la distribución de los beneficios y riesgos de la IA. Dado que la IA puede tener un impacto significativo en la distribución de empleo, ingresos y oportunidades en la sociedad, es importante garantizar que los beneficios de la IA se compartan de manera justa y que los riesgos y costos no recaigan de manera desproporcionada en ciertos grupos de personas o comunidades. Esto puede implicar políticas y programas para capacitar y reconvertir a los trabajadores afectados por la automatización, así como mecanismos para garantizar la accesibilidad y la equidad en el acceso a la IA y sus beneficios.

Otro aspecto crucial es la integridad y la responsabilidad en la investigación y desarrollo de la IA. Esto implica la necesidad de garantizar que los investigadores y desarrolladores de IA actúen de manera ética y responsable en todas las etapas del proceso, desde la recopilación de datos hasta el diseño de algoritmos y la implementación de sistemas de IA. Esto incluye el respeto de los principios éticos en la recopilación y uso de datos, la evaluación y mitigación de posibles riesgos éticos y sociales, y la participación de la comunidad en la toma de decisiones sobre el desarrollo y uso de la IA.

La ética en inteligencia artificial aborda una variedad de preocupaciones relacionadas con la transparencia, la explicabilidad, la justicia, la equidad, la integridad y la responsabilidad en el desarrollo y uso de la IA. Garantizar que la IA se desarrolle y utilice de manera ética y responsable requiere un enfoque integral que considere una variedad de factores, desde la garantía de la transparencia y la explicabilidad hasta la promoción de la justicia y la equidad en la distribución de sus beneficios y riesgos.

Uno de estos aspectos es la ética en la toma de decisiones automatizadas. Con el aumento de la autonomía de los sistemas de IA, es fundamental garantizar que las decisiones tomadas por estos sistemas sean éticas y respeten los valores humanos fundamentales. Esto implica la necesidad de desarrollar y aplicar marcos éticos y normativos que guíen la toma de decisiones de la IA, así como la incorporación de consideraciones éticas en el diseño y la implementación de algoritmos de toma de decisiones.

La ética en IA también aborda cuestiones relacionadas con la propiedad y el control de los datos. Dado que los datos son el combustible fundamental de la IA, es importante considerar quién tiene derecho a acceder, poseer y controlar los datos utilizados para entrenar y alimentar los sistemas de IA. Esto implica la necesidad de políticas y regulaciones que protejan los derechos de privacidad y propiedad de los individuos sobre sus datos, así como mecanismos para garantizar la equidad y la transparencia en el acceso a los datos y en su uso por parte de los sistemas de IA.

Otro aspecto importante es la ética en la investigación y experimentación con la IA. A medida que la IA avanza y se vuelve más poderosa, es crucial garantizar que la investigación en este campo se realice de manera ética y responsable. Esto implica respetar los principios éticos de integridad, honestidad y rigor en la investigación, así como considerar el posible impacto ético y social de los resultados de la investigación en el desarrollo y aplicación de la IA.

La ética en IA también aborda cuestiones relacionadas con la interacción entre humanos y sistemas de IA. A medida que los sistemas de IA se vuelven más integrados en nuestras vidas cotidianas, es fundamental garantizar que estas interacciones sean éticas y respetuosas. Esto implica el diseño de sistemas de IA que sean empáticos, sensibles y comprensivos con las necesidades y preferencias de los usuarios, así como la promoción de prácticas de diseño centradas en el usuario que fomenten la participación y el consentimiento informado de los usuarios en la interacción con la IA.

La ética en inteligencia artificial aborda una amplia gama de preocupaciones relacionadas con la toma de decisiones automatizadas, la propiedad y el control de los datos, la investigación y experimentación ética, y la interacción entre humanos y sistemas de IA. Garantizar que la IA se desarrolle y utilice de manera ética y responsable requiere un enfoque integral que considere una variedad de factores, desde el desarrollo de marcos éticos para la toma de decisiones de la IA hasta el diseño de sistemas de IA que respeten los derechos y preferencias de los usuarios.

Un área importante es la ética en el uso de la IA en aplicaciones críticas, como la atención médica y la justicia. En estos contextos, las decisiones tomadas por sistemas de IA pueden tener consecuencias significativas para la vida y el bienestar de las personas. Es fundamental que estos sistemas sean diseñados y utilizados de manera ética, garantizando la precisión, la equidad y la transparencia en sus decisiones. Esto implica la necesidad de regulaciones y estándares éticos específicos para el desarrollo y uso de la IA en estas áreas sensibles, así como la implementación de mecanismos de supervisión y rendición de cuentas para garantizar que se cumplan estos estándares.

Otro aspecto clave es la ética en la mitigación de sesgos y discriminación en la IA. Los algoritmos de IA pueden reflejar y amplificar sesgos existentes en los datos utilizados para entrenarlos, lo que puede resultar en decisiones discriminatorias o injustas. Es fundamental abordar estos sesgos y trabajar para garantizar la equidad y la justicia en el desarrollo y uso de la IA. Esto implica técnicas para identificar y mitigar sesgos en los datos y algoritmos de la IA, así como políticas y prácticas para promover la diversidad y la inclusión en el diseño y desarrollo de la IA.

La ética en IA también aborda cuestiones relacionadas con la seguridad y la privacidad de los datos. A medida que la IA se vuelve más omnipresente en nuestras vidas, es crucial garantizar que los datos utilizados por los sistemas de IA estén protegidos contra el acceso no autorizado y el mal uso. Esto implica el desarrollo de medidas de seguridad robustas, como la encriptación y la anonimización de datos, así como la implementación de políticas y regulaciones que protejan la privacidad de los individuos y promuevan la responsabilidad en el manejo de datos por parte de los desarrolladores y usuarios de la IA.

La ética en inteligencia artificial aborda una amplia gama de preocupaciones relacionadas con el uso de la IA en aplicaciones críticas, la mitigación de sesgos y discriminación, y la seguridad y privacidad de los datos. Garantizar que la IA se desarrolle y utilice de manera ética y responsable en estos y otros contextos requiere un enfoque integral que considere una variedad de factores, desde la implementación de regulaciones específicas hasta el desarrollo de técnicas para mitigar sesgos y proteger la privacidad de los datos.

26-El sesgo en inteligencia artificial y cómo se puede medir, mitigar o evitar en los sistemas de IA

El sesgo en inteligencia artificial se refiere a la presencia de prejuicios o desviaciones sistemáticas en los resultados o decisiones generados por algoritmos de IA. Estos sesgos pueden surgir debido a la calidad de los datos de entrenamiento, las suposiciones incorporadas en los algoritmos o los sesgos inherentes en los datos históricos utilizados para entrenar modelos. El sesgo en IA puede llevar a resultados injustos, discriminatorios o inexactos, y es un problema importante en aplicaciones que afectan a individuos y comunidades. Aquí se explica cómo se puede medir, mitigar o evitar el sesgo en los sistemas de IA:

Medición del Sesgo:

1. **Análisis de Datos de Entrenamiento:** El primer paso para abordar el sesgo es analizar los datos de entrenamiento utilizados para crear un modelo de IA. Esto implica identificar sesgos demográficos o culturales en los datos, así como sesgos inherentes en las etiquetas o anotaciones.
2. **Métricas de Sesgo:** Se pueden utilizar métricas específicas para cuantificar el sesgo en las predicciones de un modelo. Ejemplos de métricas incluyen el sesgo de clasificación, el sesgo de oportunidad y el sesgo de igualdad de oportunidades. Estas métricas evalúan la disparidad en las predicciones para diferentes grupos demográficos.

Mitigación y Prevención del Sesgo:

1. **Diversificación de Datos:** Un enfoque para mitigar el sesgo es diversificar los datos de entrenamiento para incluir una amplia gama de ejemplos de diferentes grupos demográficos, culturas o situaciones. Esto puede ayudar a reducir la tendencia del modelo a favorecer un grupo sobre otro.
2. **Regularización y Ajuste de Hiperparámetros:** Ajustar hiperparámetros y aplicar técnicas de regularización puede ayudar a controlar el sesgo en los modelos de IA. Esto incluye la modificación de la función de pérdida para penalizar la discriminación.
3. **Reequilibrio de Clases:** Si hay una desproporción en la representación de clases o grupos en los datos de entrenamiento, se

pueden tomar medidas para equilibrarlas artificialmente mediante el sobremuestreo o el submuestreo.

4. **Desarrollo de Algoritmos Éticos:** Los investigadores y desarrolladores de IA pueden trabajar en la creación de algoritmos éticos que sean conscientes del sesgo y diseñados para minimizar su impacto.

5. **Interpretación de Modelos:** Utilizar técnicas de interpretación de modelos para comprender cómo toma decisiones un modelo y detectar la influencia de variables sesgadas.

Evaluación Continua:

1. **Pruebas de Equidad:** Realizar pruebas regulares de equidad y evaluaciones de sesgo para garantizar que los modelos de IA no estén favoreciendo a ningún grupo en particular y que cumplan con estándares éticos.

2. **Evaluación de Impacto:** Evaluar el impacto de los modelos de IA en el mundo real para identificar y corregir problemas de sesgo a medida que surgen.

3. **Auditorías Éticas:** Realizar auditorías éticas de sistemas de IA, especialmente en aplicaciones críticas como la atención médica o la justicia, para asegurarse de que no haya sesgos perjudiciales.

El sesgo en inteligencia artificial es un problema multifacético que requiere una combinación de enfoques técnicos, de datos y éticos para abordarlo de manera efectiva. La comunidad de IA está trabajando activamente en el desarrollo de herramientas y prácticas para medir, mitigar y evitar el sesgo en los sistemas de IA, con el objetivo de garantizar que la tecnología sea justa, equitativa y ética en su aplicación.

El sesgo en inteligencia artificial presenta un desafío complejo y multidimensional que va más allá de simplemente ajustar algoritmos. Para abordarlo de manera efectiva, es crucial adoptar un enfoque holístico que combine varios aspectos.

En primer lugar, desde una perspectiva técnica, se deben desarrollar algoritmos que sean lo más imparciales posible. Esto implica revisar y ajustar algoritmos de machine learning para minimizar cualquier tendencia hacia ciertos grupos o resultados sesgados. Además, se pueden implementar técnicas como el aprendizaje justo o la equidad algorítmica para garantizar que los modelos no discriminen injustamente a ciertos grupos.

Por otro lado, el aspecto de los datos juega un papel fundamental. Los conjuntos de datos utilizados para entrenar modelos de inteligencia artificial a menudo reflejan y pueden amplificar sesgos existentes en la sociedad. Por lo tanto, es esencial realizar una exhaustiva auditoría de los datos y prestar atención a la representación equitativa de diferentes grupos en ellos. Además, se pueden aplicar técnicas de preprocesamiento de datos para mitigar el sesgo presente en los conjuntos de datos.

Abordar el sesgo en inteligencia artificial no se limita únicamente a cuestiones técnicas y de datos; también requiere consideraciones éticas. Es necesario examinar cuidadosamente cómo se utilizan los sistemas de IA y cómo pueden afectar a diferentes grupos de personas. Esto implica la adopción de prácticas éticas en el diseño, desarrollo y despliegue de sistemas de inteligencia artificial, así como la implementación de mecanismos de rendición de cuentas y transparencia.

Enfrentar el sesgo en inteligencia artificial requiere una combinación de enfoques técnicos, de datos y éticos. Solo mediante un enfoque integral que aborde estos aspectos de manera simultánea se puede esperar lograr avances significativos hacia la construcción de sistemas de IA más justos e imparciales.

También es crucial considerar el contexto social y cultural en el que se desarrollan y utilizan los sistemas de inteligencia artificial. La comprensión de las dinámicas sociales y los prejuicios arraigados en la sociedad es fundamental para identificar y mitigar los sesgos en los sistemas de IA.

Un aspecto importante es la diversidad en los equipos de desarrollo de inteligencia artificial. La inclusión de personas con diversas perspectivas y experiencias puede ayudar a detectar y abordar sesgos implícitos que pueden pasar desapercibidos para un equipo homogéneo. Esto también puede contribuir a una mayor sensibilidad hacia las implicaciones éticas y sociales de los sistemas de IA.

Es esencial fomentar la colaboración entre expertos en inteligencia artificial, investigadores sociales, expertos en ética y representantes de comunidades afectadas. Esta colaboración interdisciplinaria puede ayudar a identificar y comprender mejor los diferentes tipos de sesgos y sus impactos en la sociedad, así como a desarrollar estrategias efectivas para abordarlos.

La educación y la sensibilización también desempeñan un papel crucial en la mitigación del sesgo en inteligencia artificial. Es importante capacitar a los desarrolladores, usuarios y tomadores de decisiones sobre los riesgos asociados con el sesgo en los sistemas de IA y sobre las mejores prácticas para mitigarlo. Esto puede incluir la formación en ética de la inteligencia artificial, la equidad algorítmica y la comprensión de las implicaciones sociales de los sistemas de IA.

Abordar el sesgo en inteligencia artificial es un proceso continuo que requiere un compromiso constante y una colaboración activa entre diversas partes interesadas. Solo mediante un enfoque integral que considere todos estos aspectos se puede avanzar hacia el desarrollo y el uso ético y equitativo de la inteligencia artificial en la sociedad.

También es importante tener en cuenta el ciclo de vida completo de los sistemas de inteligencia artificial. Esto implica no solo la fase de desarrollo y entrenamiento de los modelos, sino también su implementación y monitoreo en entornos del mundo real. Durante la implementación, es esencial realizar evaluaciones periódicas para detectar y corregir cualquier sesgo que pueda surgir a medida que los sistemas interactúan con datos y usuarios reales.

La transparencia también juega un papel clave en la mitigación del sesgo en inteligencia artificial. Es fundamental que los desarrolladores proporcionen información clara sobre cómo se entrenaron los modelos, qué datos se utilizaron y cómo se toman las decisiones. Esto permite una mayor comprensión y escrutinio por parte de los usuarios y la sociedad en general, lo que puede ayudar a identificar y abordar sesgos no deseados.

Es importante reconocer que la eliminación completa del sesgo puede ser difícil o incluso imposible en algunos casos. En lugar de buscar la perfección, es crucial aspirar a la mitigación y gestión del sesgo de manera continua y proactiva. Esto puede implicar el establecimiento de umbrales aceptables de sesgo y la implementación de medidas para minimizar su impacto en las decisiones y resultados de los sistemas de IA.

Es esencial tener en cuenta las implicaciones legales y regulatorias del sesgo en inteligencia artificial. Los gobiernos y las organizaciones reguladoras deben trabajar para establecer marcos legales y estándares éticos que guíen el desarrollo y el uso de sistemas de IA de manera justa y equitativa. Esto puede incluir la implementación de políticas de privacidad y protección de datos, así como la creación de mecanismos de supervisión y rendición de cuentas para garantizar que los sistemas de IA se utilicen de manera responsable y ética.

Abordar el sesgo en inteligencia artificial requiere un enfoque integral que considere el ciclo de vida completo de los sistemas de IA, fomente la transparencia y el escrutinio, reconozca las limitaciones y busque soluciones proactivas tanto a nivel técnico como ético, legal y social. Solo mediante un enfoque colaborativo y multifacético se pueden lograr avances significativos hacia sistemas de IA más justos, equitativos y responsables.

Otro aspecto importante a considerar es la necesidad de desarrollar métricas y herramientas de evaluación específicas para medir y cuantificar el sesgo en los sistemas de inteligencia artificial. Estas métricas pueden ayudar a los desarrolladores a identificar y comprender mejor la naturaleza y el alcance del sesgo presente en los modelos de IA, lo que a su vez facilita la implementación de estrategias efectivas de mitigación.

Es fundamental abordar el sesgo en todas las etapas del proceso de desarrollo de la IA, desde la selección y preparación de los datos hasta el diseño y la implementación de algoritmos. Esto implica examinar de cerca cómo se recopilan, etiquetan y procesan los datos, así como también cómo se seleccionan las características y se entrenan los modelos. La inclusión de controles y medidas de verificación en cada etapa puede ayudar a prevenir la introducción de sesgos no deseados y a garantizar la equidad y la imparcialidad en todo el proceso.

Es importante tener en cuenta que el sesgo en los sistemas de inteligencia artificial puede manifestarse de diversas formas y en diferentes contextos. Por ejemplo, puede manifestarse como sesgo algorítmico, donde los modelos producen resultados sesgados debido a la falta de representación equitativa en los datos de entrenamiento. También puede manifestarse como sesgo en la interpretación y aplicación de los resultados, donde las decisiones basadas en los resultados de los modelos pueden perpetuar o amplificar sesgos existentes en la sociedad.

Para abordar estas complejidades, es esencial adoptar un enfoque interdisciplinario que involucre a expertos en diversos campos, incluidos la informática, la ética, la sociología, la psicología y el derecho. Esta colaboración multidisciplinaria puede ayudar a identificar y comprender mejor las causas subyacentes del sesgo en los sistemas de IA, así como a desarrollar soluciones más efectivas y sostenibles.

Abordar el sesgo en inteligencia artificial requiere un enfoque integral y multifacético que considere aspectos técnicos, éticos, sociales, legales y culturales. Solo mediante un enfoque holístico y colaborativo se puede esperar abordar de manera efectiva los desafíos asociados con el sesgo en los sistemas de IA y avanzar hacia un futuro donde la inteligencia artificial se utilice de manera justa, equitativa y responsable.

Una parte crucial en la ampliación de la comprensión del sesgo en inteligencia artificial implica reconocer que los sesgos pueden ser sutiles y complejos, a menudo arraigados en estructuras sociales y culturales profundas. Por ejemplo, pueden surgir sesgos de género, racial, socioeconómico o geográfico en los datos utilizados para entrenar modelos de IA, lo que puede llevar a resultados discriminatorios o injustos.

El sesgo en la inteligencia artificial no siempre es evidente y puede manifestarse de maneras imprevistas. Por ejemplo, un algoritmo diseñado para seleccionar currículums vitae podría mostrar sesgos de género al favorecer ciertos términos o experiencias asociados históricamente con un género en particular. Del mismo modo, un sistema de IA utilizado para la asignación de recursos en salud podría mostrar sesgos socioeconómicos si se entrena con datos que reflejan desigualdades en el acceso a la atención médica.

Abordar estos tipos de sesgos requiere un análisis profundo de cómo se recopilan, procesan y utilizan los datos en el contexto de la aplicación de la IA. Esto puede implicar la implementación de procesos de recolección de datos más equitativos y representativos, así como la consideración de factores como el contexto histórico y cultural al interpretar los resultados de los modelos de IA.

Es importante reconocer que la mitigación del sesgo en la inteligencia artificial no es solo una responsabilidad de los desarrolladores y los expertos en tecnología, sino también de la sociedad en su conjunto. Esto incluye la participación activa de las comunidades afectadas en el diseño y la implementación de sistemas de IA, así como la promoción de la alfabetización digital y la conciencia pública sobre los riesgos y desafíos asociados con el sesgo en la IA.

Abordar el sesgo en la inteligencia artificial requiere un compromiso continuo con la equidad, la transparencia y la responsabilidad en el desarrollo y uso de sistemas de IA. Solo mediante un enfoque colaborativo y reflexivo podemos aspirar a construir sistemas de IA que reflejen y promuevan los valores de justicia y equidad en la sociedad.

Continuar expandiendo la comprensión del sesgo en la inteligencia artificial también implica explorar cómo se pueden incorporar prácticas de diversidad, equidad e inclusión (DEI) en el desarrollo y la implementación de sistemas de IA. La diversidad en los equipos de desarrollo no solo ayuda a identificar sesgos potenciales de manera más efectiva, sino que también puede generar soluciones más creativas y contextualmente sensibles.

Es importante considerar cómo las decisiones algorítmicas afectan a grupos marginados y vulnerables en la sociedad. Por ejemplo, los sistemas de IA utilizados en la justicia penal pueden tener un impacto desproporcionado en las comunidades minoritarias si no se abordan adecuadamente los sesgos en los datos y los algoritmos. Por lo tanto, es crucial garantizar una evaluación exhaustiva del impacto social de los sistemas de IA y abogar por la equidad en su implementación.

La colaboración entre diversos actores, incluidos gobiernos, empresas, organizaciones de la sociedad civil y académicos, también desempeña un papel fundamental en la lucha contra el sesgo en la IA. Esta colaboración puede ayudar a establecer estándares éticos y regulatorios, así como a fomentar la investigación y el intercambio de conocimientos sobre mejores prácticas en el diseño y la implementación de sistemas de IA justos y equitativos.

Es esencial promover una cultura de responsabilidad y transparencia en el desarrollo y el uso de sistemas de IA. Esto implica la divulgación proactiva de información sobre cómo se entrenan los modelos, qué datos se utilizan y cómo se toman las decisiones, así como la rendición de cuentas por parte de los desarrolladores y usuarios de sistemas de IA.

Abordar el sesgo en la inteligencia artificial requiere un enfoque integral que reconozca la complejidad y la interseccionalidad de los problemas asociados con el sesgo. Solo mediante la adopción de prácticas de diversidad, equidad e inclusión, la colaboración entre diversos actores y la promoción de una cultura de responsabilidad y transparencia podemos aspirar a construir sistemas de IA que sean verdaderamente justos, equitativos y responsables.

27-Qué es la equidad en inteligencia artificial y cómo se puede garantizar, promover o evaluar en los sistemas de IA

La equidad en inteligencia artificial (IA) se refiere a la búsqueda de resultados justos, imparciales y equitativos en el diseño, desarrollo y uso de sistemas de IA, independientemente de las diferencias en características demográficas como raza, género, edad, religión u orientación sexual. El objetivo de la equidad en IA es evitar la discriminación y el sesgo, y garantizar que las decisiones y resultados generados por los sistemas de IA no favorezcan ni perjudiquen injustamente a ningún grupo de personas. Aquí se explica cómo se puede garantizar, promover o evaluar la equidad en los sistemas de IA:

Garantizar la Equidad en IA:

1. **Diversidad en Datos de Entrenamiento:** Asegurarse de que los datos utilizados para entrenar modelos de IA sean diversos y representativos de las poblaciones a las que se aplicará el sistema. Esto implica la inclusión de datos de diferentes grupos demográficos.

2. **Eliminar Sesgos:** Realizar análisis de datos y pruebas para identificar y mitigar sesgos en los datos de entrenamiento y en los modelos de IA. Esto puede implicar la corrección de sesgos y la reevaluación de algoritmos.

3. **Auditorías Éticas:** Realizar auditorías éticas periódicas de sistemas de IA para evaluar su impacto en diferentes grupos y detectar cualquier posible discriminación o falta de equidad.

4. **Transparencia:** Proporcionar información clara y comprensible sobre cómo funciona un sistema de IA y cómo toma decisiones. La transparencia ayuda a que los usuarios y las partes interesadas comprendan las implicaciones y los posibles sesgos.

Promover la Equidad en IA:

1. **Evaluación de Impacto:** Evaluar regularmente el impacto de los sistemas de IA en diferentes grupos y comunidades para identificar posibles desequilibrios y tomar medidas correctivas.

2. **Inclusión de Diversidad en Equipos de Desarrollo:** Fomentar la diversidad en los equipos de desarrollo de IA, incluyendo personas de diferentes orígenes y experiencias, para garantizar una perspectiva más amplia y equitativa en el diseño de sistemas.

3. **Educación y Sensibilización:** Promover la educación y la sensibilización sobre la equidad en IA entre los profesionales de la industria, los usuarios y el público en general.

Evaluar la Equidad en IA:

1. **Métricas de Equidad:** Desarrollar y utilizar métricas específicas para evaluar la equidad en los sistemas de IA. Estas métricas pueden medir el sesgo, la igualdad de oportunidades, la paridad de rendimiento y otros indicadores de equidad.

2. **Pruebas de Equidad:** Realizar pruebas exhaustivas de equidad para evaluar si un sistema de IA produce resultados justos y equitativos para diferentes grupos demográficos. Esto puede incluir pruebas de equidad en los procesos de selección, clasificación y recomendación.

3. **Evaluación Continua:** La equidad en IA debe ser una preocupación continua. Los sistemas deben ser evaluados y ajustados a medida que cambian los datos y las circunstancias para mantener la equidad con el tiempo.

La equidad en inteligencia artificial es esencial para garantizar que esta tecnología beneficie a todos de manera justa y no perjudique a ningún grupo. Si bien la equidad en IA puede ser un desafío, su promoción y evaluación son fundamentales para que la IA sea ética y justa en su aplicación en una variedad de campos, incluyendo la atención médica, la justicia, la educación y más.

La equidad en inteligencia artificial se refiere a asegurar que los sistemas de IA sean justos y no discriminativos en su diseño, implementación y resultados. Esto implica varios aspectos:

Imparcialidad en los datos: Los algoritmos de IA se entrenan con datos históricos que pueden contener sesgos inherentes. Es crucial identificar y mitigar estos sesgos para evitar que se reflejen en las decisiones tomadas por los sistemas de IA.

Transparencia y explicabilidad: Los sistemas de IA deben ser transparentes en su funcionamiento y capaces de explicar las razones detrás de sus decisiones. Esto ayuda a garantizar que no haya decisiones injustas o discriminatorias y permite a los usuarios comprender y cuestionar el proceso.

Diversidad en el desarrollo: Es fundamental fomentar la diversidad en los equipos que desarrollan tecnologías de IA. La inclusión de diversas perspectivas y experiencias puede ayudar a identificar y abordar posibles sesgos y garantizar que los sistemas de IA sean más equitativos y sensibles a las necesidades de diversos grupos.

Evaluación continua: Los sistemas de IA deben someterse a evaluaciones regulares para detectar posibles sesgos o impactos negativos en diferentes grupos de usuarios. Esto permite realizar ajustes y mejoras continuas para garantizar que la tecnología beneficie a todos de manera justa.

Accesibilidad: Los sistemas de IA deben ser accesibles para todos, independientemente de su género, etnia, edad, capacidad física o cualquier otra característica. Esto implica diseñar interfaces y experiencias de usuario que sean inclusivas y adaptables a las necesidades de diversos grupos.

En resumen, la equidad en inteligencia artificial implica diseñar, implementar y utilizar tecnologías de IA de manera que beneficien a todos de manera justa y no perjudiquen a ningún grupo, promoviendo la igualdad de oportunidades y el respeto a la diversidad.

Participación comunitaria: Involucrar a las comunidades afectadas por las tecnologías de IA en el proceso de desarrollo y toma de decisiones es esencial para garantizar la equidad. Esto implica escuchar y tener en cuenta las preocupaciones y necesidades de diversos grupos, especialmente aquellos que históricamente han sido marginados o discriminados.

Responsabilidad y rendición de cuentas: Las organizaciones y los desarrolladores de IA deben asumir la responsabilidad de cualquier sesgo o discriminación que surja de sus sistemas. Esto implica establecer mecanismos claros de rendición de cuentas y compensación en caso de que se produzcan impactos negativos injustos.

Educación y alfabetización digital: Fomentar la educación sobre inteligencia artificial y promover la alfabetización digital son pasos importantes para garantizar que las personas comprendan cómo funciona la IA y puedan participar de manera informada en su desarrollo y uso. Esto puede ayudar a empoderar a las personas para que defiendan sus derechos y cuestionen las decisiones algorítmicas injustas.

Regulación y políticas públicas: Es crucial que los gobiernos implementen regulaciones y políticas públicas sólidas para garantizar la equidad en el desarrollo y el uso de la IA. Esto puede incluir leyes que prohíban la discriminación algorítmica, requisitos de transparencia para los sistemas de

IA y mecanismos de supervisión para garantizar el cumplimiento de los principios de equidad.

Investigación continua: La investigación en ética y equidad en inteligencia artificial es un campo en constante evolución. Es necesario continuar investigando y desarrollando nuevas técnicas y enfoques para abordar los desafíos emergentes y garantizar que la IA siga siendo una fuerza para el bien en la sociedad.

En conjunto, estas ampliaciones destacan la importancia de abordar la equidad en inteligencia artificial desde múltiples frentes, incluyendo la participación comunitaria, la responsabilidad, la educación, la regulación y la investigación continua. Esto ayudará a construir un futuro donde la IA beneficie a todos de manera justa y equitativa.

Adaptabilidad cultural y contextual: La equidad en inteligencia artificial también implica tener en cuenta las diferencias culturales y contextuales al diseñar y desplegar sistemas de IA. Lo que puede considerarse justo en un contexto cultural puede no serlo en otro, por lo que es crucial adaptar los algoritmos y las políticas para abordar estas variaciones y garantizar resultados equitativos en diferentes entornos.

Mitigación de sesgos algorítmicos: Los algoritmos de IA pueden perpetuar y amplificar sesgos existentes en los datos de entrenamiento. Es fundamental implementar técnicas de mitigación de sesgos para corregir estas disparidades y garantizar que los resultados de la IA no reflejen ni refuercen prejuicios injustos hacia ciertos grupos.

Inclusión de minorías y grupos marginados: La equidad en inteligencia artificial requiere específicamente la inclusión y consideración de las necesidades y perspectivas de las minorías y grupos marginados. Esto implica asegurar que los sistemas de IA no solo beneficien a la mayoría, sino que también aborden las preocupaciones y desafíos únicos que enfrentan estos grupos en la sociedad.

Monitoreo continuo y retroalimentación: Los sistemas de IA deben estar sujetos a un monitoreo constante para detectar posibles desviaciones de los estándares de equidad y justicia. Esto puede lograrse mediante la recopilación de datos sobre el impacto de la IA en diferentes grupos, así como mediante la incorporación de mecanismos de retroalimentación que permitan a los usuarios reportar y corregir posibles problemas de sesgo o discriminación.

Colaboración internacional: Dado que la inteligencia artificial no conoce fronteras, la equidad en su desarrollo y aplicación también debe abordarse a nivel internacional. Esto implica colaboración entre países y organizaciones internacionales para establecer estándares globales, compartir mejores prácticas y abordar desafíos comunes en el campo de la ética y la equidad en IA.

Empoderamiento de comunidades subrepresentadas: La equidad en inteligencia artificial también implica empoderar a las comunidades subrepresentadas para que participen activamente en la creación y aplicación de tecnologías de IA que afectan sus vidas. Esto puede implicar proporcionar recursos, capacitación y oportunidades para que estas comunidades tengan voz y agencia en el proceso de desarrollo tecnológico.

Al abordar estos aspectos adicionales, podemos fortalecer aún más los esfuerzos para garantizar que la inteligencia artificial beneficie a todos de manera equitativa y justa, promoviendo así una sociedad más inclusiva y diversa.

Compromiso con la ética desde el diseño: La equidad en inteligencia artificial comienza desde las primeras etapas de diseño. Es esencial integrar consideraciones éticas y de equidad en todas las fases del ciclo de vida de desarrollo de la IA, desde la conceptualización hasta la implementación y más allá. Esto implica adoptar un enfoque proactivo para identificar posibles implicaciones éticas y garantizar que los valores de equidad se incorporen en el diseño mismo de los sistemas de IA.

Evaluación de impacto social: Para garantizar la equidad en inteligencia artificial, es crucial llevar a cabo evaluaciones exhaustivas del impacto social de los sistemas de IA. Estas evaluaciones deben examinar cómo las decisiones tomadas por los algoritmos afectan a diferentes grupos en la sociedad, especialmente aquellos que son vulnerables o históricamente marginados. Comprender y abordar estas dinámicas es fundamental para mitigar cualquier impacto negativo y promover la equidad en el uso de la IA.

Innovación centrada en el usuario: La equidad en inteligencia artificial se promueve mediante una innovación centrada en el usuario, que se enfoca en comprender las necesidades y preocupaciones de las personas afectadas por la tecnología. Esto implica involucrar a los usuarios finales en el proceso de diseño y desarrollo de la IA, así como incorporar retroalimentación continua para mejorar la usabilidad y la equidad de los sistemas de IA en la práctica.

Transparencia en la toma de decisiones: Para garantizar la equidad en inteligencia artificial, es fundamental que los sistemas de IA sean transparentes en su toma de decisiones. Esto implica no solo proporcionar explicaciones claras sobre cómo se llega a una determinada decisión, sino también permitir que los usuarios comprendan y cuestionen el proceso subyacente. La transparencia fomenta la confianza en los sistemas de IA y ayuda a detectar y abordar posibles sesgos o discriminaciones.

Evaluación continua de sesgo algorítmico: La equidad en inteligencia artificial requiere una evaluación continua y rigurosa del sesgo algorítmico. Esto implica utilizar métricas y técnicas adecuadas para detectar y cuantificar cualquier sesgo presente en los datos o en los resultados de los sistemas de IA. Al identificar y abordar activamente el sesgo, podemos mejorar la equidad de los sistemas de IA y garantizar que no perpetúen ni amplifiquen las injusticias existentes en la sociedad.

Al expandir estos puntos, reforzamos aún más la importancia de abordar la equidad en inteligencia artificial desde múltiples perspectivas y a lo largo de todo el ciclo de vida de desarrollo de la tecnología. Esto nos ayuda a construir sistemas de IA más equitativos y justos que beneficien a toda la sociedad.

Protección de la privacidad y los datos sensibles: La equidad en inteligencia artificial también implica proteger la privacidad y los datos sensibles de los usuarios. Es crucial implementar medidas de seguridad robustas y políticas de privacidad claras para garantizar que la recopilación y el uso de datos cumplan con los estándares éticos y legales. Esto ayuda a evitar el uso indebido de información personal y a proteger los derechos individuales de privacidad y autonomía.

Evaluación de sesgo algorítmico en diferentes dominios: La equidad en inteligencia artificial no se limita a un solo dominio o aplicación. Es necesario evaluar y abordar el sesgo algorítmico en una variedad de contextos, incluyendo la atención médica, la justicia penal, el reclutamiento laboral, las finanzas y más. Cada dominio presenta desafíos únicos en términos de equidad, y es importante adaptar las estrategias de mitigación de sesgos a las características específicas de cada sector.

Acceso equitativo a la tecnología: Para lograr la equidad en inteligencia artificial, es fundamental garantizar un acceso equitativo a la tecnología en sí misma. Esto implica abordar la brecha digital y asegurar que todas las comunidades tengan la capacidad y los recursos necesarios para beneficiarse de las innovaciones en IA. Esto puede implicar políticas de inclusión digital, programas de capacitación y acceso a infraestructura tecnológica en áreas subatendidas o marginadas.

Empoderamiento de los usuarios: La equidad en inteligencia artificial también se promueve mediante el empoderamiento de los usuarios para comprender y controlar cómo se utiliza la tecnología en sus vidas. Esto puede incluir la educación sobre los riesgos y beneficios de la IA, así como la capacitación en habilidades digitales para tomar decisiones informadas sobre su uso. Al capacitar a los usuarios para que sean críticos y activos en su interacción con la IA, se promueve una mayor equidad y autonomía en el proceso.

Integración de valores éticos y culturales: La equidad en inteligencia artificial implica integrar una variedad de valores éticos y culturales en el diseño y la implementación de sistemas de IA. Esto incluye respetar la diversidad de perspectivas y valores en la sociedad y garantizar que los algoritmos reflejen y respeten esta diversidad. Al considerar una amplia gama de valores y creencias, se promueve una mayor equidad y justicia en el desarrollo y uso de la IA.

Desarrollo de marcos de responsabilidad: Para garantizar la equidad en inteligencia artificial, es necesario desarrollar marcos claros de responsabilidad que definan los roles y las responsabilidades de los diferentes actores involucrados en el desarrollo y despliegue de la tecnología. Esto puede incluir estándares éticos, lineamientos regulatorios y mecanismos de rendición de cuentas que promuevan la equidad y la transparencia en todas las etapas del proceso.

Al considerar estos puntos adicionales, podemos abordar de manera más completa los desafíos y oportunidades asociados con la equidad en inteligencia artificial, y trabajar hacia un futuro donde la tecnología beneficie a todos de manera justa y equitativa.

Capacitación en ética de la IA: La promoción de la equidad en inteligencia artificial implica la capacitación de profesionales en ética de la IA. Esto implica no solo a los desarrolladores de IA, sino también a los responsables de la toma de decisiones en organizaciones y gobiernos. La comprensión de los principios éticos fundamentales y su aplicación en el diseño y uso de sistemas de IA es crucial para garantizar resultados equitativos y socialmente responsables.

Participación pública en la toma de decisiones: La equidad en inteligencia artificial se beneficia de la participación pública en la toma de decisiones relacionadas con el desarrollo y regulación de la IA. Esto implica la consulta activa con la sociedad civil, las organizaciones de derechos humanos, los grupos comunitarios y otros actores relevantes para garantizar que las políticas y prácticas relacionadas con la IA reflejen las preocupaciones y valores de la sociedad en su conjunto.

Integración de mecanismos de equidad desde el diseño: La equidad en inteligencia artificial se facilita mediante la integración de mecanismos de equidad en el diseño mismo de los sistemas de IA. Esto incluye el desarrollo de algoritmos y modelos que incorporen consideraciones de equidad desde el principio, así como la implementación de funcionalidades específicas para mitigar sesgos y garantizar la equidad en los resultados.

Monitoreo y auditoría independiente: La equidad en inteligencia artificial se fortalece mediante el establecimiento de procesos de monitoreo y auditoría independiente para evaluar la equidad y la imparcialidad de los sistemas de IA en la práctica. Estos procesos pueden ayudar a identificar sesgos no detectados durante el desarrollo y a abordar posibles impactos injustos en diferentes grupos de usuarios.

Inversión en investigación multidisciplinaria: Para abordar de manera efectiva la equidad en inteligencia artificial, es necesario invertir en investigación multidisciplinaria que integre conocimientos de campos como la ética, la sociología, la psicología y la ciencia política. Esta investigación puede ayudar a comprender mejor las complejas interacciones entre la tecnología de IA y la sociedad, así como a desarrollar enfoques más efectivos para promover la equidad y la justicia en el desarrollo y uso de la IA.

Promoción de estándares internacionales: La equidad en inteligencia artificial se promueve mediante la promoción de estándares internacionales que establezcan principios éticos y mejores prácticas para el desarrollo y uso de la IA a nivel global. La colaboración entre países y organizaciones internacionales es fundamental para desarrollar y aplicar estos estándares de manera efectiva y garantizar que la IA beneficie a todas las personas en todo el mundo de manera justa y equitativa.

Al considerar estos elementos adicionales, podemos avanzar hacia una implementación más efectiva de la equidad en inteligencia artificial, promoviendo un enfoque inclusivo y ético en el desarrollo y uso de esta tecnología transformadora.

Fomento de la diversidad en la industria de la IA: Para promover la equidad en inteligencia artificial, es crucial fomentar la diversidad en la industria de la IA. Esto implica la contratación y retención de profesionales de diversos orígenes y experiencias, incluidas mujeres, minorías étnicas y personas con discapacidades. Una fuerza laboral diversa puede aportar una variedad de perspectivas y enfoques que son fundamentales para desarrollar tecnologías de IA equitativas y sensibles a las necesidades de diferentes grupos.

Desarrollo de herramientas de evaluación de equidad: La equidad en inteligencia artificial se facilita mediante el desarrollo de herramientas y métricas específicas para evaluar la equidad de los sistemas de IA. Estas herramientas pueden ayudar a identificar sesgos y disparidades en los datos y los resultados de los algoritmos, permitiendo a los desarrolladores y usuarios abordar activamente cualquier problema de equidad que surja.

Promoción de la inclusión desde una edad temprana: Para garantizar la equidad en inteligencia artificial a largo plazo, es fundamental promover la inclusión y la alfabetización digital desde una edad temprana. Esto puede

310

implicar la integración de la educación sobre IA y ética digital en los programas educativos desde la escuela primaria hasta la educación superior, capacitando a las generaciones futuras para comprender y participar de manera crítica en la sociedad digital.

Apoyo a la investigación interdisciplinaria: La equidad en inteligencia artificial se beneficia de la investigación interdisciplinaria que aborda los desafíos éticos, sociales y técnicos asociados con la IA. Esto puede implicar colaboraciones entre expertos en informática, ética, derecho, ciencias sociales y otras disciplinas para desarrollar enfoques integrales y holísticos para abordar los problemas de equidad en la IA.

Inversión en infraestructura tecnológica equitativa: La equidad en inteligencia artificial requiere una inversión en infraestructura tecnológica que sea accesible y equitativa para todos. Esto puede incluir el desarrollo de redes de internet de alta velocidad en áreas subatendidas, la distribución equitativa de recursos computacionales y la provisión de acceso a herramientas y plataformas de desarrollo de IA para comunidades marginadas.

Creación de alianzas y coaliciones: Para promover la equidad en inteligencia artificial, es necesario establecer alianzas y coaliciones entre gobiernos, empresas, organizaciones sin fines de lucro y la sociedad civil. Estas colaboraciones pueden ayudar a coordinar esfuerzos, compartir recursos y desarrollar estrategias conjuntas para abordar los desafíos de equidad en la IA de manera efectiva y sostenible.

Compromiso continuo con la mejora: La equidad en inteligencia artificial es un objetivo continuo que requiere un compromiso constante con la mejora y la adaptación. Esto implica estar dispuesto a reconocer y abordar los errores y sesgos que surjan en el desarrollo y uso de la IA, así como estar abierto a la retroalimentación y la colaboración de diversas partes interesadas en la búsqueda de soluciones equitativas y justas.

Al integrar estos puntos adicionales, podemos fortalecer aún más nuestros esfuerzos para promover la equidad en inteligencia artificial y garantizar que esta tecnología beneficie a todos de manera justa y equitativa.

28-La privacidad en inteligencia artificial y cómo se puede proteger, respetar o mejorar en los sistemas de IA

La privacidad en inteligencia artificial se refiere a la protección y preservación de la información personal y confidencial de las personas cuando se utiliza la IA. Esto incluye datos personales como nombres, direcciones, números de teléfono, información médica, historiales financieros, preferencias personales y cualquier otra información que pueda identificar a un individuo o que deba mantenerse confidencial. Proteger la privacidad en IA es crucial para garantizar que los sistemas respeten los derechos y la autonomía de las personas. Aquí se explican cómo se puede proteger, respetar o mejorar la privacidad en los sistemas de IA:

1. Anonimización de Datos:

- **Función:** La anonimización implica eliminar o enmascarar información personal identificable en los datos de entrenamiento y prueba para que sea imposible o extremadamente difícil identificar a individuos específicos.
- **Implementación:** Utilizar técnicas de anonimización como la eliminación de nombres, números de identificación y direcciones en los datos. También se pueden aplicar técnicas de encriptación o hashing para proteger datos confidenciales.

2. Consentimiento Informado:

- **Función:** Obtener el consentimiento explícito de los individuos antes de recopilar o utilizar sus datos personales en sistemas de IA.
- **Implementación:** Proporcionar a los usuarios información clara y comprensible sobre cómo se utilizarán sus datos y permitirles optar por participar o retirarse en cualquier momento.

3. Minimización de Datos:

- **Función:** Recopilar y utilizar solo la información necesaria para un propósito específico, minimizando la cantidad de datos personales procesados.
- **Implementación:** Limitar la recopilación de datos a lo que es relevante para la tarea de IA y evitar la recopilación excesiva de información innecesaria.

4. Seguridad de Datos:

- **Función:** Proteger los datos almacenados y procesados por sistemas de IA contra accesos no autorizados o brechas de seguridad.

- **Implementación:** Utilizar medidas de seguridad robustas, como cifrado de datos, autenticación de usuarios y sistemas de detección de intrusiones.

5. Desarrollo de Modelos de Privacidad:

- **Función:** Diseñar modelos de IA que integren salvaguardias de privacidad y que minimicen la exposición de datos sensibles.
- **Implementación:** Utilizar técnicas como el aprendizaje federado, la agregación segura de datos y la preservación de la privacidad diferencial para entrenar modelos sin exponer información personal.

6. Evaluación de Riesgos de Privacidad:

- **Función:** Evaluar y mitigar los riesgos de privacidad asociados con un sistema de IA durante todo su ciclo de vida.
- **Implementación:** Realizar evaluaciones de impacto en la privacidad y pruebas de seguridad de privacidad para identificar y abordar posibles vulnerabilidades y riesgos.

7. Educación y Conciencia:

- **Función:** Promover la educación y la conciencia sobre la importancia de la privacidad en IA entre los desarrolladores, los usuarios y el público en general.
- **Implementación:** Realizar programas de capacitación y divulgación sobre prácticas de privacidad ética y buenas prácticas de IA.

Proteger la privacidad en inteligencia artificial es esencial para garantizar que las personas tengan control sobre su información personal y que no sean objeto de abuso o discriminación. Además, es fundamental para fomentar la confianza en las aplicaciones de IA y para cumplir con las regulaciones de privacidad, como el Reglamento General de Protección de Datos (GDPR) de la Unión Europea y otras leyes de privacidad en todo el mundo. Los desarrolladores y las organizaciones que trabajan en IA deben ser proactivos en la protección y el respeto de la privacidad de los individuos en todas las etapas de desarrollo y uso de sistemas de IA.

La protección de la privacidad en el ámbito de la inteligencia artificial es un pilar fundamental para salvaguardar los derechos y la autonomía de las personas en la era digital. Este aspecto crucial no solo se trata de resguardar la información personal de posibles brechas de seguridad, sino también de asegurar que los individuos mantengan el control sobre cómo se utiliza y se comparte su información en el vasto ecosistema de la IA.

En un mundo cada vez más interconectado, donde los datos se han convertido en un activo valioso, la privacidad adquiere una importancia aún mayor. La recopilación masiva de datos y el análisis mediante algoritmos de inteligencia artificial pueden generar perfiles detallados de las personas, revelando aspectos íntimos de sus vidas. Sin una protección adecuada, esta información sensible podría ser utilizada de manera indebida, ya sea para manipular decisiones, discriminar a ciertos grupos o vulnerar la autonomía individual.

Garantizar la privacidad en la inteligencia artificial no solo se trata de implementar medidas de seguridad técnicas, sino también de establecer marcos legales y éticos sólidos que regulen el uso y la gestión de los datos. Esto implica promover la transparencia en los procesos de recolección y tratamiento de datos, así como otorgar a los usuarios el derecho a acceder, corregir y eliminar su información personal de manera fácil y efectiva.

Es crucial fomentar la educación y la conciencia sobre la importancia de la privacidad en la sociedad actual. Los individuos deben comprender los riesgos asociados con la divulgación indiscriminada de sus datos personales y estar capacitados para tomar decisiones informadas sobre su privacidad en un mundo digitalmente permeable.

Proteger la privacidad en inteligencia artificial es un imperativo moral y ético que debe ser abordado de manera proactiva por los desarrolladores, las empresas, los responsables políticos y la sociedad en su conjunto. Solo así podemos garantizar que la tecnología avance en armonía con los valores fundamentales de dignidad humana, libertad y justicia. Privacidad por diseño: Es esencial integrar consideraciones de privacidad desde las etapas iniciales del diseño de sistemas de inteligencia artificial. Esto implica incorporar medidas de privacidad, como la minimización de datos, el anonimato y la seguridad, en cada fase del ciclo de vida del desarrollo de la IA.

Transparencia y explicabilidad: Los sistemas de inteligencia artificial deben ser transparentes y explicables en su funcionamiento, especialmente cuando involucran la toma de decisiones que afectan a los individuos. Los usuarios deben comprender cómo se utilizan sus datos y cómo se llega a las conclusiones o recomendaciones del sistema.

Control y consentimiento: Las personas deben tener un control claro y efectivo sobre sus datos personales y cómo se utilizan en entornos de inteligencia artificial. Esto implica garantizar que los individuos puedan dar su consentimiento informado para la recopilación, el procesamiento y el uso de sus datos, y que tengan la capacidad de revocar ese consentimiento en cualquier momento.

Seguridad y protección de datos: Se deben implementar medidas de seguridad robustas para proteger los datos personales contra accesos no autorizados, brechas de seguridad y usos indebidos. Esto incluye la encriptación de datos, la autenticación de usuarios y la aplicación de políticas de acceso restrictivas.

Equidad y no discriminación: Es crucial garantizar que los algoritmos de inteligencia artificial no perpetúen ni amplifiquen sesgos existentes en los datos, lo que podría llevar a decisiones discriminatorias o injustas. Se deben implementar técnicas de mitigación de sesgos y se debe realizar una evaluación continua de los sistemas para identificar y abordar posibles sesgos.

Responsabilidad y rendición de cuentas: Los desarrolladores, proveedores y usuarios de sistemas de inteligencia artificial deben asumir la responsabilidad de garantizar la protección de la privacidad y cumplir con las regulaciones y estándares éticos pertinentes. Esto incluye la implementación de mecanismos de rendición de cuentas y la capacidad de abordar y remediar posibles violaciones de la privacidad.

En resumen, la protección de la privacidad en inteligencia artificial es un desafío multifacético que requiere un enfoque integral que abarque aspectos técnicos, legales, éticos y sociales. Solo mediante un compromiso continuo y colaborativo podemos construir un futuro digital donde la privacidad sea respetada y protegida como un derecho fundamental de todas las personas.

Federación de datos: La federación de datos es una técnica que permite el análisis de datos distribuidos sin la necesidad de centralizarlos. Esto puede ser útil para preservar la privacidad al permitir el análisis de datos sin revelar la información subyacente. Por ejemplo, en el entrenamiento de modelos de aprendizaje automático, los datos pueden permanecer en los dispositivos de los usuarios y solo los parámetros del modelo entrenado se comparten de forma agregada, protegiendo así la privacidad de los datos individuales.

Privacidad diferencial: La privacidad diferencial es una técnica que agrega ruido estadístico a los datos para proteger la privacidad de los individuos. Esto garantiza que las consultas a una base de datos no revelen información sobre puntos de datos individuales. La privacidad diferencial puede ser especialmente útil en entornos donde se necesita compartir datos para el análisis, como la investigación médica o la recolección de datos para políticas públicas.

Regulación y estándares: Los marcos regulatorios y los estándares de privacidad desempeñan un papel crucial en la protección de la privacidad en inteligencia artificial. Legislaciones como el Reglamento General de Protección de Datos (GDPR) en la Unión Europea o leyes específicas de privacidad en otras jurisdicciones establecen requisitos para la recopilación, el procesamiento y el uso de datos personales. Además, existen estándares y directrices éticas, como los Principios Éticos de AI de la IEEE, que ofrecen orientación sobre el desarrollo y el despliegue ético de sistemas de inteligencia artificial.

Investigación en privacidad y ética: La investigación continua en privacidad y ética en inteligencia artificial es fundamental para abordar los desafíos emergentes y garantizar prácticas de privacidad sólidas y éticas. Esto incluye investigaciones sobre técnicas de preservación de la privacidad, análisis de sesgos algorítmicos, diseño de modelos éticos y evaluación de impacto social de la IA.

Participación pública y consulta: Involucrar a la sociedad en la discusión y toma de decisiones sobre cuestiones de privacidad en inteligencia artificial es esencial para garantizar que las políticas y prácticas reflejen los valores y preocupaciones de la comunidad. La participación pública puede incluir consultas, debates públicos, encuestas y mecanismos de retroalimentación para informar el desarrollo de políticas y regulaciones.

Estas áreas complementarias ilustran la amplitud y la complejidad de la protección de la privacidad en el contexto de la inteligencia artificial. Abordar estos aspectos de manera integral es fundamental para garantizar que la IA se desarrolle y utilice de manera ética y responsable, respetando siempre los derechos y la dignidad de las personas.

Educación y alfabetización digital: Mejorar la comprensión pública sobre la importancia de la privacidad en el contexto de la inteligencia artificial es fundamental. La alfabetización digital puede ayudar a las personas a comprender cómo proteger su privacidad en línea, incluyendo cómo configurar la privacidad en redes sociales, comprender las políticas de privacidad de las aplicaciones y reconocer las prácticas de recopilación de datos.

Auditorías y evaluaciones de impacto en la privacidad: Realizar auditorías y evaluaciones de impacto en la privacidad puede ayudar a identificar y abordar riesgos potenciales para la privacidad en sistemas de inteligencia artificial. Estas evaluaciones pueden incluir análisis de riesgos, revisión de políticas de privacidad y evaluaciones de cumplimiento legal y ético.

Desarrollo de tecnologías de privacidad: El desarrollo de tecnologías específicas para proteger la privacidad en inteligencia artificial es un área activa de investigación. Esto incluye el desarrollo de herramientas de anonimización de datos, sistemas de gestión de identidad descentralizados y protocolos de privacidad mejorados para el intercambio seguro de datos entre partes confiables.

Colaboración internacional: Dado que la privacidad en la inteligencia artificial es un desafío global, la colaboración internacional es esencial para desarrollar estándares y mejores prácticas consistentes. Esto puede implicar la armonización de regulaciones de privacidad, el intercambio de conocimientos y la cooperación en la aplicación de la ley para abordar el uso indebido de datos a nivel mundial.

Evaluación continua y adaptación: La protección de la privacidad en inteligencia artificial es un proceso continuo que requiere una evaluación constante y adaptación a medida que surgen nuevos desafíos y tecnologías. Esto puede incluir la revisión y actualización de políticas, la incorporación de nuevos enfoques tecnológicos y la respuesta a cambios en el panorama de amenazas y riesgos para la privacidad.

Estos puntos adicionales resaltan la complejidad y la interconexión de diversos aspectos relacionados con la protección de la privacidad en el contexto de la inteligencia artificial. Abordar estos temas de manera integral y colaborativa es esencial para garantizar que la IA se desarrolle y utilice de manera ética y responsable, respetando siempre los derechos y la dignidad de las personas.

Ética de la IA: Más allá de las consideraciones legales, la ética de la inteligencia artificial juega un papel crucial en la protección de la privacidad. Esto implica examinar no solo si algo es legal, sino también si es ético y moralmente aceptable. Las decisiones éticas deben considerar no solo el impacto en la privacidad individual, sino también en la sociedad en su conjunto, incluidas consideraciones como la equidad, la justicia y el bienestar general.

Diversidad y representación: Es importante considerar la diversidad y la representación en el desarrollo y la implementación de sistemas de inteligencia artificial para garantizar que las soluciones sean inclusivas y sensibles a las necesidades y perspectivas de grupos diversos. Esto puede ayudar a mitigar sesgos y prevenir la discriminación, contribuyendo así a una mayor protección de la privacidad para todos los usuarios.

Responsabilidad social corporativa: Las empresas que desarrollan y utilizan tecnologías de inteligencia artificial tienen la responsabilidad de respetar y proteger la privacidad de los usuarios. Esto va más allá del cumplimiento legal y requiere un compromiso genuino con la responsabilidad social corporativa, que incluye la consideración del impacto social, ético y ambiental de sus actividades.

Empoderamiento de los usuarios: Capacitar a los usuarios para que tomen decisiones informadas sobre su privacidad es fundamental. Esto puede implicar proporcionar herramientas y controles intuitivos para gestionar la privacidad en las plataformas de inteligencia artificial, así como educar a los usuarios sobre los riesgos y beneficios asociados con la recopilación y el uso de datos personales.

Intersección con otros derechos humanos: La privacidad no existe en un vacío y está interconectada con otros derechos humanos, como la libertad de expresión, la libertad de asociación y el derecho a un juicio justo. Es importante considerar cómo las prácticas de inteligencia artificial pueden afectar estos derechos y garantizar un equilibrio adecuado para proteger la privacidad sin socavar otros derechos fundamentales.

Innovación responsable: Fomentar la innovación responsable en inteligencia artificial implica no solo desarrollar nuevas tecnologías, sino también considerar los posibles impactos en la privacidad desde el principio. Esto puede implicar la incorporación de evaluaciones de privacidad en el proceso de desarrollo de productos, así como la exploración de enfoques alternativos que minimicen el riesgo para la privacidad.

Estos aspectos adicionales destacan la complejidad y la importancia de abordar la protección de la privacidad en inteligencia artificial desde una variedad de perspectivas interrelacionadas. Al considerar estos aspectos en conjunto, podemos trabajar hacia un futuro donde la inteligencia artificial se utilice de manera ética y responsable, protegiendo los derechos y la dignidad de todas las personas.

Ética de la IA: La ética en inteligencia artificial abarca un conjunto de principios y valores que guían el desarrollo, la implementación y el uso de sistemas de IA de manera responsable y ética. Esto implica consideraciones más allá de la legalidad, centrándose en la moralidad y el impacto humano de las decisiones algorítmicas. La ética de la IA busca abordar cuestiones como la transparencia en los procesos de toma de decisiones, la equidad en los resultados, la responsabilidad por las consecuencias de los sistemas de IA y el respeto por la privacidad y la autonomía de las personas. Adoptar un enfoque ético en el desarrollo y despliegue de la IA es fundamental para garantizar que los avances tecnológicos se utilicen para el bien común y no para dañar a individuos o comunidades.

Diversidad y representación: La diversidad y la representación en la IA se refieren a la inclusión de una amplia gama de perspectivas, experiencias y grupos demográficos en el desarrollo y la implementación de sistemas de inteligencia artificial. Esto implica no solo la diversidad de los equipos de desarrollo, sino también la consideración de la diversidad en los conjuntos de datos utilizados para entrenar modelos de IA y la evaluación de cómo los sistemas de IA pueden afectar de manera diferencial a diferentes grupos. Garantizar la diversidad y la representación en la IA es crucial para mitigar sesgos y prevenir la discriminación, así como para promover la equidad y la justicia social en la aplicación de la tecnología.

Responsabilidad social corporativa: La responsabilidad social corporativa (RSC) se refiere al compromiso de las empresas de operar de manera ética y contribuir al bienestar social y ambiental en todas sus actividades comerciales. En el contexto de la IA, la RSC implica que las empresas asuman la responsabilidad de respetar y proteger la privacidad de los usuarios, así como de abordar los posibles impactos negativos de sus productos y servicios en la sociedad. Esto puede incluir acciones como la adopción de políticas de privacidad sólidas, la inversión en tecnologías de protección de datos y la participación en iniciativas para abordar los desafíos éticos y sociales de la IA.

Empoderamiento de los usuarios: Empoderar a los usuarios en el contexto de la IA implica proporcionarles las herramientas, la información y la educación necesarias para tomar decisiones informadas sobre su privacidad y seguridad en línea. Esto puede incluir la implementación de controles de privacidad intuitivos en las plataformas de IA, la educación sobre las prácticas de recopilación y uso de datos, y la promoción de una cultura de privacidad entre los usuarios. Al capacitar a los usuarios para que comprendan y gestionen mejor su privacidad en línea, se puede fortalecer su capacidad para protegerse contra el uso indebido de datos y salvaguardar su autonomía digital.

Intersección con otros derechos humanos: La privacidad en la IA está interconectada con una serie de otros derechos humanos fundamentales, como la libertad de expresión, la libertad de asociación, el derecho a un juicio justo y el derecho a la igualdad y no discriminación. Esto se debe a que las decisiones algorítmicas pueden afectar directamente estos derechos al influir en el acceso a la información, la participación cívica, la equidad en el sistema judicial y la igualdad de oportunidades. Es importante considerar cómo las prácticas de IA pueden afectar estos derechos y garantizar que las soluciones tecnológicas no socaven otros derechos fundamentales en el proceso de proteger la privacidad de los individuos.

Innovación responsable: La innovación responsable en IA implica desarrollar y utilizar tecnologías de manera ética y sostenible, teniendo en cuenta los posibles impactos sociales, éticos y ambientales de la tecnología. Esto puede implicar la incorporación de consideraciones de privacidad desde las primeras etapas del diseño de productos, la realización de evaluaciones de impacto en la privacidad durante el desarrollo de tecnología y la adopción de enfoques colaborativos que involucren a partes interesadas y expertos en ética y privacidad. La innovación responsable no solo busca impulsar el avance tecnológico, sino también garantizar que este avance se produzca de manera ética y respetuosa con los derechos humanos y la dignidad de las personas.

Privacidad por diseño: La integración de consideraciones de privacidad desde las etapas iniciales del diseño de sistemas de inteligencia artificial es esencial para garantizar una protección efectiva de la privacidad. Esto implica adoptar un enfoque proactivo que incorpore medidas de privacidad, como la minimización de datos, el anonimato y la seguridad, en todas las fases del desarrollo de la IA. Al priorizar la privacidad desde el principio, se pueden prevenir problemas futuros y se puede mejorar la confianza de los usuarios en los sistemas de IA.

Transparencia y explicabilidad: Los sistemas de inteligencia artificial deben ser transparentes y explicables en su funcionamiento, especialmente cuando involucran la toma de decisiones que afectan a los individuos. Los usuarios deben comprender cómo se utilizan sus datos y cómo se llega a las conclusiones o recomendaciones del sistema. La transparencia y la explicabilidad no solo promueven la confianza en la IA, sino que también permiten a los usuarios tomar decisiones informadas sobre su privacidad y seguridad.

Control y consentimiento: Es fundamental garantizar que las personas tengan un control claro y efectivo sobre sus datos personales y cómo se utilizan en entornos de inteligencia artificial. Esto implica otorgar a los usuarios el derecho a acceder, corregir y eliminar su información personal de manera fácil y efectiva, así como asegurar que puedan dar su consentimiento informado para la recopilación, el procesamiento y el uso de sus datos. El control y el consentimiento son pilares clave de la privacidad en la IA y deben ser salvaguardados en todo momento.

Seguridad y protección de datos: La implementación de medidas de seguridad robustas es fundamental para proteger los datos personales contra accesos no autorizados, brechas de seguridad y usos indebidos. Esto implica la aplicación de prácticas de seguridad de datos sólidas, como la encriptación de datos, la autenticación de usuarios y la implementación de políticas de acceso restrictivas. La seguridad y la protección de datos son elementos esenciales para garantizar la confidencialidad e integridad de la información en entornos de IA.

Equidad y no discriminación: Es crucial garantizar que los algoritmos de inteligencia artificial no perpetúen ni amplifiquen sesgos existentes en los datos, lo que podría llevar a decisiones discriminatorias o injustas. Se deben implementar técnicas de mitigación de sesgos y se debe realizar una evaluación continua de los sistemas para identificar y abordar posibles sesgos. Promover la equidad y la no discriminación en la IA es esencial para garantizar que los sistemas sean justos y equitativos para todos los usuarios.

Responsabilidad y rendición de cuentas: Los desarrolladores, proveedores y usuarios de sistemas de inteligencia artificial deben asumir la responsabilidad de garantizar la protección de la privacidad y cumplir con las regulaciones y estándares éticos pertinentes. Esto incluye la implementación de mecanismos de rendición de cuentas y la capacidad de abordar y remediar posibles violaciones de la privacidad. La responsabilidad y la rendición de cuentas son fundamentales para garantizar que se cumplan los principios éticos y legales en el desarrollo y uso de la IA.

Estos aspectos adicionales profundizan en diferentes facetas de la protección de la privacidad en inteligencia artificial, destacando la importancia de abordar estos temas de manera integral y proactiva. Al considerar estos aspectos en conjunto, podemos trabajar hacia un futuro donde la inteligencia artificial se utilice de manera ética y responsable, protegiendo los derechos y la dignidad de todas las personas.

29-La explicabilidad en inteligencia artificial y cómo se puede lograr, comunicar o mejorar en los sistemas de IA

La explicabilidad en inteligencia artificial (IA) se refiere a la capacidad de un sistema de IA para proporcionar una explicación comprensible y clara de sus decisiones y procesos internos. En otras palabras, se trata de hacer que los sistemas de IA sean transparentes y que las personas puedan entender por qué un modelo de IA tomó una decisión o generó un resultado específico. La explicabilidad es crucial en aplicaciones críticas, como la atención médica, la justicia, la seguridad y la toma de decisiones empresariales, donde las decisiones de los modelos de IA deben ser comprensibles y confiables. Aquí se explica cómo se puede lograr, comunicar o mejorar la explicabilidad en los sistemas de IA:

1. Uso de Modelos Explicables:

- **Función:** Utilizar modelos de IA que sean inherentemente explicables, es decir, modelos cuyo funcionamiento interno sea fácil de entender.
- **Implementación:** Algunos algoritmos, como la regresión lineal o los árboles de decisión, son naturalmente explicables porque su lógica de toma de decisiones es transparente. Estos modelos pueden ser preferibles en situaciones donde la explicabilidad es una prioridad.

2. Métodos de Interpretabilidad:

- **Función:** Aplicar técnicas de interpretación de modelos para comprender cómo un modelo de IA toma decisiones.
- **Implementación:** Utilizar herramientas y técnicas como la importancia de características, gráficos de saliencia y mapas de calor para visualizar y comprender qué características influyen en las predicciones del modelo.

3. Exposición de Características Relevantes:

- **Función:** Destacar las características o atributos específicos que más influyen en las decisiones del modelo.
- **Implementación:** Al comunicar resultados, resaltar las características más importantes que contribuyeron a una predicción o decisión específica.

4. Auditorías de Modelos:

- **Función:** Realizar auditorías de modelos de IA para evaluar su comportamiento y desempeño, identificar posibles sesgos y explicar cómo se toman decisiones.

- **Implementación:** Establecer procesos de auditoría que involucren a expertos en IA y ética, y que evalúen la equidad, la ética y la explicabilidad de los modelos.

5. Lenguaje Natural:
- **Función:** Comunicar las decisiones y resultados de los modelos de IA en un lenguaje comprensible para las personas.
- **Implementación:** Utilizar narrativas claras y sencillas para explicar por qué el modelo tomó una decisión particular, evitando jerga técnica o complejidades innecesarias.

6. Documentación y Transparencia:
- **Función:** Proporcionar documentación detallada sobre cómo se entrenaron y se utilizaron los modelos de IA, incluyendo datos de entrenamiento, métricas de desempeño y decisiones de diseño.
- **Implementación:** Crear documentos o informes que describan el proceso de desarrollo y uso del modelo, y que estén disponibles para revisión por expertos y partes interesadas.

7. Participación de Usuarios:
- **Función:** Involucrar a los usuarios y las partes interesadas en el proceso de desarrollo de IA para garantizar que sus preocupaciones y preguntas sobre explicabilidad sean abordadas.
- **Implementación:** Realizar encuestas, entrevistas o grupos de enfoque con usuarios para recopilar comentarios y retroalimentación sobre la explicabilidad de los sistemas de IA.

8. Investigación Continua:
- **Función:** Invertir en investigación y desarrollo de técnicas de explicabilidad en IA para mejorar la comprensión de modelos cada vez más complejos.
- **Implementación:** Mantenerse al día con avances en el campo de la explicabilidad en IA y adoptar nuevas técnicas a medida que se desarrollan.

La explicabilidad en inteligencia artificial es fundamental para construir la confianza en los sistemas de IA y para asegurarse de que las decisiones automatizadas sean comprensibles y justificables. A medida que la IA se utiliza en una variedad de aplicaciones críticas, mejorar la explicabilidad es un objetivo importante para garantizar que los resultados sean aceptados y utilizados de manera ética y efectiva.

La explicabilidad en inteligencia artificial es un concepto esencial que se refiere a la capacidad de comprender y justificar las decisiones tomadas por los sistemas de IA. Cuando los algoritmos de inteligencia artificial toman decisiones que afectan a las personas, es crucial que podamos entender cómo y por qué se llegó a esa conclusión. Esto es especialmente importante en aplicaciones críticas como la medicina, la justicia penal y las finanzas, donde las decisiones pueden tener un impacto significativo en la vida de las personas.

La explicabilidad no solo se trata de proporcionar una explicación después de que se haya tomado una decisión, sino también de diseñar sistemas de IA de manera que sus procesos de toma de decisiones sean comprensibles desde el principio. Esto implica utilizar algoritmos y técnicas que sean transparentes y interpretables, en lugar de modelos opacos y difíciles de entender.

Cuando los sistemas de IA son explicables, se construye la confianza tanto en los usuarios como en los responsables de la toma de decisiones. Las personas están más dispuestas a utilizar sistemas de IA cuando entienden cómo funcionan y pueden confiar en que sus decisiones son razonables y justas. Además, la explicabilidad también es importante para cumplir con los requisitos éticos y regulatorios que exigen que las decisiones automatizadas sean comprensibles y auditable.

La explicabilidad en inteligencia artificial es fundamental para construir la confianza en los sistemas de IA y garantizar que las decisiones automatizadas sean comprensibles, justificables y éticas.

La importancia de la explicabilidad en inteligencia artificial se extiende más allá de simplemente comprender las decisiones tomadas por los sistemas de IA. También juega un papel crucial en la detección y corrección de sesgos y discriminación que pueden estar presentes en los datos o en los algoritmos mismos. Cuando los sistemas de IA son opacos, es difícil identificar y abordar estos sesgos, lo que puede llevar a decisiones injustas o discriminatorias.

La explicabilidad facilita la identificación de posibles errores o fallas en los sistemas de IA. Al comprender cómo se llega a una decisión, es más fácil detectar anomalías o resultados inesperados que podrían indicar problemas en el modelo o en los datos de entrada. Esto es especialmente importante en aplicaciones críticas donde incluso pequeños errores pueden tener consecuencias graves.

La explicabilidad en inteligencia artificial promueve la colaboración y el desarrollo de sistemas más efectivos y confiables. Cuando los desarrolladores, expertos en dominios específicos y usuarios finales pueden entender y discutir el funcionamiento de un sistema de IA, es más probable que se identifiquen oportunidades de mejora y se generen soluciones más innovadoras y éticas.

La explicabilidad en inteligencia artificial es esencial para garantizar que la IA se utilice de manera responsable y beneficiosa para la sociedad en su conjunto. Al fomentar la transparencia, la comprensión y la confianza en los sistemas de IA, podemos aprovechar todo su potencial para abordar desafíos complejos y mejorar la calidad de vida de las personas.

La continua expansión y desarrollo de la inteligencia artificial están transformando profundamente la forma en que interactuamos con la tecnología y cómo se toman decisiones en una amplia gama de sectores. En este contexto, la explicabilidad en inteligencia artificial se convierte en un pilar fundamental para garantizar que esta transformación sea ética, equitativa y beneficiosa para la sociedad en su conjunto.

En el círculo de la salud, por ejemplo, los sistemas de IA pueden ayudar a diagnosticar enfermedades, predecir riesgos de salud y personalizar tratamientos. Sin embargo, para que los médicos y los pacientes confíen en estas herramientas, es necesario que puedan entender y justificar las recomendaciones que proporcionan. La explicabilidad permite a los profesionales de la salud evaluar la validez de las decisiones de la IA, tener en cuenta el contexto clínico y tomar decisiones informadas sobre el tratamiento de los pacientes.

En el campo de la justicia, los sistemas de IA se utilizan cada vez más para ayudar en la toma de decisiones judiciales, como la determinación de sentencias o la evaluación del riesgo de reincidencia. Aquí, la explicabilidad es crucial para garantizar que las decisiones automatizadas no estén sesgadas y sean transparentes para todos los involucrados, desde los jueces hasta los acusados y la sociedad en general. La capacidad de comprender cómo se llega a una decisión puede ayudar a identificar y abordar posibles prejuicios o errores en el sistema.

En el ámbito financiero, los algoritmos de IA se utilizan para tomar decisiones de inversión, evaluar riesgos crediticios y detectar fraudes. Para los inversores y las instituciones financieras, la explicabilidad es esencial para comprender el razonamiento detrás de las recomendaciones de inversión y evaluar la confiabilidad de los modelos utilizados. Además, la explicabilidad puede ayudar a cumplir con los requisitos regulatorios y éticos en un entorno altamente regulado.

La explicabilidad en inteligencia artificial es fundamental para garantizar la confianza, la equidad y la responsabilidad en el uso de la IA en una variedad de sectores. Al promover la transparencia y la comprensión de los sistemas de IA, podemos aprovechar todo su potencial para mejorar nuestras vidas y abordar los desafíos más urgentes de nuestra sociedad.

También juega un papel clave en la aceptación y adopción generalizada de estas tecnologías por parte de la sociedad. A medida que la IA se integra cada vez más en nuestra vida diaria, desde asistentes virtuales hasta sistemas de recomendación en plataformas de redes sociales y servicios en línea, la confianza del público en estas tecnologías se vuelve crucial.

La falta de explicabilidad puede generar desconfianza y resistencia por parte de los usuarios finales, especialmente cuando se trata de decisiones que afectan directamente sus vidas, como recomendaciones de empleo, evaluaciones de crédito o selección de contenido en línea. La opacidad en los procesos de toma de decisiones de la IA puede llevar a la percepción de que estas decisiones son arbitrarias o sesgadas, lo que socava la confianza en la tecnología y puede generar preocupaciones sobre su uso ético y sus implicaciones sociales.

Cuando los sistemas de IA son transparentes y explicables, los usuarios finales están más dispuestos a confiar en ellos y a aceptar sus recomendaciones. La capacidad de comprender cómo se llega a una decisión no solo aumenta la confianza en la tecnología, sino que también empodera a los usuarios para tomar decisiones más informadas y conscientes sobre su interacción con la IA.

La explicabilidad en inteligencia artificial es importante para promover la rendición de cuentas y la responsabilidad. Cuando los sistemas de IA son transparentes, es más fácil identificar y responsabilizar a las partes responsables en caso de mal funcionamiento, errores o decisiones injustas. Esto es fundamental tanto desde una perspectiva ética como legal, ya que garantiza que las personas afectadas puedan buscar reparación y que los desarrolladores y operadores de sistemas de IA sean responsables de sus acciones.

La explicabilidad en inteligencia artificial es esencial no solo para construir la confianza en estas tecnologías, sino también para promover su adopción generalizada y garantizar su uso ético y responsable en beneficio de la sociedad en su conjunto.

331